Gütersloher Taschenbücher / Siebenstern 409

Martin Luther

Das Magnifikat
Vorlesung über den 1. Johannesbrief

Gütersloher Verlagshaus
Gerd Mohn

Band 9 der Calwer Luther-Ausgabe
Herausgegeben von Manfred Metzger
Das Magnifikat in der Übertragung des Herausgebers,
die Vorlesung über den 1. Johannesbrief
in der Rekonstruktion von Pfarrer Richard Widmann

CIP-Kurztitelaufnahme der Deutschen Bibliothek

Luther, Martin:
[Sammlung]
Calwer Luther-Ausgabe / hrsg. von Wolfgang Metzger. –
[Gütersloh]: Gütersloher Verlagshaus Mohn.
(Gütersloher Taschenbücher Siebenstern; ...)

Bd. 9. → Luther, Martin: [Sammlung] Das Magnifikat

Luther, Martin:
[Sammlung]
Das Magnifikat / [in d. Übertr. d. Hrsg.].
Vorlesung über den 1. Johannesbrief / [in d. Rekonstruktion
von Richard Widmann]. Martin Luther. –
2. Aufl. d. Taschenbuchausg., (11.–14. Tsd.) –
[Gütersloh]: Gütersloher Verlagshaus Mohn, 1979.
(Calwer Luther-Ausgabe, Bd. 9)
(Gütersloher Taschenbücher Siebenstern; 409)
ISBN 3-579-04819-8

NE: Widmann, Richard [Bearb.]

ISBN 3-579-04819-8

2. Auflage der Taschenbuchausgabe (11.–14. Tsd.), 1979
Lizenzausgabe mit freundlicher Genehmigung des Calwer Verlages, Stuttgart

Umschlagentwurf: Dieter Rehder, Aachen, unter Verwendung
einer Grafik von Jan Buchholz/Reni Hinsch, Hamburg
Gesamtherstellung: Clausen & Bosse, Leck
Printed in Germany

VORBEMERKUNG

Im Jahre 1512 ist der Wittenberger Augustinermönch Martin Luther Doktor der Heiligen Schrift geworden, und er hat es sich zeit seines Lebens als höchste Ehre angerechnet, im Dienst dieses Buches zu stehen. Der Bibel, insbesondere natürlich dem Neuen Testament, verdankte er die befreiende Glaubenserkenntnis von der den Sünder rechtfertigenden und heiligenden, tötenden und lebendig machenden Gnade Gottes in Christus, und er hat die Kraft seines Lebens eingesetzt, um durch ein nimmermüdes Bezeugen dieses köstlichen Evangeliums der Schrift seinen Dank abzustatten.

Auf die Bibel berief sich der Reformator seinen Gegnern gegenüber; »mein Gewissen ist gefangen in Gottes Wort«, sagte er auf dem Wormser Reichstag (1521), als er widerrufen sollte. Und sie wollte er in jedes Deutschen Hand wissen, damit jeder an ihr denselben Weg gehen lerne, den er selbst geführt worden war: den Weg vom fordernden Gesetz zum schenkenden Evangelium, von den toten glaubenslosen Werken zu dem lebendigen, werkeschaffenden Glauben, vom frommen Menschen zu Christus. Damit rückte er weit ab von dem Vorurteil der mittelalterlichen Kirche, das er so lange selber geteilt hatte, als werde die Bibel in der Hand des Nichttheologen Schaden stiften. Und seine Freunde, insbesondere Melanchthon, drängten ihn dazu, die Bibel nun auch wirklich jedermann zugänglich zu machen. Auf der Wartburg, wohin ihn sein Kurfürst hatte bringen lassen, um ihn den Folgen der Reichsacht zu entziehen, begann er die Übersetzung des Neuen Testaments aus dem griechischen Urtext. In einem Brief vom 18. Dezember 1521 ließ er zum erstenmal etwas von seiner Absicht hören, und tatkräftig förderte er das Werk, erst allein auf der einsamen Bergfeste, und dann, als er im März 1522 nach Wittenberg zurückgekehrt war, in Gemeinschaft mit dem sprachenkundigen Melanchthon, bis am 21. September 1522 das deutsche Neue Testament gedruckt vorlag und seinen Segensweg antreten konnte.

In seinem *Sendbrief vom Dolmetschen* (unsere Ausgabe Band 7, Siebenstern Taschenbuch 98, Seite 13 ff) hat er seinen theologischen Gegnern wie auch seinen Freunden Rechenschaft gegeben von den Grundsätzen seiner Übertragung. Für die bibellesende Gemeinde aber schrieb er Einführungen, die er dem »Septembertestament« beigab, um zum Verständnis der biblischen Botschaft zu helfen: eine *Vorrede zum Neuen Testament* als Ganzem, die wir im vorliegenden Band nach der Weimarer Ausgabe (Deutsche Bibel, Band 7, 1, Seite 2 ff) bringen, sodann auch Vorreden zu den einzelnen neutestamentlichen Schriften vom Römerbrief an.

Überschaut man die biblischen Bücher, welche Luther im Laufe seines Lebens als Professor in Wittenberg vor seinen Studenten und als theologischer Schriftsteller vor ganz Deutschland auslegte, so fällt auf, wie intensiv er sich – neben den Psalmen und dem 1. Buch Mose – dem *paulinischen Schrifttum* zuwendet. Es ist ein verhältnismäßig kleiner Raum, den die nicht von Paulus stammenden Bücher einnehmen. Das ist kein Zufall. Gewiß kann man sagen, es wirke sich hier die persönliche Führung Luthers aus, dem eben Paulus, und zwar der Römerbrief, seine grundlegende Erkenntnis vermittelt hatte. Als er Römer 1,17 verstehen gelernt hatte, war der Schleier weggenommen, der bis dahin auf der kirchlichen Auslegung des Neuen Testamentes gelegen war; so ist's nicht zu verwundern, daß Luther dem Römerbrief (Vorlesung von 1516/17) und dem Galaterbrief (Vorlesungen von 1519 und 1531) eingehende Auslegungen zuteil werden ließ, während die zusammenhängende Auslegung eines Evangeliums fehlt.

Allein, diese biographische Begründung reicht nicht zu. In der Bevorzugung des Paulus war zutiefst etwas anderes wirksam: ein theologischer Grund, den er in der »Vorrede zum Neuen Testament« ausspricht. Nicht die Werke und Gebote Christi sind ihm das eigentliche Evangelium, sondern erst die Predigt vom Glauben an Christus, dessen Leben und Werk für uns Sünde, Tod und Hölle überwand. Darum treten ihm die drei ersten Evangelien an Bedeutung zurück hinter den Büchern, welche den rechtfertigenden Glauben treiben und beschreiben. So hat Luther zwar beständig auf diese Evangelien zurückgegriffen, um Einzelnes zu veranschaulichen; Gesamtauslegungen aber hat er von ihnen nicht gegeben.

Um aber zu veranschaulichen, wie der »Pauliner« Luther einem synoptischen und einem johanneischen Text begegnete, bringt der vorliegende Band die Auslegung von Lukas 1,46–55 und die Hauptstücke aus der Vorlesung über den 1. Johannesbrief. Die Auslegung des »Magnifikats«, des Lobgesangs der Maria, 1520/21 geschrieben, gehört zu den meistbekannten, klassischen Schriften der Reformation; die Vorlesung über den 1. Johannesbrief (1525) dagegen ist, da nur in der »stenographischen« Nachschrift Georg Rörers erhalten, bislang fast unbekannt geblieben, da sie (ähnlich wie die Rörerschen Predigtnachschriften, vgl. Band 5 und 6 unsrer Ausgabe) eine Rekonstruktion nötig macht.

Das *Magnifikat* schlägt eine Brücke hinüber zur alttestamentlichen Frömmigkeit und ihren Problemen; es geht hier um die Begegnung mit dem verborgenen Walten Gottes. In einer Zeit äußerster persönlicher Bedrohtheit läßt sich Luther aus Marias Glaubenszeugnis das Schicksal des Menschen und der Menschheit deuten; er lehrt es verstehen nicht als das Machtgebiet menschlichen Wollens, sondern als das alleinige Werk des Schöpfers, dem es zu vertrauen gilt, auch wenn es sein geheimes Ziel unter gegenteiligem äußeren Anschein versteckt. Während um den nach Worms Vorgeladenen, der Ketzerei Angeklagten, der Boden zittert, empfängt er getrosten Mut aus dem Evangelium, das nicht bloß den Schöpfer in der Fülle seiner Güter und Gaben großmacht, sondern das Herz des Vaters geöffnet zeigt in der Sendung des eingeborenen Sohnes. Nichts in der kostbaren Schrift, die wir nach dem Text der Weimarer Ausgabe, Band 7, Seite 546 ff, übertragen, verrät etwas von der weltgeschichtlichen Spannung der Wochen, in der sie entstand: so wird sie schon dadurch zu einem lebendigen Zeugnis für die Kraft des reformatorischen Evangeliums.

Ganz anders aber ist der Ton in der *Vorlesung über den 1. Johannesbrief*. Sie hat Luther im Jahr 1527 gehalten, und in ihr spiegeln sich sechs Jahre harten Ringens mit den Verderbern des Evangeliums. Zu der alten Front gegen das römische Kirchentum mit seiner hierarchischen, im Papsttum gipfelnden Institution, seiner Werkfrömmigkeit, die im Mönchtum die größte Leistung des Frommen sah, seiner Theologie, welche den Trost des Evangeliums den erschrokkenen Gewissen nicht zu geben vermochte, war inzwischen eine neue Front getreten, die aus dem reformatorischen Aufbruch selbst aufgestanden war: das »Schwärmertum« in seinen mannigfaltigen Gestalten. Hier eignete der Mensch sich die Freiheit des Evangeliums selbstmächtig an und blieb nicht unter dem Gehorsam des Wortes. Sei es, daß er, wie etwa die »himmlischen Propheten«, den Geist Gottes für sich okkupierte, oder wie die »Sakramentierer« die Gegenwart Gottes in den »Zeichen« der Sakramente bestritt, oder wie die revolutionären Bauern aus der Freiheit des Evangeliums ein sozialpolitisches Prinzip machte, oder wie immer sonst – in all diesen Varianten verfälschte sich der ans äußere, mündliche Wort gewiesene Glaube in einen vom Menschen verfügten Besitz. In dem Kampf, den der Apostel im 1. Johannesbrief um den wahren Glauben zu führen hat, findet Luther seine eigenen Nöte vorgebildet, und so hallt diese Vorlesung wider von hartem Gefechtslärm. Die Verantwortung für die ihm anvertraute Erkenntnis läßt den Professor auch in seinem Hörsaal eine scharfe Klinge führen, um die Irrenden zurechtzubringen, die dem Kreuze Christi und der Liebe zu den Brüdern sich entziehen. Er selbst aber weiß sich in der Gnade des Christus geborgen, von dem er seine Rechtfertigung erwartet. Während die Hochschule in Wittenberg sich in jenem Jahr aus Furcht vor der Pest entvölkert, bleibt Luther am Ort in getrostem Glauben an seinen Dienst und Auftrag – auch damit wieder, nicht anders als 1521, ein Zeuge fraglosen Vertrauens zu dem Herrn, dem er gehört.

Vorrede zum Neuen Testament
1522

Einleitung
Vielerlei Mißverständnisse des Evangeliums machen eine Vorrede nötig.

Es wäre wohl recht und billig, daß dieses Buch ohne jede Vorrede und ohne fremden Namen ausginge und nur seinen eigenen Namen und Rede führte. Aber man hat durch manche unbegründete Deutung und Vorrede das Verständnis der Christen soweit verscheucht, daß man beinahe nicht mehr weiß, was Evangelium oder Gesetz, Neues oder Altes Testament heißt; darum ist es nötig, eine Einführung und Vorrede zu machen, um den einfachen Mann aus seiner alten falschen Meinung heraus auf die rechte Bahn zu führen und über das zu unterrichten, was er in diesem Buch erwarten soll, damit er nicht Gebote und Gesetze suche, wo er Evangelium und Verheißung Gottes suchen sollte.

1 Inhalt des Neuen Testaments ist das Evangelium von Christus.
Das Evangelium ist (wie das Gesetz) etwas ganz Einheitliches.

Darum muß man in erster Linie wissen, daß man den Wahn aufgeben muß, es gebe viererlei »Evangelien«[1] und nur vier Evangelisten.[2] Und ganz zu verwerfen ist es, daß einige die Bücher des Neuen Testaments einteilen in Gesetzbücher, Geschichtsbücher, prophetische Bücher und Weisheitsbücher; sie meinen damit (ich weiß nicht wie) das Neue Testament mit dem Alten in Gleichklang zu bringen. Es ist vielmehr daran festzuhalten: Wie das Alte Testament ein Buch ist, worin Gottes Gesetz und Gebote geschrieben sind, dazu die Geschichte sowohl derer, die sie gehalten, als auch derer, die sie nicht gehalten haben, – ebenso ist auch das Neue Testament ein Buch, worin das Evangelium und Gottes Verheißung geschrieben sind, dazu die Geschichte sowohl derer, die daran glauben, als auch derer, die nicht daran glauben.[3] Man muß also dessen gewiß sein, daß es nur *ein* Evangelium gibt, wie es auch nur *ein* Buch des

1 Die Überschriften der vier neutestamentlichen Bücher, die von Jesus berichten, heißen bezeichnenderweise »Das Evangelium« [d. h. die Frohe Botschaft], »nach Matthäus«, »nach Markus« usw.

2 Das »Evangelium« hat viele Verkündiger, nicht bloß die vier »Evangelisten«, welche die neutestamentlichen Berichte von Jesus verfaßt haben.

3 Mit diesem Satz schließt Luther, wie das Folgende beweist, nicht aus, daß auch im Alten Testament schon Verheißungen und im Neuen Testament noch Gesetze und Gebote stehen; er will nur eine grundsätzliche Zuweisung vollziehen. Vgl. unsere Ausgabe Band 1, Siebenstern-Taschenbuch 7, Seite 166.

Neuen Testaments, nur *einen* Glauben und nur *einen* Gott gibt, der verheißt.

Das Evangelium ist die gute Botschaft von der Erlösung.

Denn ›Evangelium‹ ist ein griechisches Wort und heißt auf Deutsch: gute Botschaft, gute Kunde, gute Neuigkeit, gute Nachricht, wovon man singt, sagt und fröhlich ist. So wie damals, als David den großen Goliath überwand;[4] da kam eine gute Nachricht und tröstliche Neuigkeit unter das jüdische Volk: ihr furchtbarer Feind sei erschlagen und sie seien erlöst, in Freude und Frieden versetzt; daraufhin sangen sie und sprangen und waren fröhlich.

Ebenso ist dieses Evangelium Gottes und dieses Neue Testament eine gute Kunde und Nachricht, die durch die Apostel in alle Welt erschollen ist, von einem rechten David; der hat mit der Sünde, Tod und Teufel gestritten und sie überwunden und hat damit alle, die in Sünden gefangen, mit dem Tod geplagt, vom Teufel überwältigt waren, ohne ihr Verdienst erlöst, gerecht, lebendig und selig gemacht, und hat sie damit in Frieden versetzt und wieder zu Gott heimgebracht. Davon singen sie, danken Gott, loben ihn und sind ewig fröhlich, – sofern sie das fest glauben und im Glauben beständig bleiben.

Als Christi Vermächtnis heißt das Evangelium ein ›Testament‹.

Diese Nachricht und tröstliche Kunde oder evangelische und göttliche Neuigkeit heißt auch ein neues ›Testament‹. Denn wie es ein Testament ist, wenn ein sterbender Mann über sein Gut verfügt, wie man es nach seinem Tod unter die ⌊von ihm⌋ genannten Erben verteilen soll, so hat auch Christus vor seinem Sterben befohlen und verfügt, dieses Evangelium nach seinem Tode in alle Welt auszurufen. Er hat damit allen, die glauben, all sein Gut zu eigen gegeben, d. h. sein Leben, womit er den Tod verschlungen, seine Gerechtigkeit, mit der er die Sünde vertilgt, und seine Seligkeit, durch die er die ewige Verdammnis überwunden hat. Nun kann wahrlich der arme Mensch, der in Sünden, Tod und ⌊künftige⌋ Hölle verstrickt ist, nichts Tröstlicheres hören als diese teure, liebliche Botschaft von Christus. Sein Herz muß von Grund aus lachen und fröhlich darüber werden, wenn er glaubt, daß es wahr ist.

4 *1 Samuel 17,1 ff.*

2 Das Evangelium des Neuen Testaments ist im Alten verheißen worden. Röm 1,1 ff beschreibt Christus als den Erfüller der Verheißung.

Nun hat Gott, um solchen Glauben zu stärken, dieses sein Evangelium und Testament vielfältig im Alten Testament durch die Propheten versprochen; in diesem Sinn sagt Paulus (Röm 1,1 ff): »Ich bin ausgesondert, zu predigen das Evangelium Gottes, welches er zuvor verheißen hat durch seine Propheten in der Heiligen Schrift, von seinem Sohn, der ihm geboren ist von dem Samen ⌊Davids⌋ usw.«

1 Mose 3,15 verheißt den Sieger über die Schlange (den Teufel).

Und um einiges davon anzuführen, so hat er's zum erstenmal versprochen dort, wo er zu der Schlange sagt (1 Mose 3,15): »Ich will Feindschaft setzen zwischen dir und dem Weibe und zwischen deinem Samen und ihrem Samen; derselbe soll dir den Kopf zertreten, und du wirst ihm in die Ferse stechen.«[5] Christus ist der ›Same‹ dieses Weibes; er hat dem Teufel sein Haupt, d. h. Sünde, Tod, Hölle und alle seine Kraft zertreten. Denn ohne diesen ›Samen‹ kann kein Mensch der Sünde, dem Tod, der Hölle entrinnen.

Nach 1 Mose 22,18 kommt ein Same Abrahams als Löser des Fluchs.

Ferner versprach Gott es dem Abraham (1 Mose 22,18): »In deinem Samen sollen alle Geschlechter auf Erden gesegnet werden.« Christus ist der Same Abrahams, sagt S. Paulus Gal 3,16; der hat alle Welt gesegnet durchs Evangelium. Denn wo Christus nicht ist, da ist noch der Fluch, der über Adam und seine Kinder erging, als er gesündigt hatte: sie müssen allzumal Schuldner und Sklaven der Sünde, des Todes und der Hölle sein. Diesem Fluch entgegen segnet nun das Evangelium alle Welt, damit, daß es öffentlich ruft: ›Wer an diesen Samen Abrahams glaubt, der soll gesegnet, d. h. von Sünde, Tod und Hölle los sein und ewig gerecht, lebendig und selig bleiben.‹ So sagt es Christus selbst (Joh 11,26): »Wer an mich glaubt, der wird nimmermehr sterben.«

2 Samuel 7,12 ff verspricht den Herrscher aus Davids Stamm.

So versprach es Gott ferner dem David, als er sagte (2 Sam 7,12 ff): »Ich will deinen Samen nach dir erwecken; der soll mir ein Haus bauen, und ich will sein Reich festigen ewiglich. Ich will sein

5 *So nach der Fassung der Vorrede in Luthers Übersetzung von 1546. Im heutigen revidierten Text ist »Same« durch »Nachkomme« ersetzt.*

Vater sein, und er soll mein Sohn sein, usw.« Das ist das Reich Christi, von dem das Evangelium sagt: ein ewiges Reich, ein Reich des Lebens, der Seligkeit und Gerechtigkeit, in das aus dem Gefängnis der Sünde und des Todes alle kommen, die glauben.

Auch die andern Propheten stellen die Erlösung in Aussicht.

Solche Verheißungen des Evangeliums gibt es noch viele weitere auch in den andern Propheten; so in Micha 5,1: »Und du, Bethlehem ⸤Ephrata⸥, die du klein bist unter den Tausenden in Juda, aus dir soll mir kommen, der ein Herzog sei meines Volkes Israel«; ferner Hos 13,14: »Ich will sie erlösen von der Hand des Todes; vom Tod will ich sie erretten.«[6]

3 Das Evangelium des Neuen Testaments bringt nicht das Gesetz.
Die Botschaft von der Erlösung läßt sich kurz oder lang sagen.

So sehen wir nun, daß es nicht mehr als *ein* Evangelium gibt, wie auch nur *einen* Christus. Denn das Evangelium ist ja nichts anderes und kann nichts anderes sein als eine Predigt von Christus, Gottes und Davids Sohn, wahrem Gott und wahrem Menschen, der für uns mit seinem Sterben und Auferstehen Sünde, Tod und Hölle aller Menschen überwunden hat, die an ihn glauben. So kann also das Evangelium eine kurze und eine lange Rede sein, und kann der eine es kurz, der andere es lang beschreiben. Der beschreibt es lang, der viele Werke und Worte Christi berichtet, wie es die vier Evangelisten tun. Der beschreibt es aber kurz, der nicht von Christi Werken ⸤spricht⸥, sondern in Kürze darauf hinweist, wie Christus durchs Sterben und Auferstehen Sünde, Tod und Hölle überwunden habe für die, die an ihn glauben; so machen es Petrus und Paulus.

Das Evangelium redet von Christi Werk, nicht von dem unsren.

Darum sieh nun darauf, daß du nicht aus Christus einen Mose machst und nicht aus dem Evangelium ein Gesetz- oder Lehrbuch, wie es bisher geschehen ist, und wie einige Vorreden auch von S. Hieronymus[7] sich hören lassen. Denn das Evangelium fordert ausdrücklich nicht unser Werk, daß wir dadurch rechtschaffen und selig

6 Luther folgt hier der lateinischen Bibel, die ihm von Jugend auf vertraut war (der sogenannten Vulgata).

7 Hieronymus ist ein hochangesehener Kirchenvater († 420), der u. a. eine lateinische Ausgabe der Bibel besorgte und selbst umfangreiche Kommentare zu biblischen Büchern geschrieben hat. Luther greift, besonders in Auslegungen und Vorlesungen, häufig auf ihn zurück.

werden, ja es verdammt sogar solche Werke; sondern es fordert nur Glauben an Christus, daß dieser für uns Sünde, Tod und Hölle überwunden hat. Er macht uns also nicht durch unsere Werke, sondern durch seine eigenen Werke, sein Sterben und Leiden rechtschaffen, lebendig und selig, so daß wir für uns sein Sterben und Überwinden in Anspruch nehmen dürfen, als hätten wir's selber getan.

Die Gebote im Neuen Testament sind nicht das rechte Evangelium.

Daß aber Christus im Evangelium,[8] dazu auch Petrus und Paulus, viele Gesetze und Lehren geben und das Gesetz auslegen, das soll man allen anderen Werken und Wohltaten Christi gleichachten. Die Kenntnis seiner Werke und seiner Geschichte ist ja noch keine Kenntnis des rechten Evangeliums; denn damit weißt du noch nicht, daß er die Sünde, Tod und Teufel überwunden hat. Ebenso kennst du auch dann noch nicht das ⌊rechte⌋ Evangelium, wenn du diese Lehren und Gebote kennst, sondern ⌊erst⌋ wenn die Stimme kommt, die sagt: Christus ist dein eigen mit seinem Leben, Lehren, Werken, Sterben, Auferstehen und allem, was er ist, hat, tut und vermag.

Das rechte Evangelium ist die Predigt von den Wohltaten Christi.

Dementsprechend sehen wir auch, daß Christus nicht drängt, sondern freundlich lockt und spricht:[9] »Selig sind die Armen usw.«; und die Apostel gebrauchten die Wendung: ›Ich ermahne‹, ›ich flehe‹, ›ich bitte‹. So sieht man überall, wie das Evangelium nicht ein Gesetzbuch ist, sondern nur eine Predigt von den Wohltaten Christi, die uns erwiesen und zu eigen gegeben sind, wenn wir glauben. Mose dagegen treibt, drängt, droht, schlägt und schilt schrecklich in seinen Büchern; denn er ist ein Gesetzschreiber und -treiber.

Das recht verstandene Evangelium treibt zur freien Liebestat.

Daher kommt es auch, daß einem Gläubigen kein Gesetz gegeben ist, weil er, wie S. Paulus (1 Tim 1,9) sagt, durch den Glauben gerecht, lebendig und selig ist; und er braucht nichts weiter zu tun, als diesen Glauben ⌊mit Werken⌋ zu beweisen. Ja, wo der Glaube ist, kann er sich nicht zurückhalten: er zeigt sich, bricht heraus und bekennt und lehrt dieses Evangelium vor den Leuten und wagt sein Leben dran. Und alles, was er lebt und tut, das richtet er auf des Nächsten Nutzen ein; er will ihm helfen, nicht bloß, daß er gleich-

8 *D. h. hier: in den vier Evangelienschriften.*
9 *Matthäus 5,3 ff.*

falls zu solcher Gnade komme, sondern auch, indem er mit Leib, Gut und Ehre ⌊für ihn da ist⌋, wie er sieht, daß Christus es ihm getan hat; so folgt er dem Vorbild Christi nach.

Das meint auch Christus, als er zum Abschied kein anderes Gebot gab als das der Liebe;[10] daran sollte man erkennen, welches seine Jünger seien und wahre Gläubige. Denn wo die Werke und die Liebe nicht herausbrechen, da ist der Glaube nicht recht, da haftet das Evangelium noch nicht, und ist Christus noch nicht recht erkannt. Sieh, nun stelle dich so auf die Bücher des Neuen Testaments ein, damit du sie auf diese Weise zu lesen verstehst!

Welches die rechten und edelsten Bücher des Neuen Testaments sind

1 Der Maßstab des Urteils über die neutestamentlichen Bücher. Kern des Evangeliums ist die Predigt vom Glauben an Christus.

Aus diesem allem kannst du nun recht beurteilen und unterscheiden, welche unter allen Büchern die besten sind. Dann nämlich[11] ist das Johannesevangelium und die Briefe von S. Paulus (besonders der an die Römer) und der erste Brief von S. Petrus der rechte Kern und das Mark unter allen Büchern; sie sollten auch mit Recht die ersten sein, und einem jeden Christen wäre zu raten, daß er diese in erster Linie und am allermeisten läse und sie sich durch tägliches Lesen so gewohnt machte wie das tägliche Brot. Denn in diesen findest du nicht viele Werke und Wundertaten Christi beschrieben; du findest aber ganz meisterhaft hervorgehoben, wie der Glaube an Christus Sünde, Tod und Hölle überwindet und das Leben, Gerechtigkeit und Seligkeit gibt; und das ist die rechte Art des Evangeliums, wie du gehört hast.

Christi Worte sind wichtiger als die Kunde von seinen Werken.

Denn wenn ich je eins von beiden entbehren müßte, die Werke oder die Predigt Christi, so wollte ich lieber die Werke als seine Predigt entbehren. Denn die Werke hülfen mir nichts; aber seine Worte, die geben das Leben, wie er selber sagt.[12] Weil nun Johannes ganz wenig Werke von Christus, aber sehr viel von seiner Predigt schreibt, – während umgekehrt die andern drei Evangelisten

10 *Johannes 13,34 ff.*
11 *Nach dem obigen Maßstab gemessen.*
12 *Johannes 6,63.*

viel von seinen Werken, wenig von seinen Worten mitteilen, – so ist das Johannesevangelium das alleinige, feine, rechte Hauptevangelium und den andern drei weit, weit vorzuziehen und höher ⌊als sie⌋ zu halten. Ebenso gehen auch die Briefe von S. Paulus und Petrus weit über die drei Evangelien des Matthäus, Markus und Lukas.

2 Die Anwendung des Maßstabs auf die neutestamentlichen Bücher.

Kurz, das Evangelium des S. Johannes und sein erster Brief, die Briefe des S. Paulus, besonders die an die Römer, Galater und Epheser, und der erste Brief des S. Petrus: das sind die Bücher, die dir Christus zeigen und alles lehren, was dir zu wissen nötig und heilvoll ist, auch wenn du niemals ein anderes Buch oder eine andere Lehre sehen oder hören würdest. An ihnen gemessen ist darum der Brief des S. Jakobus eine recht stroherne Epistel; denn er hat doch keine ⌊rechte⌋ evangelische Art an sich. Doch davon weiter in anderen Vorreden! ...[13]

13 Nun folgt hier ein mit Nummern versehenes Verzeichnis der Bücher des Neuen Testaments, bei welchem bemerkenswert ist, daß Luther diejenigen Schriften, die ihm nicht ›die rechte Art des Evangeliums‹ an sich zu tragen scheinen, an den Schluß rückt und ohne Nummern läßt; es sind der Brief an die Hebräer, der Brief des Jakobus, der Brief des Judas, und die Offenbarung des Johannes. Das hierin liegende Urteil begründet er dann im einzelnen in den Vorreden zu diesen vier Schriften.

Nachbemerkung

Was den Herrn Christus lehrt und ›treibt‹, das ist für Luther der eigentliche Gegenstand und Inhalt der Heiligen Schrift. Darin ist es begründet, wenn Luther sich in tiefster, dankbarer ABHÄNGIGKEIT VON DER BIBEL wußte und die Kirche an sie band. Erkennt er doch in der Bibel das grundlegende Zeugnis der Apostel und Propheten von jener grundlegenden Heilstat Gottes, an welcher alles, aber auch alles gelegen ist; ohne die Schrift wäre also der Glaube an Christus gar nicht möglich. Luther ist gewissensmäßig an diesen seinen Herrn gebunden, und nur darum und nur soweit auch an das Buch, das von diesem Herrn zeugt: wie er an der Schrift zur Erkenntnis des Evangeliums gekommen war, so richtete er sich an ihr auch stets wieder neu aus.

Von dieser Grundhaltung Luthers aus, in der er Christus in die Mitte rückte, könnte man erwarten, er hätte gerade den synoptischen Evangelien als den Berichten von Jesu Leben, Wirken und Leiden sein Hauptaugenmerk zugewandt. Aber man stößt hier auf die zunächst überraschende Tatsache, daß er die drei ersten Evangelien gegenüber dem Johannesevangelium in gewisser Weise abwertet, weil sie sich zumeist mit den Worten und Werken Jesu beschäftigen, während es doch darauf ankomme, daß Christus durch sein Sterben und Auferstehen Sünde, Tod und Hölle überwunden habe. Doch korrigiert sich die Einseitigkeit dieses Eindrucks insofern, als Luther auf der Kanzel viele Jahre hindurch die evangelischen Predigttexte der altkirchlichen Perikopenreihe eingehend auslegte und auch in seinem sonstigen Schrifttum beständig auf diese der heutigen Christenheit besonders wichtig gewordenen Bücher zurückgriff. Allein – eine Gesamtauslegung des Matthäus-, Markus- oder Lukasevangeliums hat er weder in seinen Vorlesungen noch in seiner schriftstellerischen Arbeit gegeben. Das Johannesevangelium und vor allem der Brief des Paulus an die Römer waren ihm die entscheidenden Bücher des Neuen Testaments.

Die theologische Begründung dafür gibt seine *Vorrede zum Neuen Testament*, zusammen mit dem kritischen Nachwort *Welches die rechten und edelsten Bücher des Neuen Testaments sind.* Eben weil er alles Heil in Christus konzentriert sah, konnte er es nicht zulassen, daß sich die Aufmerksamkeit zersplitterte in der Betrachtung einzelner Werke und Wunder, einzelner Lehren und Weisungen. Das Evangelium ist nicht eine Vielheit von Geschichten und Lehraussagen oder gar ein »Gesetz«, d. h. eine Sammlung von Geboten; es ist vielmehr eine Einheit. Auch wenn es in vielfacher Gestalt gesagt werden kann – in den ausführlichen Berichten der vier sogenannten Evangelien oder in den summarischen Darlegungen der apostolischen Briefe eines Paulus oder Petrus –, so ist und bleibt es wesenhaft die gute Kunde und Botschaft von der einen Christustat, die uns zugut geschehen ist, von dem einen Wunder der göttlichen Gnade, die das Heil nicht an unser selbst zu leistendes Werk, sondern an den im Heiligen Geist erfolgenden Empfang des Glaubens knüpft, aus dem dann der dankbare Gehorsam der Liebe in guten Werken frei erwächst.

Das Magnifikat
verdeutscht und ausgelegt
durch D. Luther,
Augustiner
1521

Das Magnifikat

Der Text von Lukas 1,46–55, aus der lateinischen Bibel verdeutscht[1].

1 Meine Seele erhebt Gott, den Herrn[2],
2 und mein Geist freut sich in Gott, meinem Heiland.
3 Denn er hat mich, seine geringe Magd, angesehen;
darüber werden mich Kindeskinder selig preisen ewiglich.
4 Denn er, der alle Dinge tut, hat große Dinge an mir getan,
und heilig ist sein Name,
5 und seine Barmherzigkeit reicht von einem Geschlecht zum andern
bei allen, die sich vor ihm fürchten.
6 Er wirkt gewaltig mit seinem Arm
und zerstört alle, die hoffärtig sind in ihres Herzens Sinn.
7 Er setzt die großen Herren ab von ihrer Herrschaft
und erhöht, die da niedrig und nichts sind.
8 Er macht satt die Hungrigen mit Gütern aller Art,
und die Reichen läßt er leer bleiben.
9 Er nimmt sein Volk Israel auf, das ihm dient,
nachdem er gedacht an seine Barmherzigkeit,
10 wie er denn versprochen hat unsern Vätern,
Abraham und seinen Kindern in Ewigkeit.

1 *Die dem Text vorangehende Widmungsschrift an Herzog Johann Friedrich von Sachsen (WA 7, 544, 4 bis 545, 34) beginnt mit dem Namen »Jesus«, einer von Luther brieflich gern gebrauchten einleitenden Grußformel. In dem Schreiben verheißt Luther seinem fürstlichen Gönner, sein vor geraumer Zeit gegebenes Versprechen einzulösen und ihm Marias Lobgesang, das Magnifikat, auszulegen. Habe doch ein Regent vor Gott ganz besondere Verantwortung für sein Amt, von dem so vieler Leute Heil abhänge; nirgends aber könne ein gottesfürchtiger Fürst sich besser über Gottes Willen unterrichten als im Magnifikat.*

2 *Seinen Namen hat das Stück Lukas 1,46–55 von dem ersten Wort dieses Verses, mit dem es in der lateinischen Bibel beginnt (magnificat anima mea dominum = es erhebt meine Seele den Herrn). Vgl. Luthers eigne Erklärung, unten Seite 32. Luther versieht den Text mit selbständigen Verszahlen, die wir bei der Auslegung wiederholen.*

Vorrede und Eingang

Das Magnifikat als Zeugnis der Erfahrung von Gottes Wirken.

1 Gottes Art ist, das Niedrige zu erhöhen, das Hohe zu erniedrigen. Gottes Wesen muß vom Heiligen Geist selber gelehrt werden.

Um diesen heiligen Lobgesang seiner Ordnung nach zu verstehen, ist zu beachten, daß die hochgelobte Jungfrau Maria aus der eigenen Erfahrung heraus redet, in der sie durch den Heiligen Geist erleuchtet und gelehrt worden ist. Denn es kann niemand Gott oder Gottes Wort recht verstehen, wenn er es nicht unmittelbar vom Heiligen Geist hat; niemand kann's aber von dem Heiligen Geist haben, wenn er es nicht erfährt, versucht und empfindet. In dieser Erfahrung lehrt der Heilige Geist als in seiner eigenen Schule; außerhalb dieser wird nichts gelehrt als nur auf Schein bedachtes Wort und Geschwätz. So ist es bei der heiligen Jungfrau. Nachdem sie an sich selbst erfahren hat, daß Gott in ihr so große Dinge wirkt, obwohl sie doch gering, unansehnlich, arm und verachtet gewesen war, lehrt sie der Heilige Geist diese reiche Erkenntnis und Weisheit: daß Gott ein solcher Herr sei, der nichts anderes zu schaffen habe, als nur zu erhöhen, was niedrig ist, zu erniedrigen, was da hoch ist, und kurz, zu zerbrechen, was da gemacht ist, und zu machen, was zerbrochen ist.

Gottes Art ist, von der Höhe aus in die Tiefe zu schauen.

Denn gleichwie Gott am Anfang aller Kreaturen die Welt aus nichts erschuf (wovon er »Schöpfer« und »allmächtig« heißt), so bleibt er unverändert in dieser Art des Wirkens: noch ⌊immer⌋ sind alle seine Werke bis ans Ende der Welt so beschaffen, daß er aus dem, das nichts, gering, verachtet, elend, tot ist, etwas macht, etwas Kostbares, Ehrenvolles, Seliges und Lebendiges; andererseits macht er alles, was etwas, was kostbar, ehrenvoll, selig, lebendig ist, zunichte, gering verachtet, elend und sterbend. Auf diese Weise kann keine Kreatur wirken; sie vermag nicht aus nichts etwas zu machen. Daher kommt's, daß Gottes Augen nur in die Tiefe, nicht in die Höhe sehen, wie Daniel[3] sagt: »Du sitzest über den Cherubim und siehst in die Tiefe (oder: in den Abgrund).« Und Ps 138,6 heißt es:[4]

3 *Im »Gesang der drei Männer im Feuerofen« Vers 31.*

4 *Der Text des Magnifikats wie auch die weiteren in der Auslegung angeführten Bibelstellen erscheinen hier bei Luther in einer vielfach wechseln-*

»Gott ist der Allerhöchste und sieht auf die Niedrigen, und die Hohen erkennt er von ferne«; ferner Ps 113,5 f: »Wo ist ein solcher Gott wie der unsrige? Er sitzt am höchsten und sieht doch nach unten auf die Niedrigen im Himmel und auf Erden.« Denn weil er der Allerhöchste ist und es nichts über ihm gibt, kann er nicht über sich sehen; er kann auch nicht neben sich sehen, weil ihm niemand gleich ist. Darum muß er notwendig in sich selbst und unter sich sehen, und je tiefer jemand unter ihm ist, desto besser sieht er ihn.

Menschenart ist, aus der Tiefe in die Höhe zu sehen.

Aber die Augen der Welt und der Menschen tun das Gegenteil: sie sehen nur über sich und wollen durchaus sich nach oben hin richten wie Spr 30,13 steht: »Es ist ein Volk, dessen Augen in die Höhe sehen, und seine Augenbrauen sind in die Höhe gerichtet.« Das erfahren wir täglich, wie jedermann nur über sich hinausstrebt nach Ehre, Gewalt, Reichtum, Wissen, Wohlleben und allem, was groß und hoch ist. Und wo solche ⌊hohen und großen⌋ Leute sind, hängt ihnen jedermann an: da läuft man hinzu, da dient man gern, da will jedermann sein und ihrer Höhe teilhaftig werden. Nicht umsonst sind darum in der Schrift so wenig Könige und Fürsten als rechtschaffen beschrieben. Umgekehrt will niemand in die Tiefe sehen, wo Armut, Schmach, Not, Jammer und Angst ist; da wendet jedermann die Augen weg. Und wo solche ⌊armen und elenden⌋ Leute sind, da läuft jedermann davon, da flieht, da scheut, da verläßt man sie, und niemand denkt daran, ihnen zu helfen, beizustehen und zu machen, daß sie auch etwas sind. So müssen sie in der Tiefe und in niedriger, verachteter Stellung bleiben. Es gibt hier keinen Schöpfer unter den Menschen, der aus dem Nichts etwas machen wollte, wie doch S. Paulus Röm 12,16 lehrt, wo er sagt: »Liebe Brüder, achtet nicht auf die hohen Dinge, sondern haltet euch zu den niedrigen.«

Aus der Erfahrung von Gottes Art fließt Liebe und Lob Gottes.

Darum bleibt sie allein Gottes Sache, diese Art zu sehen, die in die Tiefe, in Not und Jammer sieht; er ist nahe allen denen, die in

den Übersetzung, der die Vulgata (der gebräuchliche lateinische Text) zugrunde liegt. Noch hat damals Luther das Werk einer im Wortlaut festgelegten Verdeutschung der Bibel nach dem griechischen bzw. hebräischen Urtext nicht in Angriff genommen.

der Tiefe sind. Es ist, wie Petrus sagt:[5] »Den Hohen widersteht er, den Niedrigen gibt er seine Gnade.« Aus dieser Grunderfahrung fließt nun die Liebe zu Gott und sein Lob. Es kann niemand jemals Gott loben, wenn er ihn nicht zuvor lieb hat; ebenso kann niemand Gott lieben, wenn Gott ihm nicht aufs liebevollste und allerbeste bekannt ist. Durch nichts aber kann er so bekannt werden als durch seine Werke, die an uns erzeigt, gefühlt und erfahren werden. Wo aber erfahren wird, wie er ein solcher Gott ist, der in die Tiefe sieht und nur den Armen, Verachteten, Elenden, Jammervollen, Verlassenen hilft und denen, die gar nichts sind, da wird er einem so herzlich lieb, da geht das Herz über vor Freude, hüpft und springt vor großem Wohlgefallen, das es in Gott bekommen hat. Und da ist dann der Heilige Geist; denn er hat solch überschwengliche Kenntnis und Lust in einem Augenblick durch die Erfahrung gelehrt.

2 Diese Erfahrung von Gottes Art machen wie Maria alle Christen. In der Tiefe lernen die Christen Gott lieben und loben.

Darum hat Gott auch den Tod auf uns alle gelegt und das Kreuz Christi mit unzähligen Leiden und Nöten seinen allerliebsten Kindern und Christen gegeben, ja er läßt ⌊sie⌋ auch zuweilen in Sünde fallen: denn er will ja viel in die Tiefe zu sehen haben, möchte vielen helfen, viel wirken, sich als einen rechten Schöpfer erzeigen, und damit sich bekannt, liebens- und lobenswert machen. Leider aber widerstrebt die Welt ihm darin mit ihren Augen, die immer über sich sehen, unaufhörlich, und hindert ihn an *seinem* Sehen, Wirken, Helfen, seinem Erkannt-, Geliebt- und Gelobtwerden, und beraubt ihn aller dieser Ehre, dazu sich selber ihrer Freude, Lust und Seligkeit. So hat er auch seinen einzigen, liebsten Sohn Christus selbst hinab in die Tiefe allen Jammers geworfen und hat an ihm besonders deutlich gezeigt, dahin das alles zielt, was sein Sehen, sein Wirken und Helfen, seine Art, sein Rat und Wille ist. Darum bleibt auch Christus, darin trefflich erprobt, voll Erkenntnis, voll Liebe und Lob Gottes ewiglich. Wie Ps 21,7 sagt: »Du hast ihn erfreut mit lauter Freude vor deinem Angesicht«, d. h. weil er dich sieht und erkennt. Davon sagt auch Ps 44,9, daß alle Heiligen nichts anderes tun werden, als Gott im Himmel loben, weil er sie in ihrer Tiefe angesehen und sich ebendort ihnen bekannt, liebens- und lobenswert gemacht hat.

5 *1 Petrus 5,5.*

Auch Maria lobt Gott, weil er sie in niedrigem Stand ansah.

So macht es auch hier die feine Mutter Christi und lehrt uns durch das Beispiel ihrer eigenen Erfahrung und durch ihre Worte, wie man Gott erkennen, lieben und loben soll. Denn mit fröhlichem, ⌊freudig⌋ springendem Geist rühmt sie sich hier und lobt Gott, er habe sie angesehen, obwohl sie niedrig und nichts gewesen sei. ⌊Darum⌋ muß man annehmen, daß sie arme, verachtete, geringe Eltern gehabt hat. Und um es anschaulich zu machen für die einfachen Leute: es sind ohne Zweifel die Töchter der obersten Priester und Ratsherren in Jerusalem reich, hübsch, jung und gebildet gewesen und in den Augen des ganzen Landes aufs ehrenvollste geachtet, wie es jetzt die Töchter der Könige, Fürsten und reichen Leute sind; ebenso war es auch in viel anderen weiteren Städten. Auch zu Nazareth, in ihrer ⌊Vater⌋stadt, ist sie nicht Tochter der obersten Regenten, sondern eines gewöhnlichen, armen Bürgers gewesen; niemand hat viel auf sie gesehen noch acht gehabt. Und sie ist unter ihren Nachbarn und ⌊deren⌋ Töchtern ein schlichtes Mägdlein gewesen, das das Vieh und das Haus besorgt, ohne Zweifel nicht mehr als jetzt eine arme Hausmagd sein mag, die tun muß, was man sie im Haus tun heißt.

Daß Christus von Maria geboren würde, war nicht zu erwarten.

Denn so hat Jesaja verkündigt (Jes 11,1 f): »Es wird eine Rute ausgehen von dem Stamm Isais und eine Blume aus seiner Wurzel aufwachsen, auf welcher der Heilige Geist ruhen wird.« Der ›Stamm‹ und die ›Wurzel‹ ist das Geschlecht Isai oder David, im besonderen die Jungfrau Maria; die ›Rute‹ und ›Blume‹ ist Christus. Nun, wie es nicht darnach ausieht, vielmehr unglaublich ist, daß aus einem dürren Stamm und einer faulen Wurzel eine schöne Rute und Blume wächst, so sah es auch nicht so aus, als sollte die Jungfrau Maria eines solchen Kindes Mutter werden. Denn ich meine, sie werde nicht allein darum ein ›Stamm‹ und eine ›Wurzel‹ genannt, weil sie übernatürlich, in unversehrter Jungfräulichkeit, eine Mutter geworden ist, wie es über die Natur hinausgeht, daß eine Rute auf einem toten Baumstumpf wächst, sondern auch darum, ⌊aus einem zweiten Grund⌋: der königliche Stamm und das Geschlecht Davids, welches einmal in großer Ehre, Gewalt, Reichtum und Glück grünte und blühte zu Davids und Salomos Zeiten, war ja wohl auch vor der Welt etwas Hohes; aber am Ende, als Christus kommen sollte, hatten die Priester diese Ehre an sich gebracht und regierten allein, und das königliche Geschlecht Davids war vor Armut und Verachtung wie ein toter Baumstumpf, so daß keine Hoffnung mehr da war und es nicht so aussah, als sollte aus ihm noch einmal ein König zu großen Ehren kommen. Und gerade als diese ⌊Entwicklung zur⌋ Unansehnlichkeit ihren Höhepunkt erreicht hatte, kommt Christus und wird aus dem verachteten Stamm, von dem geringen, armen Dirnlein geboren! Da wächst die Rute und die Blume daher von dieser Person, welche des Herrn Hannas oder Kaiphas Tochter nicht für würdig gehalten hätte, ihre geringste Magd zu sein. So geht, was Gott wirkt und sieht, in der Tiefe vor sich, was Menschen sehen und wirken, nur in der Höhe.

Das ist nun die Ursache von Marias Lobgesang; den wollen wir nun hören von Wort zu Wort.

ERSTER TEIL

Das rechte Gotteslob als geistgewirktes Tun der glaubenden Seele

V. 1: Meine Seele erhebt Gott, den Herrn.[6]

Einleitung: Gottes Lob ist allein Gottes Werk, nicht Menschenwerk.

Dies Wort entspringt aus großer Inbrunst und überschwenglicher Freude, worin sich ihr Gemüt und Leben von innen her im Geiste ganz erhebt. Darum spricht sie nicht: »*Ich* erhebe Gott«, sondern »meine Seele«, als wollte sie sagen: ›Es schwebt mein Leben samt all meinen Sinnen in Gottes Liebe, Lob und hohen Freuden, daß ich, meiner selbst nicht mächtig, mehr erhoben werde als mich selber erhebe zu Gottes Lob.‹ So ergeht es ja allen denen, die von Gottes Süßigkeit und Gottes Geist durchströmt werden, daß sie mehr fühlen als sie sagen könnten. Denn es ist kein Menschenwerk, Gott mit Freuden zu loben; es ist mehr ein fröhliches Erleiden und allein ein Gotteswerk, das sich mit Worten nicht lehren, sondern nur durch eigene Erfahrung kennen lernen läßt. In diesem Sinne sagt David Ps 34,9: »Schmecket und sehet, wie süß Gott der Herr ist; selig ist der Mensch, der ihm traut.« An die erste Stelle setzt David das ›Schmekken‹, dann das ›Sehen‹, deshalb, weil sich's nicht erkennen läßt ohne eigene Erfahrung und Empfindung. Zu dieser kommt jedoch niemand, der nicht Gott mit ganzem Herzen vertraut, wenn er in der Tiefe und Not ist; darum läßt David gleich drauf folgen: »Selig ist

6 *Lukas 1,46.*

der Mensch, der Gott vertraut«; denn ein solcher wird Gottes Wirken in sich erfahren, und so zu jener fühlbaren Süßigkeit und dadurch zu allem Verständnis und aller Erkenntnis kommen.

1 Das gläubige Lob Gottes ist Sache des ganzen Menschen. Das Menschenwesen gliedert sich in Geist, Seele und Leib.

Wir wollen ein Wort nach dem andern erwägen. Das erste ist: Meine Seele. Die Schrift gliedert den Menschen in drei Teile. So sagt S. Paulus 1 Thess 5,23: »Gott, der ein Gott des Friedens ist, der mache euch heilig durch und durch, so daß euer ganzer Geist samt Seele und Leib unsträflich erhalten werde auf die Zukunft unseres Herrn Jesu Christi.« Ferner wird bei jedem dieser drei Stücke wie beim ganzen Menschen auch noch in anderer Weise eine Teilung in zwei Stücke vollzogen, die Geist und Fleisch heißen. Das ist eine Teilung nicht der Natur, sondern den Eigenschaften nach; d. h. die Natur hat drei Stücke, Geist, Seele und Leib, und diese können allesamt gut oder böse sein; das heißt dann: ›Geist‹ und ›Fleisch‹ sein (wovon jetzt nicht zu reden ist).

Das erste Stück, der *Geist,* ist das höchste, tiefste und edelste Teil des Menschen, wodurch er befähigt ist, unbegreifliche, unsichtbare, ewige Dinge zu fassen. Kurz, er ist das Haus, worin der Glaube und Gottes Wort wohnt. Davon sagt David Ps 51,12: »Herr, schaffe in meinem Innersten einen richtigen Geist«, d. h. einen aufrechten, unmittelbaren Glauben. Umgekehrt heißt es von den Ungläubigen Ps 78,37: »Ihr Herz war nicht zu Gott gerichtet, und ihr Geist stand nicht im Glauben an Gott.«

Das zweite Stück, die *Seele,* ist ihrer Natur nach ebenderselbe Geist, aber doch in einer andern Wirkungsart, nämlich in der, daß er den Leib lebendig macht und durch ihn wirkt. Er wird oft in der Schrift ⌊als Ausdruck⌋ für das ›Leben‹ genommen; denn der Geist kann wohl ohne den Leib leben, aber der Leib lebt nicht ohne den Geist. Bei diesem Stück sehen wir, wie es auch im Schlaf und unaufhörlich lebt und wirkt. Seine Art ist nicht, die unbegreiflichen Dinge zu fassen, sondern was die Vernunft erkennen und ermessen kann. Die Vernunft ist nämlich hier das Licht in diesem Hause, und wo nicht der Geist, vom Glauben als von einem höheren Licht erleuchtet, dies Licht der Vernunft regiert, so kann sie nimmermehr ohne Irrtum sein. Denn sie ist zu minderwertig, um mit göttlichen Dingen umzugehen. Diesen zwei Stücken spricht die Schrift vielerlei Eigenschaften zu, z. B. sapientia und scientia, die Weisheit dem Geist, die Erkenntnis der Seele;[7] sodann auch Haß, Liebe, Lust, Grauen und dergleichen.

Das dritte Stück ist der *Leib* mit seinen Gliedern. Seine Werke sind nur die Ausübung und Anwendung dessen, was die Seele erkennt und der Geist glaubt.

Um dafür ein Gleichnis anzuführen aus der Schrift: Mose machte ein Zelt[8] mit drei verschiedenen Abteilungen. Die erste hieß sanctum sanctorum; darin wohnte Gott, und es war kein Licht darin. Die andere hieß sanctum; darin stand ein Leuchter mit sieben Röhren und Lampen. Die dritte hieß atrium, der Hof; die war unter dem freien Himmel, öffentlich, im Lichte der Sonne. In dieser Gestalt ist ein Christenmensch ⌊sinnbildlich⌋ abgezeichnet. Sein Geist ist das sanctum sanctorum, Gottes Wohnung im finstern Glauben ohne Licht; denn er glaubt, was er weder sieht noch fühlt noch begreift. Seine Seele ist das sanctum; da sind sieben Lichter, d. h. Fähigkeiten aller Art, die leiblichen, sichtbaren Dinge zu verstehen, zu unterscheiden, zu wissen und zu erkennen. Sein Körper ist das atrium; der ist jedermann offenbar, so daß man sehen kann, was er tut und wie er lebt.

Die Gefahr für den Menschen ist, daß der Geist auf die Werke verfällt.

Nun betet Paulus[9], Gott, der ein Gott des Friedens ist, wolle uns heilig machen nicht allein in *einem* Stück; sondern ganz und gar, durch und durch, so daß Geist, Seele und Leib und alles heilig sei. Über die Ursache dieses Gebets wäre viel zu sagen; in Kürze ⌊nur soviel⌋: Wenn der Geist nicht mehr heilig ist, so ist nichts mehr heilig. Nun ist des Geistes Heiligkeit am heftigsten angegriffen und am meisten gefährdet; denn sie besteht nur in dem bloßen, lauteren Glauben, weil ja, wie gesagt, der Geist nicht mit greifbaren Dingen umgeht. So kommen dann falsche Lehrer und locken den Geist ⌊aus seinem auf Gott gerichteten Wesen⌋ heraus; einer hält ⌊ihm⌋ dieses

7 *sapientia (= Weisheit) wird in der Schrift mit dem ›Geist‹ verbunden z. B. 2 Mose 28,3 u. ö.; Weisheit 7,7; Sirach 39,8; Epheser 1,17. scientia (= Erkenntnis) findet sich im lateinischen Text mit dem Begriff der ›Seele‹ verbunden z. B. Sprüche 2,10 und 19,2.*

8 *Die Stiftshütte mit dem Allerheiligsten (sanctum sanctorum), dem Heiligen (sanctum) und dem Vorhof (atrium); vgl. 2 Mose 26,33 f und 40,1 ff.*

9 *In der oben angeführten Stelle 1 Thessalonicher 5,23.*

Werk, der andere jene Weise vor, um rechtschaffen zu werden. Wenn dann der Geist hier nicht bewahrt wird und weise ist, so fällt er ⌊aus seiner Innerlichkeit⌋ heraus und folgt, kommt auf die äußerlichen Werke und Weisen und meint, damit rechtschaffen zu werden: Alsbald ist der Glaube verloren und der Geist tot vor Gott.

Da tun sich dann mancherlei Sekten und Orden auf: der eine wird ein Kartäuser,[10] der andere ein Barfüßer;[11] der will mit Fasten, der mit Beten, einer mit dem, der andere mit einem andern Werk selig werden. Und doch sind's allesamt selbsterwählte Werke und Orden, von Gott nie geboten, nur von Menschen erdacht! Neben ihnen her geben sie nicht mehr auf den Glauben acht und lehren immer weiter auf die Werke zu bauen, so lange, bis sie so tief hineinkommen, daß sie darüber uneins werden. Ein jeder will der Beste sein und verachtet den andern, wie jetzt unsere Observanten[12] sich brüsten und aufblasen. Gegen solche Werkheiligen und fromm scheinenden Lehrer bittet hier Paulus, wenn er sagt, Gott sei ein Gott des Friedens und der Einigkeit.[13] Denn ihn können solche uneinigen, unfriedsamen Heiligen nicht haben noch festhalten, außer wenn sie ihre eigne Sache fallen lassen und alle miteinander im Geist und Glauben zusammenkommen und erkennen, daß die Werke nur Unterschiede, Sünde und Unfrieden machen, während allein der Glaube rechtschaffen, einig und friedsam macht. So steht es in Ps 68,7: »Gott macht, daß wir einig in dem Hause wohnen.«[14] Und Ps 133,1: »Ei, wie fein und lieblich ist's, daß die Brüder einig beieinander wohnen.«

Statt in Werken muß der Geist im Glauben leben.

Der Friede kommt von nirgends anders her als wenn man lehrt, wie kein Werk, keine äußerliche Weise rechtschaffen, gerecht und selig macht, sondern nur der Glaube, d. h. die gute Zuversicht zu der unsichtbaren Gnade Gottes, die uns versprochen ist; davon habe

10 Die Kartäuser sind ein Einsiedlermönchsorden (seit 1084), der im Ruf besonderer Strenge stand.

11 ›Barfüßer‹ hieß das Volk die Franziskanermönche; sie gehörten zu den Bettelorden. Ihr Stifter ist Franz von Assisi, 1226 gestorben.

12 ›Observanten‹ hieß man die strengere Richtung in verschiedenen Bettelorden; wenn Luther hier von ›unsern Observanten‹ redet, meint er wohl die Observanten des Augustinerordens, zu welchen er selbst gehörte.

13 1 Thessalonicher 5,23.

14 So nach der lateinischen Bibel.

ich in ⌞der Schrift von⌟ den »guten Werken«[15] viel gesagt. Und wo dieser Glaube nicht ist, da müssen viel Werke sein, die dann Unfrieden und Uneinigkeit zur Folge haben, so daß kein Gott mehr da bleibt. Deshalb begnügt sich S. Paulus hier nicht, zu sagen: »daß euer Geist, eure Seele usw.«, sondern ⌞er sagt:⌟ »euer ganzer Geist«; denn an ihm liegt es ganz und gar. Er gebraucht hier in der griechischen Sprache ein feines Wort: to holokleron pneuma hymon, d. h. ›euer Geist, der das ganze Erbe besitzt‹, als wollte er sagen: ›Lasset euch durch keine Lehre von den Werken irre machen; der gläubige Geist hat's allein ganz und gar. Es liegt nur am Glauben des Geistes; diesen das ganze Erbe besitzenden Geist, bitte ich, wolle euch Gott behüten vor den falschen Lehren, die durch Werke Zuversicht zu Gott hervorrufen wollen; das sind doch irregeführte Gewissen, weil sie nicht einzig auf Gottes Gnade solche Zuversicht bauen.‹

Vom Glauben des Geistes aus wird auch Seele und Leib geheiligt.

Wenn nun ⌞dem Menschen⌟ ein solcher das ganze Erbe besitzender Geist erhalten bleibt, dann kann auch die Seele und der Leib ohne Irrtum und böse Werke bleiben. Andernfalls, wo der Geist ohne Glauben ist, ist's nicht möglich, daß die Seele und ⌞mit ihr⌟ das ganze Leben *nicht* unrichtig und irre gehen sollte, auch wenn sie ihre gute Meinung[16] und Gutdünken vorschützen und selber Andacht und Wohlgefallen dabei verspüren mag. Ebenso sind dann wegen dieses Irrtums und falschen Gutdünkens der Seele auch alle Werke des Leibes böse und verworfen, selbst wenn sich jemand totfastete und aller Heiligen Werke täte. Darum ist's nötig, daß uns Gott zuerst den Geist, dann Seele und Leib behüte, daß wir nicht umsonst wirken und leben; so sollen wir rechtschaffen heilig werden, nicht allein los von den offenkundigen Sünden, sondern viel mehr auch von den falschen und gleißenden guten Werken.

Das sei für diesmal genug gesagt zur Erklärung der zwei Worte ›Seele‹ und ›Geist‹, im Blick darauf, daß sie sehr gebräuchlich sind in der Schrift.

15 *Luther meint seinen »Sermon von den guten Werken« (1520 geschrieben). Siehe unsere Ausgabe Band 3, Siebenstern-Taschenbuch 40, Seite 111 ff.*
16 *Nach der katholischen Sittenlehre gehört zu einem ›guten Werk‹ die Absicht, mit dieser Handlung das Gebot Gottes bzw. der Kirche zu erfüllen – die sogenannte ›gute Meinung‹.*

2 Das gläubige Lob Gottes quillt allein aus dem Glauben.
Der Glaube ist ein ganz persönliches Vertrauen zu Gottes Tun.

Dann kommt das Wörtlein »Magnifikat«.[17] Das heißt: ›groß machen‹, ›*erheben*‹ und ›viel von einem halten‹, von dem gebraucht, der große und viele und gute Dinge vermag, weiß und tun will, wie es denn in diesem Lobgesang nachher folgt. Gleichwie also das Wort »Magnifikat« wie ein Titel eines Buches anzeigt, wovon darin geschrieben ist, ebenso zeigt auch Maria mit diesem Wort an, wovon ihr Lobgesang lauten soll: nämlich von großen Taten und Werken Gottes, um unsern Glauben zu stärken, alle Geringen zu trösten und alle hohen Menschen auf Erden zu schrecken. Zu diesem dreifachen Gebrauch oder Nutzen müssen wir den Lobgesang ausgerichtet sein lassen und dies erkennen; denn sie hat nicht für sich allein, sondern für uns alle gesungen, daß wir ihr nachsingen sollen. Nun kann's nicht sein, daß jemand erschrickt oder sich tröstet auf Grund von solchen großen Taten Gottes, außer er glaubt, ⌊und zwar⌋ nicht allein Gott *vermöge* und wisse große Taten zu tun, sondern er muß auch glauben, Gott *wolle* so tun und liebe es, solches zu tun. Ja, es ist auch nicht genug, daß du glaubst, er wolle an andern, aber nicht an dir große Taten tun, und wolle so dich von solch göttlicher Tat ausnehmen; so machen die es, die Gott nicht fürchten, wenn sie mächtig sind, und die kleinmütig verzagen, wenn sie in Bedrängnis sind.

Der Glaube, der Gottes Wirken erfährt, macht demütig und getrost.

Derartige Glaubensweisen sind nichts und ganz tot, wie ein Wahn, den eine Fabel gezeugt hat. Du mußt vielmehr ohne alles Wanken, ohne alles Zweifeln den Willen Gottes über dich dir vor Augen stellen, so daß du fest glaubst, er werde und wolle auch mit dir große Dinge tun. Ein solcher Glaube lebt und webt: der dringt durch und ändert den ganzen Menschen; der zwingt dich, daß du in Furcht sein mußt, wenn du hoch bist, und getrost sein darfst, wenn du niedrig bist. Und je höher du bist, desto mehr mußt du dich fürchten; je tiefer du bedrückt bist, desto mehr kannst du dich trösten. Das bewirkt kein Glaube von einer jener andern Arten. Wie willst es du in Todesnöten machen? Da darfst du jedenfalls nicht bloß glauben, daß Gott dir zu helfen *vermöge* und wisse, sondern auch, daß er dir helfen *wolle*; da muß doch ein ganz unsagbar gro-

17 *Vgl. Seite 22, Anmerkung 2.*

ßes Werk geschehen, damit du vom ewigen Tod erlöst, ewig selig und Gottes Erbkind wirst. Dieser Glaube vermag alle Dinge, wie Christus sagt;[18] der hat allein Bestand, der gelangt auch zur Erfahrung des göttlichen Wirkens und dadurch zur Liebe zu Gott; und so kommt er Gott gegenüber zum Loben und Singen, daß der Mensch Großes von Gott hält und ihn recht groß macht.

Der Glaube ist ein lebendiges Zu-Gott-Bewegtsein der Seele.

Denn Gott wird nicht in *seiner* Natur von uns groß gemacht, da er ja unwandelbar ist, sondern in unsrer Erkenntnis und Empfindung, d. h. indem *wir* viel von ihm halten und ihn groß achten, vor allem in Beziehung auf seine Güte und Gnade. Darum spricht die heilige Mutter[19] nicht: ›Meine Stimme‹ (oder ›mein Mund‹), auch nicht: ›Meine Hand‹, auch nicht: ›Meine Gedanken‹, auch nicht: ›Meine Vernunft‹, oder ›mein Wille‹ macht den Herrn groß. Denn ihrer gibt's viele, die Gott mit lauter Stimme preisen, mit köstlichen Worten von ihm predigen, viel von ihm reden, disputieren, schreiben und malen; viele, die sich Gedanken über ihn machen und mit der Vernunft nach ihm trachten und spekulieren; und zudem viele, die in falscher Andacht und mit falschem Willen ihn erheben. Vielmehr sagt Maria so: »Meine *Seele* macht ihn groß«, d. h. ›mein ganzes Leben und Weben, meine Sinne und Kräfte halten viel von ihm‹. So ist sie gleichsam in ihn verzückt und fühlt sich emporgehoben in seinen gnädigen, guten Willen, wie der folgende Vers[20] zeigt.

In ähnlicher Weise erleben wir es bei uns: wenn uns jemand etwas besonders Gutes tut, bewegt sich gleichsam unser ganzes Leben zu ihm hin, und wir sprechen: ›O, ich halte viel von ihm‹, d. h. eigentlich: ›Meine Seele macht ihn groß.‹ Wie viel mehr wird eine solch lebendige Bewegung sich regen, wenn wir *Gottes* Güte empfinden, die überschwenglich groß ist in seinen Werken! Alle Worte

18 Markus 9,23.

19 Die Bezeichnung Marias als ›heilige Mutter‹ oder ›Gottesmutter‹ war dem Mittelalter geläufig und wird damals von Luther noch ohne Bedenken gebraucht. Die heilsgeschichtliche Rolle Marias blieb ihm, dem Glaubensbekenntnis entsprechend, zeitlebens unzweifelhaft, ihre Person im Rahmen ihrer Geschöpflichkeit verehrungswürdig. Alle falschen Folgerungen aber, wie z. B. die Anrufung ihrer Fürbitte, hat er später im Zusammenhang mit seiner Kritik aller Heiligenverehrung abgelehnt.

20 Lukas 1,47.

und Gedanken werden uns dann zu wenig werden, und das ganze Leben (die Seele) muß sich bewegen lassen, als wollte alles gerne davon singen und sagen, was in uns lebt.

3 Das gläubige Lob Gottes hat Gott allein zum Gegenstand.
Wer Gott nur lobt, wenn er ihm wohltut, lobt ihn nicht recht.

Aber dabei gibt's nun zweierlei falsche Geister, die das Magnifikat nicht recht singen können. Die *ersten* sind die Leute, die Gott nicht eher loben, als bis er ihnen eine Wohltat erweist, wie David sagt: »Sie loben dich, wenn du ihnen wohl tust.«[21] Diese scheinen Gott gar sehr zu loben. Aber weil sie niemals erleiden wollen, wenn sie unterdrückt und in die Tiefe geführt werden, können sie niemals das rechte Wirken Gottes erfahren und darum auch niemals Gott recht lieben und loben. In dieser Art ist jetzt alle Welt voll vom Dienst und Lob Gottes mit Singen, Predigen, Orgeln und Musizieren, und das Magnifikat wird herrlich gesungen;[21a] aber daneben ist's zum Erbarmen, daß solch köstlicher Gesang so ganz ohne Kraft und Saft von uns gebraucht werden soll. Denn wir singen nicht eher, als bis es ⌊uns⌋ wohl geht; geht's aber übel, ist das Singen aus. Da hält man dann nichts mehr von Gott, und wir meinen, Gott könne oder wolle nichts bei uns wirken. Damit muß das Magnifikat auch ausbleiben.

Wer sich mit Gottes Gütern großmacht, lobt Gott nicht recht.

Die andern sind noch gefährlicher, die nach der andern Seite abweichen: Sie machen sich groß mit Gottes Gütern, ohne doch diese rein der Güte Gottes zuzuschreiben; sie ⌊selber⌋ wollen auch etwas daran ⌊geleistet⌋ haben, wollen darob vor andern Menschen geehrt und angesehen sein. Sie schauen ihr großes Gut an, das Gottes Werk bei ihnen ist, klammern sich daran und beanspruchen es als ihr Eigentum und halten sich den andern gegenüber, die so etwas nicht haben, für etwas Besonderes. Das ist fürwahr ein glatter, schlüpfriger Standpunkt: Gottes Güter machen ⌊hier⌋ Herzen, wie es deren Natur entspricht, hoffärtig und selbstgefällig.

21 Psalm 49,19. Luther folgt hier der lateinischen Bibel, die den Vers auf Gott bezieht, statt wie der Urtext auf den Menschen (»wenn du dir gütlich tust«, »wenn du nach guten Tagen trachtest«).

21a Das Magnifikat gehört in der abendländischen Kirche zu den Cantica, die im täglichen Stundengebet gesungen werden. Es ist dort der Vesper zugeordnet.

Maria rühmt in vorbildlicher Weise allein Gottes Tat.

Darum ist's hier nötig, das letzte Wörtlein zu beachten: »Gott«. Denn Maria sagt nicht: ›Meine Seele macht groß – sich selbst‹, oder ›hält viel von mir‹, sie wollte auch gar nichts von sich gehalten haben. Vielmehr macht sie allein Gott groß; dem schreibt sie es ganz allein zu. Sie entkleidet sich ⌊von allem Eigenen⌋ und trägt's alles gänzlich wieder zu Gott hinauf, von dem sie es empfangen hatte. Denn obwohl sie eine solch überschwengliche Tat Gottes in sich empfand,[22] war sie und blieb sie doch so gesinnt, daß sie sich nicht über den geringsten Menschen auf Erden erhob; wenn sie es getan hätte, wäre sie mit Luzifer[23] in den Abgrund der Hölle gefallen. Sie hat nicht anders gedacht ⌊als so⌋: sie wollte, wenn eine andere Magd diese Güter von Gott empfangen hätte, ebenso fröhlich sein und es ihr ebenso wohl gönnen als sich selbst, ja sie wollte sich allein solcher Ehre für unwürdig und alle andern für würdig erachten; und sie wäre auch dann noch wohl zufrieden gewesen, wenn Gott ihr diese Güter weggenommen und vor ihren Augen einer andern gegeben hätte. So ganz und gar nichts von dem allem hat sie sich angemaßt und hat Gott seine Güter frei und ledig und zu eigen gelassen; sie ist nicht mehr als eine fröhliche Herberge und willige Wirtin dieses Gastes gewesen. Darum hat sie das alles auch ewig behalten.

Maria überwindet die große Versuchung zum Selbstruhm.

Sieh, das heißt Gott allein groß machen, nur von ihm allein groß denken und für uns keinen Anspruch erheben. Daraus sieht man, wie vielfachen Anlaß sie gehabt hat, zu fallen und zu sündigen, so daß es kein kleineres Wunder ist, wie sie sich der Hoffart und Anmaßung enthalten, als daß sie solche Güter empfangen hat. Meinst du nicht ⌊auch⌋, was für ein wundersames Herz dies ist? Sie findet sich als Gottesmutter über alle Menschen hinausgehoben, und bleibt dabei doch so einfältig und gelassen, daß sie deshalb nicht eine geringe Dienstmagd für unter ihr stehend angesehen hätte. O, wir armen Menschen! Wenn wir ein wenig Gut, Gewalt oder Ehre haben, ja ein wenig hübscher sind als andere, sind wir nicht imstande,

22 *Daß sie nämlich als Jungfrau Mutter des Heilandes werden sollte.*

23 *Luzifer (= Morgenstern) war eine aus Jesaja 14,12 geschöpfte Bezeichnung des Teufels als eines gefallenen Geistes, der vor seinem Falle im Himmel bei Gott war.*

uns einem Geringeren gleich zu stellen, und gibt's im Ansprüchemachen kein Maß; was wollten wir erst tun, wenn wir große, hohe Güter hätten?

Darum läßt uns Gott auch arm und unglücklich bleiben, weil wir seine feinen Güter nicht unbefleckt lassen; wir bringen's nicht fertig, von uns gleich viel zu halten wie zuvor,[24] sondern lassen unser Selbstbewußtsein immer mitwachsen und abnehmen, je nachdem die Güter kommen oder gehen. Aber dies Herz Marias steht fest und gleich zu aller Zeit; sie läßt Gott in sich wirken nach seinem Willen und nimmt ⌊für sich⌋ nicht mehr daraus als einen guten Trost, Freude und Zuversicht in Gott. So sollten wir es auch machen; das wäre ein rechtes Magnifikat gesungen!

ZWEITER TEIL

Gott selber als erster Gegenstand des gläubigen Lobes[25]

V. 2: **Und mein Geist freut sich in Gott, meinem Heiland.**[26]

1 Gottes Lob hängt nicht am eignen Empfinden und Begehren.
Maria preist Gottes bloße Güte, auch wo sie nichts davon empfindet.

Was der Geist sei, ist jetzt schon gesagt worden;[27] er ist es nämlich, der die unbegreiflichen Dinge durch den Glauben erfaßt. Darum nennt sie auch Gott ihren Heiland oder ihre Seligkeit, obwohl sie das doch nicht sah und nicht empfand; vielmehr traute sie in fester Zuversicht darauf, er sei ihr Heiland und ihre Seligkeit. Diesen Glauben hatte sie aus dem Gotteswerk, das in ihr geschehen war, empfangen. Und fürwahr, der rechten Ordnung entsprechend fängt sie an, wenn sie Gott eher ihren Herrn nennt als ihren Heiland und eher ihren Heiland, als daß sie seine Werke erzählt. Damit lehrt sie uns, wie wir Gott bloß[28] und recht der Ordnung entsprechend lieben und loben sollen, und ja nichts, was unser ist, an ihm suchen. Der aber liebt und lobt Gott bloß und recht, der ihn nur darum lobt, daß er gut ist, und der nichts weiter als seine bloße Gütigkeit ansieht und nur in ihr seine Lust und Freude hat. Das ist

24 *Als wir seine Güter noch nicht hatten.*

25 *Unter diesem Leitgedanken stand auch schon der letzte Teil des vorhergehenden Abschnittes.*

26 *Lukas 1,47.*

27 *Vgl. oben Seite 28.*

28 *D. h. Gott selber, wie er an und für sich ist, abgesehen von dem, was wir etwa von ihm erhalten oder erhalten möchten.*

eine hohe, reine, feine Weise zu lieben und zu loben, die einem solch hohen, feinen Geist wohl ansteht, wie ihn diese Jungfrau hat.

Die Selbstsüchtigen preisen Gott nur beim Empfinden seiner Güte.

Die unreinen und verkehrten Liebhaber, welche auf nichts als auf bloßen Nutzen ausgehen und das Ihre an Gott suchen, die lieben und loben nicht seine bloße Gütigkeit, sondern sehen auf sich selber und achten nur darauf, wie viel Gott ihnen gegenüber gut ist, d. h. in welchem Maße er seine Güte ihnen fühlbar erzeigt und ihnen wohltut. Sie halten viel von ihm, sind fröhlich, singen und loben ihn, solange dieses Fühlen anhält. Wenn sich aber Gott verbirgt und seiner Güte Glanz in sich zurückzieht, so daß sie bloß und elend sind, so ist es zugleich auch mit ihrem Lieben und Loben aus, und sie vermögen nicht die bloße, unfühlbare Güte, wie sie in Gott verborgen ist, zu lieben und zu loben. Damit beweisen sie, daß sich ihr Geist nicht in Gott, dem Heiland, erfreut hat; es ist kein rechtes Lieben und Loben der bloßen Güte ⌊Gottes⌋ dagewesen, sondern sie haben viel mehr Lust gehabt am Heil als am Heiland, mehr an den Gaben als an dem Geber, mehr an der Kreatur als an Gott. Denn sie können nicht gleich bleiben im Haben und Mangelleiden, in Reichtum und Armut, wie S. Paulus sagt:[29] »Ich habe es gelernt, daß ich übrig haben und Mangel leiden kann.«

Von diesen sagt der 49. Psalm:[30] »Sie loben dich, solange du ihnen wohltust«, als wollte er sagen: ›Sie haben sich im Auge und nicht dich; wenn sie nur Lust und Güter von dir bekämen, so gäben sie nichts auf dich.‹ In diesem Sinne sagt auch Christus Joh 6,26 zu denen, die ihn suchten: »Wahrlich, ich sage euch, ihr suchet mich nicht deshalb, weil ihr Zeichen gesehen, sondern weil ihr gegessen habt und satt geworden seid.« Solche unreinen, falschen Geister beflecken alle Gaben Gottes und hindern ihn, so daß er ihnen nicht viel gibt, auch nicht zu ihrer Seligkeit an ihnen wirken kann.

Dementsprechend gibt es drei Arten des Verhältnisses zu Gott.

Davon wollen wir ein feines Exempel hören. Es hat einmal ein rechtschaffenes Weib ein Gesicht gesehen, wie drei Jungfrauen an einem Altar saßen.[31] Während der Messe kam ein hübscher kleiner

29 *Philipper 4,12.*

30 *Vgl. Seite 34, Anmerkung 21.*

31 *Ergänze: um den Meßgottesdienst mitzufeiern und das Abendmahl zu empfangen.*

Knabe vom Altar her gelaufen und ging zu der ersten Jungfrau, tat freundlich zu ihr, herzte sie und lachte sie lieblich an. Danach ging er zu der zweiten, tat aber nicht so freundlich zu ihr, herzte sie auch nicht; doch hob er ihren Schleier auf und lächelte sie freundlich an. Der dritten aber machte er kein freundliches Zeichen, schlug sie ins Gesicht, raufte sie und stieß sie, und ging ganz unfreundlich mit ihr um; dann lief er schnell wieder zum Altar hinauf und verschwand.

Dann wurde jenem Weibe dieses Gesicht in folgender Weise ausgelegt: Die erste Jungfrau bedeutet die unreinen, selbstsüchtigen Geister; ihnen muß Gott viel Gutes und mehr ihren eigenen Willen tun als sie den seinen; sie wollen nichts entbehren, ⌞sondern⌟ allzeit Trost und Lust an Gott haben, ohne sich an seiner Güte genügen zu lassen. Die zweite Jungfrau bedeutet die Geister, die angefangen haben, Gott zu dienen und wohl etwas Mangel leiden ⌞können⌟, doch nicht völlig; sie sind nicht frei von Eigennutz und Selbstsucht. Gott muß ihnen zuweilen einen liebreichen Blick zuwerfen und sie seine Güte empfinden lassen, daß sie dadurch auch seine bloße Gütigkeit lieben und loben lernen. Aber die dritte Jungfrau, das arme Aschenbrödel, hat nichts als lauter Mangel und Ungemach, sucht keinen Nutzen und läßt sich daran genügen, daß Gott gut ist, auch wenn sie es niemals empfinden sollte, (was jedoch unmöglich ist). Sie bleibt gleich und dieselbe in beiderlei Lagen, liebt und lobt Gottes Gütigkeit ebensosehr, wenn sie nicht spürbar, als wenn sie spürbar wird; sie klammert sich nicht an die Güter, wenn solche vorhanden sind, wird auch nicht abtrünnig, wenn solche nicht vorhanden sind. – Das ist die rechte Braut, die zu Christus spricht: ›Ich will nicht das Deine, ich will dich selber haben; du bist mir nicht lieber, wenn's mir wohl geht, auch nicht weniger lieb, wenn's mir schlecht geht.‹

2 *All unser eigenes Ergehen soll uns zum Lobe Gottes treiben.*
Ein reines Lob Gottes sucht in der Not nicht den eigenen Nutzen.

Solche Geister erfüllen das, was geschrieben steht:[32] »Ihr sollt nicht weichen von der gleichmäßigen richtigen Gottesstraße, weder

32 *Jesaja 30,21. Hier wie auch sonst macht es sich bemerkbar, daß Luther die Bibelstellen meist nur aus dem Gedächtnis anführt. Dadurch erklärt sich ein Teil der so häufig zu beobachtenden Abweichungen vom heute geläufigen Text. Ein anderer Teil der Verschiedenheiten geht auf die Eigenart der lateinischen Übersetzung zurück, die damals allein in Gebrauch war; ein weiterer ist in Luthers unterschiedlicher Auslegung begründet.*

zur linken noch zur rechten Seite«, d. h. sie sollen gleichmäßig und richtig Gott lieben und loben, nicht sich selber suchen und ihren eigenen Nutzen. Einen solchen Geist hatte David: Als er durch seinen Sohn Absalom von Jerusalem vertrieben wurde und es drauf und dran war, daß er für immer verworfen, nie mehr König sein und bei Gott zu Gnaden kommen würde, sprach er:[33] »Gehet hin; will mich Gott haben, wird er mich wohl wieder hineinführen, spricht er aber: ›Ich will euch nicht‹, so bin ich bereit dazu.« O, was für ein reiner Geist ist das gewesen, der in der höchsten Not nicht davon abläßt, Gottes Güte zu lieben, zu loben und ihr zu folgen. Einen solchen Geist zeigt hier die Mutter Gottes, Maria: mitten in den großen, überschwenglichen Gütern schwebend klammert sie sich doch nicht daran, sucht nicht ihren eigenen Nutzen darin, sondern hält ihren Geist rein im Lieben und Loben der bloßen Gütigkeit Gottes. Sie ist bereit, willig und gern es anzunehmen, wenn Gott sie der Güter wieder berauben und ihr nur noch einen armen, nackten, Mangel habenden Geist lassen wollte.

Ein reines Lob Gottes läßt sich auch durch Ehre nicht anfechten.

Nun ist man ja viel mehr gefährdet, wenn man im Besitz von Reichtum und großen Ehren oder Macht sich mäßigen soll, als wenn man in Armut, Schande und Schwachheit ist; denn Reichtum, Ehre und Macht geben einen starken Anreiz und Anlaß zum Bösen. Um so viel mehr ist hier der wunderbar reine Geist Marias zu preisen: sie steht ja in solch übermäßigen Ehren und läßt sich dennoch nicht davon anfechten, tut, als sähe sie es nicht, und bleibt gleichmäßig und richtig auf der Straße. Sie hängt nur an der göttlichen Gütigkeit, die sie nicht sieht noch empfindet, und läßt die Güter fahren, die sie empfindet; sie hat daran keine Lust und sucht nicht ihren eigenen Nutzen. So singt sie wahrlich aus rechtem, wahrem Grund: »Mein Geist erfreut sich in Gott, meinem Heiland.« Wahrlich, das ist ein Geist, der nur im Glauben fröhlich ist: denn er frohlockt und hüpft nicht von den Gütern Gottes, die sie empfand, sondern nur von Gott, den sie nicht empfand; ⌊Maria ist fröhlich von Gott⌋, als von ihrem Heil, den sie nur im Glauben erkannte. O, das sind die rechten, niedrigen, leeren, hungrigen, gottesfürchtigen Geister! Davon im Nachfolgenden mehr.

33 *2 Samuel 15,25 f.*

3 Auch all unser Tun darf kein andres Ziel als Gott selbst haben. Falsch ist es, Werke zu tun um der Güter willen, die Gott gibt.

Daraus können wir erkennen und beurteilen, wie zur Zeit die Welt voll ist von falschen Predigern und Heiligen ist, die dem armen Volk von guten Werken viel predigen. Nun gibt es zwar einige wenige, die auch das predigen, wie sie gute Werke tun sollen;[34] der größere Teil predigt ⌊freilich⌋ Menschenlehre und -werke, die sie selber erdacht und aufgestellt haben. Aber doch sind leider die Allerbesten unter ihnen noch sehr weit von der rechten, richtigen Straße entfernt, so daß sie das Volk immer nach rechts auf die Seite treiben;[35] denn sie lehren die guten Werke zu tun und ein Leben, das gut ist, zu führen nicht um Gottes bloßer Gütigkeit willen, sondern um ihres eignen Nutzens willen. Denn wenn es keinen Himmel und keine Hölle gäbe und sie wüßten sich keinen Genuß von Gottes Güte zu versprechen, so ließen sie seine Güte wohl fahren, ohne sie zu lieben und zu loben. Das sind lauter Eigennützige und Mietlinge, Dienstknechte und nicht Kinder, Fremdlinge und nicht Erben. Sie machen sich selber zum Abgott, und Gott soll sie lieben und loben und gerade das ihnen tun, was sie ihm tun sollten. Sie haben keinen Geist, Gott ist auch nicht ihr Heiland, sondern seine Güter sind ihr Heiland, mit denen ihnen Gott wie ein Knecht dienen muß. Das sind die Kinder von Israel, die in der Wüste sich nicht mit dem Himmelsbrot begnügten, sondern auch Fleisch, Zwiebel und Knoblauch essen wollten.[36]

Wir sollen Werke tun aus Liebe zu Gott, nicht aus Lohnsucht.

Nun ist leider alle Welt, alle Klöster, alle Kirchen voll von solchen Leuten, die alle miteinander in dem falschen, verkehrten, unrichtigen Geist wandeln, treiben und jagen. Sie erheben die guten Werke so hoch, daß sie den Himmel damit zu verdienen meinen, während doch vor allen Dingen die bloße Gütigkeit Gottes gepredigt und erkannt werden sollte. Denn – das sollten wir wissen –

34 Gute Werke sind die vom Gesetz Gottes gebotenen, im Unterschied von Menschen erdachten. Aber wirklich erfüllt werden Gottes Gebote nur, wenn sie aus der Dankbarkeit für Gottes schenkende Güte befolgt werden.

35 Vgl. dazu oben Seite 38 die aus Jesaja 30,21 angeführte Stelle. Luther unterschied die Sünde zur Linken (die ›bösen‹ Werke) von der Sünde zur Rechten (die selbsterdachten und die in eigner Kraft und um des eignen Nutzens willen unternommenen ›guten‹ Werke).

36 4 Mose 11,4 ff.

ebenso, wie Gott aus lauter Güte uns selig macht ohne alles Verdienst durch Werke, so sollten wir auch wieder die Werke, ohne irgendwelchen Lohn oder Nutzen zu suchen, um der bloßen Güte Gottes willen tun und darin nichts weiter begehren als sein Wohlgefallen. Wir sollten nicht um den Lohn sorgen; der wird sich von selbst richtig finden und folgen, ohne daß wir darnach suchen. Denn obgleich es unmöglich ist, daß der Lohn nicht folgen sollte, wenn wir aus reinem, richtig eingestelltem Geist, ohne Lohn oder Nutzen zu suchen, wohl tun, so will doch Gott diesen selbstsüchtigen, unreinen Geist nicht haben; auch fällt einem solchen niemals der Lohn zu. Es ist wie bei einem Kind, das als ein Erbe dem Vater willig umsonst nur um seines Vaters willen dient, und wenn ein Kind dem Vater nur um Erb und Gut dient, so ist's verdientermaßen ein liebloses Kind und wert, daß es der Vater verstößt.

DRITTER TEIL

Preis von Gottes Herablassung zur menschlichen Nichtigkeit

V. 3: **Denn er hat angesehen die Nichtigkeit seiner Magd; darum werden mich selig preisen alle Kindeskinder.**[37]

1 Gott läßt sich zu unsrer menschlichen Nichtigkeit herab.
Maria spricht von ihrer Nichtigkeit, nicht von ihrer Demut.

Das Wörtlein ›humilitas‹[38] haben einige hier als »Demut« verstanden, als hätte die Jungfrau Maria auf ihre Demut Bezug genommen und sich ihrer gerühmt. Daher kommt's, daß sich etliche Prälaten[39] auch ›humiles‹[40] nennen, was gar weit von der Wahrheit entfernt ist. Denn vor Gottes Augen kann sich niemand eines guten Dinges ohne Sünde und Verderben rühmen. Man darf sich vor ihm keines weiteren Dings rühmen, als seiner lauteren Güte und Gnade, die er uns Unwürdigen erzeigt hat. Denn nicht unser eigenes, sondern allein Gottes Liebe und Lob soll in uns bestehen und soll uns erhalten, wie Salomo Spr. 25,6 f lehrt: »Du sollst nicht dich rühmend vor dem König erscheinen und nicht stehen (d. h. etwas sein)

37 *Lukas 1,48.*
38 *›Humilitas‹ bedeutet sowohl Niedrigkeit als auch Demut. Wieder ist zu bedenken, daß Luther die Vulgata, die lateinische Bibelübersetzung vor sich hat, obwohl er sie hier wieder etwas anders übersetzt als oben auf Seite 22.*
39 *Allgemeine Bezeichnung von geistlichen Würdenträgern, u. a. auch Päpste.*
40 *Niedrige bzw. Demütige.*

vor den großen Herren; es ist für dich besser, man sagt zu dir: ›Sitze ⌊weiter⌋ herauf‹, als daß du nach unten verwiesen wirst vor dem Fürsten.« Wie sollte man denn dieser reinen, rechtschaffenen Jungfrau solche Vermessenheit und Hochmut zuschreiben, daß sie sich ihrer Demut vor Gott rühmte! Das ist doch die allerhöchste Tugend, und niemand achtet sich für demütig oder rühmt sich dessen, als wer der Allerhochmütigste ist. Gott allein erkennt die Demut; er allein beurteilt und offenbart sie auch, so daß der Mensch niemals weniger von der Demut weiß als eben dann, wenn er recht demütig ist.

Nichtigkeit ist unser Zustand in allen seinen Nöten.

Der Sprachgebrauch der Schrift ist, daß in ihr humiliare ›erniedrigen‹ und ›zu nichts machen‹ heißt, und darum heißen die Christen in der Schrift an vielen Stellen ›pauperes‹, ›afflicti‹, ›humiliati‹, ›arme‹, ›nichtige‹, ›verworfene‹ Leute; so in Ps 116,10: »Ich bin gar sehr zunichte (oder erniedrigt) worden.« So ist humilitas nichts anderes als ein Wesen oder Zustand, bei dem man verachtet, unansehnlich und niedrig ist, wie es die armen, kranken, hungrigen, durstigen, gefangenen, leidenden und sterbenden Menschen sind. So war es bei Hiob in seiner Anfechtung und bei David, als er verstoßen wurde aus seinem Reich, und bei Christus samt allen Christen in ihren Nöten. Das sind die Tiefen, von denen oben[41] gesagt wurde, daß Gottes Augen nur in die Tiefe sehen, Menschenaugen dagegen nur in die Höhe (d. h. sie sehen nach dem, was ansehnlich, gleißend und prunkhaft ist und dasteht). Darum heißt Jerusalem in der Schrift eine Stätte, auf die Gottes Augen draufsehen, d. h. die Christenheit liegt in der Tiefe und ist unansehnlich vor der Welt; drum sieht Gott sie an und hat seine Augen unverwandt über ihr, wie er sagt Ps 32,8: »Ich will meine Augen unverwandt auf dich richten.«[42] So sagt auch S. Paulus 1 Kor 1,27 f: »Gott erwählt alles, was töricht vor der Welt ist, auf daß er zuschanden mache alles, was da klug ist vor der Welt, und erwählt, was da schwach und untüchtig ist, auf daß er zuschanden mache alles, was da stark und gewaltig ist. Er erwählt, was da nichts ist vor der Welt, auf daß er zunichte mache alles, was etwas ist vor der Welt.« Damit macht er die Welt zur Torheit mit all ihrer Weisheit und ihrem Vermögen, und gibt eine an-

41 *Seite 23.*

42 *So nach der lateinischen Bibel.*

dere Weisheit und ein anderes Vermögen. Weil es nun einmal seine Art ist, in die Tiefe auf die unansehnlichen Dinge zu sehen, habe ich das Wörtlein humilitas verdeutscht mit ›Nichtigkeit‹ oder ›unansehnliches Wesen‹.

Maria rühmt nicht ihre Nichtigkeit, sondern Gottes Gnade.

Was also Maria sagen will, ist das: ›Gott hat auf mich armes, verachtetes, unansehnliches Mägdlein gesehen, und hätte doch wohl reiche, hohe, edle, mächtige Königinnen gefunden, Töchter von Fürsten und großen Herren. Er hätte doch wohl des Hannas oder Kaiphas Tochter finden können, welche die Obersten im Lande gewesen wären; aber er hat auf mich seine Augen voll lauterer Güte geworfen und so eine geringe, verschmähte Magd dazu gebraucht. Denn vor ihm sollte sich niemand rühmen, daß er dessen würdig gewesen wäre oder sei; und auch ich muß bekennen, daß es lauter Gnade und Güte, und gar nichts mein Verdienst oder meine Würdigkeit ist.‹

Nun haben wir oben[43] schon genug davon gesagt, wie die feine Jungfrau mit ihrem unansehnlichen Wesen und Stand ganz unversehens zu dieser Ehre gekommen ist, daß Gott sie so übergnädig angesehen hat. Darum rühmt sie sich nicht ihrer Würdigkeit noch ihrer Unwürdigkeit, sondern allein des Ansehens Gottes, das so übergütig und übergnädig ist, daß er auch eine solche geringe Magd angesehen hat und so herrlich und ehrenvoll ansehen wollte. Deshalb tun die ihr Unrecht, die da sagen,[44] sie habe sich nicht ihrer Jungfrauschaft, sondern ihrer Demut gerühmt. Sie hat sich weder ihrer Jungfrauschaft noch ihrer Demut gerühmt, sondern einzig des gnädigen, göttlichen Ansehens; darum liegt die Betonung nicht auf dem Wörtlein humilitatem, sondern auf dem Wörtlein respexit.[45] Denn ihre Nichtigkeit ist nicht zu loben, sondern Gottes Ansehen. Es ist, wie wenn ein Fürst einem armen Bettler die Hand reicht: dann ist nicht des Bettlers Nichtigkeit, sondern des Fürsten Gnade und Güte zu preisen.

43 *Seite 26.*

44 *Vgl. Seite 41.*

45 *humilitatem = die Niedrigkeit; respexit = Er hat angesehen. In diesem Verständnis der Demut zeigt sich die entscheidende Wendung der reformatorischen Lehre. Für die kirchliche Tradition, insbesondere für die mönchische Frömmigkeit, war die Demut die Bedingung für den Empfang der göttlichen Gnade gewesen. Für Luther dagegen ist sie eine Haltung, die an der Erfahrung der Gnade entsteht.*

2 Echte Demut kann sich selber nicht rühmen.
Bewußter Umgang mit geringen Dingen ist noch keine Demut.

Damit aber dieser falsche Wahn ausgetrieben und die rechte Demut in ihrem Unterschied von der falschen erkannt werde, wollen wir ein wenig abschweifen und von der Demut etwas sagen; denn darüber besteht bei vielen eine sehr irrige Meinung. Demut heißen wir auf deutsch, was S. Paulus auf griechisch tapeinophrosyne nennt und was auf lateinisch affectus vilitatis oder sensus humilium rerum heißt (d. h. ein Wille und Sinn, der sich geringen, verachteten Dingen zuwendet). Nun findet man hier viele, die das Wasser in den Brunnen tragen: das sind Menschen, die zeigen sich ⌊äußerlich⌋ in geringen Kleidern, Rangstellungen, Gebärden, Stätten und Worten, sind auch darauf bedacht und gehen damit um. Jedoch tun sie dies in der Absicht, daß sie dadurch vor den Hohen, Reichen, Gelehrten, Heiligen, ja auch vor Gott dafür angesehen werden möchten, als Leute, die gerne mit geringen Dingen umgehn. Denn wenn sie wüßten, daß man davon nichts halten wollte, ließen sie es wohl anstehen. Das ist eine gemachte Demut. Denn ihr heuchlerisches Auge steht nur auf den Lohn und den Erfolg der Demut, und nicht auf die geringen Dinge abgesehen vom Lohn und Erfolg. Wo darum der Lohn und der Erfolg nicht mehr in die Augen springt, da ist die Demut aus. Solche Menschen kann man nicht ›affectos vilitate‹[46] heißen; sie haben ja keinen Willen und kein Herz zu geringen Dingen, sondern haben nur die Gedanken, den Mund, die Hand, das Kleid und die Gebärde dabei. Ihr Herz aber schaut über sich zu hohen, großen Dingen hinauf; zu ihnen gedenkt es durch solch demütiges Blendwerk zu kommen. Und solche halten sich selber für demütige, heilige Leute!

Die wirklich Demütigen sind sich ihrer Demut nicht bewußt.

Die wahrhaft Demütigen ⌊dagegen⌋ sehen nicht auf den Erfolg der Demut, sondern mit einfältigem Herzen sehen sie auf die niedrigen Dinge, gehen gerne damit um und werden selbst nie gewahr, daß sie demütig sind. Da quillt das Wasser aus dem Brunnen, da folgt es von selbst ungesucht, daß sie geringe Gebärde, Rede, Stätte, Stellung und Kleidung an sich haben und tragen, dagegen hohe und große Dinge meiden, wo sie können. Davon sagt David Ps 131,1: »Herr,

46 *D. h. solche, die von der ›Nichtigkeit‹ innerlich ergriffen sind.*

mein Herz ist nicht hoffärtig und meine Augen haben nicht emporgesehen usw.« Und Hiob 22,29 heißt es: »Wer sich erniedrigt, der wird zu Ehren kommen, und wer seine Augen niederschlägt, der wird selig werden.« So begibt es darum auch, daß solchen allezeit unversehens die Ehre widerfährt und ihre Erhöhung kommt, ohne daß sie daran denken. Denn sie haben sich in aller Einfalt genügen lassen an ihrem geringen Wesen und nie nach der Höhe getrachtet. Aber die falschen Demütigen wundert es, daß ihre Ehre und Erhöhung so lange ausbleibt, und ihr heimlicher, falscher Hochmut läßt sich nicht genügen an seinem geringen Wesen, sondern denkt heimlich nur höher und höher. Darum ist's, wie ich gesagt habe:[47] Rechte Demut weiß niemals, daß sie demütig ist; denn wenn sie es wüßte, so würde sie hochmütig angesichts dieser schönen Tugend. Vielmehr hängt sie mit Herz, Gemüt und allen Sinnen an den geringen Dingen: die behält sie unablässig im Auge, das sind ihre Vorstellungen, mit denen sie umgeht. Und weil sie die im Auge hat, kann sie sich selbst nicht sehen noch ihrer selbst gewahr werden;[48] noch viel weniger kann sie der hohen Dinge inne werden.

Wahre Demut wird durch Großes, das ihr zuteil wird, überrascht.

Darum muß ihr die Ehre und Höhe unversehens zukommen und sie in Gedanken vorfinden, denen die Ehre und Höhe ganz fremd sind. So sagt Lukas Kap. 1,29, daß der Gruß des Engels der Maria in ihren Augen seltsam erschien, und daß sie dachte, was das für ein Gruß wäre, auf den sie niemals gefaßt gewesen war. Wäre der Gruß der Tochter des Kaiphas gebracht worden, so würde diese sich keine Gedanken darüber gemacht haben, was das für ein Gruß wäre; sie hätte ihn alsbald angenommen und gedacht: ›Ei, das ist gut so und schön.‹

Umgekehrt weiß falsche Demut niemals, daß sie Hochmut ist. Denn wenn sie das wüßte, würde sie alsbald demütig angesichts dieser häßlichen Untugend. Vielmehr hängt sie mit Herz, Gemüt und Sinn an den hohen Dingen; die hat sie unablässig im Auge; das sind ihre Vorstellungen, mit denen sie umgeht. Und so lange sie damit umgeht, kann sie sich selber nicht sehen noch ihrer selbst gewahr werden.[49] Darum kommt ihr die Ehre nicht unerwartet und unver-

47 *Seite 41 f.*
48 *Sie sieht also nicht, daß sie demütig ist.*
49 *Sie sieht also nicht, daß sie hochmütig ist.*

sehens, sondern findet gleichartige Gedanken vor; die Beschämung und Erniedrigung aber kommt ihr unversehens und ganz in nur zu viele andersartige Gedanken hinein.

Wahre Demut hängt von der Haltung, nicht von den Dingen ab.

Deshalb ist's nichts nütze, wenn man Demut in der Weise lernt, daß man geringe, verachtete Dinge sich vor Augen stellt; umgekehrt wird niemand davon hochmütig, daß man hohe Dinge sich vor Augen stellt. Nicht das, was man sich vorstellt, sondern die Art, wie man es ansieht, muß man abtun. Wir müssen hier unter hohen und niedrigen Vorstellungen leben, aber (wie Christus[50] sagt), das Auge muß ausgestochen sein. Mose erzählt 1 Mose 3,7 nicht, daß Adam und Eva nach dem Fall andre Dinge gesehen haben als vorher, sondern er sagt, ihre Augen seien aufgetan worden, daß sie sich nackt sahen, obwohl sie doch vorher auch nackt waren, freilich es nicht gewahr wurden. Die Königin Esther trug eine reiche Krone auf ihrem Haupt und sprach doch,[51] es sei in ihren Augen wie ein unreines Tuch. Da⌊mit⌋ waren nicht die hohen ⌊Prunk⌋gebilde von ihr weggenommen, ja, sie waren ihr als einer mächtigen Königin haufenweise vor die Augen gerückt, und es war kein niedriger Anblick vor ihr. Aber die Art ihres Sehens war niedrig; Herz und Gemüt sah nicht nach großen Dingen. Darum tat Gott Wunder durch sie. So müssen nicht die *Dinge*, sondern *wir* verwandelt werden in Gemüt und Sinn; dann wird sich's von selbst lernen, hohe Dinge zu verachten und zu fliehen, niedrige Dinge zu achten und zu suchen. Da ist die Demut grundgut und beständig in jeder Hinsicht, und wird doch ihrer selbst niemals gewahr. Das geht mit Lust zu, und das Herz bleibt sich stets gleich und unverändert, wie auch die Dinge sich wandeln oder geben, hoch oder niedrig, groß oder klein.

3 Echte Demut sieht ihre Nichtigkeit und rühmt allein Gott.
Gott allein kann beurteilen, wer wahrhaft demütig ist.

O, es steckt ein gar großer Hochmut unter den demütigen Kleidern, Worten und Gebärden, von denen die Welt zur Zeit voll ist.[52] Sie verachten sich selber in der Weise, daß sie dann doch von nie-

50 *Matthäus 18,9.*

51 *Stücke in Esther 3,11.*

52 *Luther denkt an das ganze Mönchswesen, das auf die Demütigung des Menschen bewußt hinarbeitete und seine Glieder auch zu solch äußerlicher ›Demut‹ erzog.*

mand verachtet sein wollen; sie fliehen die Ehre so, daß sie dann doch damit verfolgt sein wollen; sie meiden die hohen Dinge, damit man sich dann doch um sie bemühe, sie preise und ihre Sache nicht die geringste sein lasse. Aber diese Jungfrau hier zeigt auf nichts anderes als auf ihre Nichtigkeit, worin sie gerne gelebt hat und geblieben ist; sie hat nie an Ehre oder Höhe gedacht, ist auch nicht dessen innegeworden, daß sie demütig gewesen ist. Die Demut ist etwas so Feines und so Kostbares, daß sie es nicht ertragen kann, das anzusehen, was ihr eigen ist; dieser Anblick ist vielmehr allein dem göttlichen Sehen vorbehalten, wie Ps 113,6 sagt: »Er siehet an die Niedrigen im Himmel und auf Erden.« Denn wer seine eigne Demut sehen könnte, der könnte sich selber die Seligkeit zusprechen und damit wäre Gottes Gericht schon erledigt ⌊und vorweggenommen⌋; wissen wir doch, daß Gott die Demütigen gewiß selig macht. Darum muß Gott es sich selber vorbehalten, die Demut zu erkennen und anzusehen, und muß sie vor uns verbergen, indem er uns die geringen Dinge vorhält und einübt; bei denen vergessen wir es, uns selber anzusehen. Dazu dient nun so viel Leiden, Sterben und allerlei Ungemach auf Erden, damit wir zu schaffen und Mühe und Arbeit haben, das falsche Auge auszustechen.

Maria ist ein köstliches Beispiel dieser wahren Demut.

Nun sehen wir klar aus diesem Wörtlein ›humilitas‹ ⌊Niedrigkeit⌋, daß die Jungfrau Maria ein verachtetes, geringes Mägdlein ohne Ansehen gewesen ist. Sie hat darin Gott gedient, ohne zu wissen, daß ihr unansehnlicher Stand so hohes Ansehen genieße vor Gott. Dadurch sollen wir uns trösten lassen: obschon wir gerne erniedrigt und verachtet sein sollen, brauchen wir doch darüber nicht zu verzagen, als sei Gott zornig über uns, sondern dürfen vielmehr hoffen, daß er uns gnädig ist. Wir sollen allein darum bekümmert sein, daß wir nicht willig genug und gern in solcher Erniedrigung sind, daß nicht vielleicht das falsche Auge zu weit offen steht und uns betrügt, indem es heimlich nach der Höhe oder nach eigenem Wohlgefallen sucht. Damit geht ja die Demut ganz in Trümmer. Denn was hilft's die Verdammten, daß sie auf die niedrigste Stufe herabgedrückt sind, so lange sie nicht gern und willig darin sind? Und was schadet's allen Engeln, daß sie aufs höchste erhaben sind, so lange sie nicht mit falscher Lust daran hängen? Kurzum: es lehrt uns dieser Vers Gott recht erkennen, indem es das deutlich macht, Gott sehe auf die Niedrigen, Verachteten. Und der erkennt Gott recht, der weiß, daß Gott auf die Niedrigen sieht, wie schon oben gesagt ist,[53] und aus dieser Erkenntnis folgt dann Liebe und Vertrauen zu Gott, daß ihm der Mensch sich willig ergibt und folgt.

Davon sagt Jeremia (9,22 f): »Niemand rühme sich seiner Stärke, seines Reichtums oder seiner Weisheit, sondern wer sich rühmen will, der rühme sich, daß er mich erkennt und weiß.« So lehrt auch S. Paulus 2 Kor 10,17: »Wer sich rühmt, der rühme sich Gottes.«

4 Das Lob von Gottes Wirken geht von der eignen Erfahrung aus. Nur Gottes Wirken an uns selber kann uns etwas helfen.

So hat die Mutter Gottes ihren Gott und Heiland mit bloßem, reinem Geist gelobt, ohne sich von seinen Gütern etwas anzumaßen; dadurch hat sie ihm recht gesungen von seiner Gütigkeit. Nunmehr kommt sie dann in guter Ordnung auch auf das Lob seiner Werke und Güter. Denn wie gesagt,[54] man darf sich nicht an die Güter Gottes klammern und sie für sich in Anspruch nehmen, sondern man muß durch sie zu ihm hinauf dringen, an ihm allein hangen und von seiner Gütigkeit viel halten. Alsdann soll man ihn auch in seinen Werken loben, in welchen er uns solche Gütigkeit ⌊als Anlaß⌋ zum Lieben, Trauen und Loben erzeigt hat; so sollen also die Werke ⌊Gottes⌋ nichts anderes sein als eine vielfache Ursache, seine bloße Gütigkeit, die über uns regiert, zu lieben und zu loben.

Maria hebt wiederum zuerst bei sich selbst an und singt, was Gott ihr getan hat. Damit lehrt sie uns zwei Stücke. Das erste: Ein jeder soll auf das acht haben, was Gott bei ihm wirkt, mehr als auf alle Werke, die er bei *andern* tut. Denn es wird die Seligkeit von keinem in dem bestehen, was Gott bei einem andern, sondern was er bei dir wirkt. In diesem Sinn antwortet Christus Joh 21,21 f, als S. Petrus von S. Johannes sprach: »Was soll aber dieser tun?«, und sagt zu ihm: »Was geht es dich an? Folge du mir«, als wollte er sagen: ›Des Johannes Werke werden dir nicht helfen; du mußt selber dich dran machen und warten, was ich mit dir tun will.‹ Freilich herrscht gerade jetzt ein greulicher Mißbrauch in der Welt, indem man gute Werke austeilt und verkauft.[55] Einige vermessene Geister wollen da

53 Seite 23 f.

54 Z. B. Seite 34 und öfters.

55 Der Überschuß an guten Werken, der durch das fromme Leben der Heiligen, Klöster, Bruderschaften usf. erzeugt wird, kann nach katholischer An-

andern Leuten helfen, besonders solchen, die ohne eigene Gotteswerke leben oder sterben, gerade wie wenn sie ⌞selber⌟ zuviel gute Werke hätten; und dabei sagt doch S. Paulus 1 Kor 3,8 deutlich: »Ein jeder wird Lohn empfangen nach seiner Arbeit«, also ohne Zweifel nicht nach der Arbeit eines andern.

Das Kaufen und Verkaufen fremder guter Werke ist wertlos.

Es wäre zu ertragen, wenn sie für andere Leute beteten oder ihre Werke in Form einer Fürbitte Gott vortrügen. Da sie aber nun nicht anders damit umgehen, als wie wenn sie etwas herschenken könnten, ist's ein schändliches Beginnen. Und was noch das Allerärgste ist: sie geben ihre Werke her, obgleich sie von ihnen selbst nicht wissen, wie sie vor Gott gelten. Denn Gott sieht nicht die Werke, sondern das Herz an und den Glauben, durch den er auch bei uns wirkt. Darauf geben sie gar nicht acht; sie bauen nur auf die äußerlichen Werke und verführen sich selbst und jedermann damit. Es reißt bei ihnen sogar soweit ein, daß sie die Leute bereden, Mönchskutten anzuziehen beim Sterben; sie geben vor, wer in einem solchen heiligen Kleid sterbe, habe Ablaß von allen Sünden und werde selig.[56] So fangen sie an, die Leute nicht allein mit fremden Werken, sondern auch mit fremden Kleidern selig zu machen.

Ich bin der Meinung: wenn man nicht zusieht, so wird sie der böse Geist noch so weit führen, daß sie die Leute durch Klosterspeisung, -behausung und -begräbnis zum Himmel führen. Hilf Gott, was für handgreifliche Finsternisse sind mir das, wenn eine Mönchskutte fromm und selig machen kann! Was braucht man dann den Glauben? Lasset uns alle Mönche werden oder alle in Kutten sterben! Es dürfte auf diese Weise wohl ⌞viel⌟ Tuch draufgehen allein zu Mönchskutten. Hüte dich, hüte dich vor den Wölfen in solchen Schafskleidern, sie zerreißen und verführen dich!

Sei du darauf bedacht, daß Gott auch bei dir sein Werk treibe,

schauung an solche überwiesen, ausgeteilt und verkauft werden, die selber nicht genügend ›gute Werke‹ aufbringen können. Auf einem entsprechenden Gedanken beruht u. a. auch der »Ablaß«, bei dem es sich um Übertragung nicht von Verdiensten, sondern von genugtuenden Leistungen handelt.

56 Um an den Verdiensten eines Mönchsordens Anteil zu gewinnen bzw. um einen »Ablaß« für alle verdienten Sündenstrafen zu erlangen, ließen sich Laien beim Sterben die Tracht des betreffenden Ordens anlegen in dem Glauben, dadurch der Fegfeuerstrafen überhoben zu sein oder eines besseren Platzes im Reich der Seligen teilhaftig zu werden.

und daß du deine Seligkeit nur auf die Werke, die Gott in dir allein wirkt, und auf keine andern stellst, wie du hier die Jungfrau Maria tun siehst. Wenn du aber durch andrer Fürbitte dir dazu helfen läßt, so ist's recht und wohlgetan: füreinander sollen wir alle beten und tätig sein. Aber niemand soll ohne eigene gottgewirkte Werke auf andrer Werke sich verlassen, sondern jeder soll mit allem Fleiß sein Augenmerk auf sich und auf Gott richten, nicht anders, als wäre er und Gott allein im Himmel und auf Erden, und als hätte Gott mit niemand als mit ihm zu schaffen; dann mag er auch auf die Werke andrer Leute sehen.

Allein die erfahrene Gnade treibt uns zu dankbarem Lob.

Das zweite, was Maria hierin lehrt, ist: Ein jeder soll der erste sein wollen in Gottes Lob und soll Gottes Werke, die an ihm geschehen sind, bekannt machen; darnach soll er Gott auch in den Werken andrer loben. So lesen wir,[57] daß Paulus und Barnabas den Aposteln ihre Gotteswerke verkündigten und jene umgekehrt die ihrigen; ebenso machten sie's Luk 24,34 f von der Erscheinung nach der Auferstehung Christi. Da hebt dann ein gemeinsames Sich-Freuen und Loben an, zu Gott hin gerichtet, wo ein jeder des andern Gnade und doch die seine zuerst preist, auch wenn sie gleich geringer wäre als die des andern; er begehrt nicht der erste oder vorderste zu sein hinsichtlich der Güter, sondern im Loben und Lieben Gottes. Denn ihm genügt an Gott und seiner bloßen Gütigkeit, mag auch die Gabe gering sein. So gar fein einfältig ist ihr Herz. Die Eigennützigen und Selbstsüchtigen dagegen sehen krumm und scheel, wenn sie gewahr werden, daß sie nicht die Höchsten und Besten sind hinsichtlich der Güter; anstatt zu loben murren sie, weil sie andern gleich oder geringer sind, wie jene im Evangelium Matth 20,11 f, die wider den Hausvater murrten, nicht weil er ihnen Unrecht tat, sondern weil er sie den andern gleichstellte mit dem Taglohn.

Mißgünstiges Sich-Vergleichen mit andern erstickt das Lob.

So findet man zur Zeit viele, die Gottes Gütigkeit nicht loben, weil sie sehen, daß sie nicht ebensoviel haben wie S. Petrus oder sonst ein Heiliger oder wie dieser und jener auf Erden. Sie meinen, wenn sie auch so viel hätten, wollten sie auch wohl Gott loben und lieben; sie achten es gering, daß sie doch mit Gütern Gottes über-

57 *Apostelgeschichte 15,12.*

schüttet sind, die sie nicht erkennen, als da ist Leib, Leben, Vernunft, Gut, Ehre, Freunde, samt dem Dienste, den ihnen die Sonne tut mit allen Kreaturen. Wenn diese Leute gleich alle Güter Marias hätten, würden sie doch darin nicht Gott erkennen und loben. Denn wie Christus Luk 16,10 sagt, »wer im Geringen und Wenigen treu ist, der ist auch im Großen und Vielen getreu, und wer im Wenigen untreu ist, der ist auch im Vielen untreu.« Drum haben sie's verdient, daß ihnen das Viele und Große nicht zuteil wird, weil sie das Kleine und Wenige verschmähen; lobten sie aber Gott im Kleinen, so würde ihnen das Große auch im Überfluß zuteil. Das kommt daher: sie sehen über sich und nicht unter sich. Wenn sie unter sich sehen würden, würden sie deren viele finden, die ihnen vielleicht nicht zur Hälfte gleich und doch wohl mit Gott zufrieden sind und ihn loben.

Der wirklich Dankbare lobt Gott über viel oder wenig Gütern.

Ein Vogel singt und ist fröhlich in dem, was er kann, und murrt nicht, daß er nicht reden kann. Ein Hund springt fröhlich und ist zufrieden, obwohl er keine Vernunft hat. Alle Tiere lassen sich genügen und dienen Gott mit Liebe und Lob. Nur das bösartige eigennützige Auge des Menschen, das ist unersättlich und findet sich doch nicht recht damit ab, daß es ⌊wohl⌋ satt werden könnte, weil es so undankbar und hochmütig ist; denn es will obenan sitzen und der Beste sein, will nicht Gott ehren, sondern von ihm geehrt sein.

So lesen wir, daß zur Zeit des Konstanzer Konzils[58] zwei Kardinäle, die durchs Feld ritten, einen Hirten stehen und weinen sahen. Der eine Kardinal, ein gütiger Mann, wollte nicht vorüber reiten, sondern den Mann trösten; er ritt zu ihm hin und fragte ihn, was ihm wäre. Da weinte der Hirte sehr und wollte es lange nicht sagen, so daß der Kardinal bekümmert wurde. Zuletzt hob er an und zeigte auf eine Kröte und sprach: »Darüber weine ich, daß mich Gott als eine so feine Kreatur geschaffen hat, nicht so ungestalt wie den Wurm, und daß ich das nie erkannt und ihm nie Dank und Lob dafür gesagt habe.« Der Kardinal schlug in sich und entsetzte sich so über das Wort, daß er vom Maultier fiel; man mußte ihn ⌊in die

58 *Ein sogenanntes Reformkonzil, das 1414–1418 unter Beteiligung vieler hoher Kirchenfürsten (Kardinäle) in Konstanz abgehalten wurde.*

Stadt⌋ hineingetragen und er schrie: »O Sankt Augustin,[59] wie wahr hast du gesagt,[60] die Ungelehrten stehen auf und nehmen den Himmel an unsrer Statt ein, und wir mit unsrer Gelehrsamkeit wallen in Fleisch und Blut.« Nun halte ich dafür, der Hirte sei weder reich noch hübsch noch mächtig gewesen; und dennoch hat er Gottes Güter so tief betrachtet und Dank dafür gesagt, daß er mehr in sich gefunden, als er hat übersehen können.

5 Maria geht uns im Lobpreis der Barmherzigkeit Gottes voran. Sie rühmt das ›Ansehen‹ Gottes als das größte Gotteswerk.

Als das erste Werk Gottes an ihr bekennt Maria, es sei das ›Ansehen‹.[61] Das ist auch das größte, an dem die andern alle hangen und aus dem alle fließen. Denn wo es dahin kommt, daß Gott sein Angesicht jemand zuwendet, um ihn anzusehen, da ist lauter Gnade und Seligkeit, da müssen alle Gaben und Werke nachfolgen. So lesen wir 1 Mose 4,4 f, daß Gott Abel und sein Opfer ansah; aber Kain und sein Opfer sah er nicht an. Daher kommen die häufigen Gebete im Psalter, Gott wolle sein Angesicht zu uns wenden, es nicht verbergen, es über uns leuchten lassen u. dgl. Daß auch Maria selber das für das Größte hält, zeigt sie damit, daß sie spricht: »Siehe da, um dieses Ansehens willen werden mich Kindeskinder selig preisen.«

Beachte die Worte! Sie sagt nicht, man werde ihr viel Gutes nachsagen, ihre Tugend preisen, ihre Jungfrauschaft oder ihre Demut erheben, oder etwa ein Liedlein von ihrer Tat singen; sondern nur davon, daß Gott sie angesehen hat, davon werde man sagen, sie sei selig. Das heißt doch, die Ehre Gott so rein geben, daß es nicht reiner sein könnte. Drum weist sie auf dieses ›Ansehen‹ hin, indem sie sagt: »Ecce enim, ex hoc ...« »Siehe da, von nun an werden mich selig preisen usw.«, d. h. ›von der Zeit an, da Gott meine Nichtigkeit angesehen hat, werde ich selig gepriesen werden.‹ Damit wird

59 Augustin, Bischof von Hippo (354–430), war einer der bedeutendsten der alten Kirchenväter. Obwohl er einerseits eine starke Stütze der römischen Kirche war und ihre Sonderentwicklung gegenüber der östlichen Kirche kräftig gefördert hat, so hat doch andererseits keiner vor Luther so wie Augustin erkannt, daß im Evangelium Gottes Gnade ohne Verdienst sich dem Sünder schenkt. Daher hat sich Luther in seinem Kampf auch weithin auf Augustin berufen.

60 In Augustins »Bekenntnissen«.

61 Vgl. Seite 43.

nicht sie gelobt, sondern Gottes Gnade über ihr, ja, sie wird ⌊sogar⌋ verachtet und verachtet sich selber, indem sie sagt, ihre Nichtigkeit sei von Gott angesehen worden. Darum rühmt sie auch ihre Seligkeit, ehe sie die Werke erzählt, die Gott ihr getan habe, und schreibt alles ganz und gar dem zu, daß Gott ihre Nichtigkeit ansah.

Maria zeigt uns damit die rechte Art, wie wir Gott in ihr ehren.

Daraus können wir lernen, welches die rechte Ehrung sei, mit der man Maria ehren und ihr dienen soll. Wie muß man sagen zu ihr? Sieh die Worte an, so lehren sie dich so sagen: ›O du selige Jungfrau und Mutter Gottes, wie bist du so gar nichts und geringgeachtet gewesen, und Gott hat dich dennoch so überaus gnädig und reichlich angesehen und große Dinge an dir gewirkt. Du bist ja deren keins wert gewesen, und weit und hoch über all dein Verdienst hinaus ist die reiche, überschwengliche Gnade Gottes in dir. O wohl dir; selig bist du von der Stunde an, bis in Ewigkeit, die du einen solchen Gott gefunden hast usw.‹ Du darfst nicht denken, daß sie das ungern höre, wenn man sie solcher Gnade unwürdig nennt. Denn sie hat ohne Zweifel nicht gelogen, wenn sie selber ihre Unwürdigkeit und Nichtigkeit bekennt, welche Gott gar nicht wegen ihres Verdienstes, sondern aus lauter Gnade angesehen habe.

Die unnützen Schwätzer hört sie ungern, die viel von ihrem Verdienst predigen und schreiben. Sie wollen damit ihr großes eigenes Wissen beweisen und sehen nicht, wie sie das Magnifikat abschwächen, die Mutter Gottes Lügen strafen und die Gnade Gottes verkleinern. Denn soviel Würdigkeit und Verdienst man ihr zulegt, soviel tut man der göttlichen Gnade Abbruch und mindert des Magnifikats Wahrheit. Der Engel grüßt sie auch nur als von Gottes Gnaden,[62] und ⌊sagt⌋, daß der Herr mit ihr sei, wovon sie gesegnet sei unter allen Weibern. Deshalb sind alle, die ihr so viel Lob und Ehre aufdrängen und all dies auf ihr bleiben lassen, nicht weit davon weg, daß sie einen Abgott aus ihr machen, gerade als wäre es ihr darum zu tun, daß man sie ehre und von ihr Gutes erwarte. Und sie weist es doch von sich und will Gott in sich gelobt wissen und durch sich jedermann zu guter Zuversicht auf Gottes Gnade bringen!

62 *Der Gruß des Engels beginnt wörtlich nach der lateinischen Bibel: »Gegrüßet seist du, die du voll der Gnade [Gottes] bist« (Lukas 1,28).*

Maria will uns nicht zu sich, sondern allein zu Gott führen.

Wer sie darum recht ehren will, darf sie nicht allein vor sich hinstellen, sondern muß sie vor Gott hin und weit unter Gott stellen und sie da bloß machen[63] und (wie sie sagt) ihre Nichtigkeit ansehen. Dann mag er sich wundern über die überschwengliche Gnade Gottes, der ein solch geringes, nichtiges Menschenkind so reich und gnädig ansieht, umfängt und segnet. Von diesem Anblick sollst du also dazu bewegt werden, Gott zu lieben und zu loben ob solcher Gnade, und sollst dich dadurch aufmuntern lassen, alles Gute zu erwarten von einem solchen Gott, der geringe, verachtete, nichtige Menschen so gnädig ansieht und nicht verschmäht. So soll also dein Herz gegen Gott im Glauben, in der Liebe und in der Hoffnung gestärkt werden. Was, meinst du, kann ihr Lieberes begegnen, als wenn du auf solche Weise durch sie zu Gott kommst und an ihr lernst auf Gott zu trauen und zu hoffen –, auch wenn du verachtet und zu nichts gemacht wirst, worin das auch geschehen möge, im Leben oder Sterben? Sie will nicht, daß du zu ihr, sondern daß du durch sie zu Gott kommst. Auf der andern Seite sollst du dich fürchten lernen vor allem hohen Wesen, nach dem die Menschen trachten, wenn du siehst, daß Gott auch an seiner Mutter ein hohes Ansehen weder fand noch haben wollte.

Ihre Gnadenerfahrung macht Maria zum tröstlichen Beispiel.

Aber die Meister, die uns die selige Jungfrau dergestalt malen und vor Augen bilden, daß nichts Verachtetes, sondern lauter Großes, Hohes an ihr zu sehen ist, was tun sie anders, als daß sie allein *uns* der Mutter Gottes und nicht *sie* Gott gegenüberstellen? Damit machen sie uns schüchtern und verzagt und verdecken das tröstliche Gnadenbild, wie man's mit den Bildern in der Fastenzeit macht.[64] Denn es ist ⌊in ihrer Person⌋ dann kein Beispiel mehr da, dessen wir uns getrösten können, sondern sie wird über alle Beispiele hinausgehoben. Und doch sollte und wollte sie gerne das allervornehmste Beispiel der Gnade Gottes sein, um alle Welt anzureizen zu Zuversicht, Liebe und Lob der göttlichen Gnade; alle Herzen sollten von

63 D. h. er muß alles, was Maria hat, Gott zuschreiben, so daß sie »bloß«, in ihrer ›Nichtigkeit‹ dasteht.

64 In der Fastenzeit werden die Bilder in der katholischen Kirche verhängt und die Schreine der mit Bildwerken geschmückten Altaraufsätze geschlossen.

ihr Gott gegenüber eine solche Meinung gewinnen, die mit aller Zuversicht sich so ausdrücken könnte: ›Ei du selige Jungfrau und Mutter Gottes, wie hat uns Gott in dir einen so großen Trost erzeigt, weil er deine Unwürdigkeit und Nichtigkeit so gnädig angesehen hat; dadurch sind wir für die Zukunft dran erinnert, daß er uns arme, nichtige Menschen nach deinem Beispiel auch nicht verachten und gnädig ansehen wird.‹

Wer bei Maria Hilfe sucht, statt ein Beispiel, treibt Abgötterei.

Was meinst du? David, S. Petrus, S. Paulus, S. Maria Magdalena und ihresgleichen sind durch die große Gnade, die ihnen, ohne daß sie es wert waren, zu aller Menschen Trost gegeben worden ist, Beispiele, um die Zuversicht und den Glauben Gott gegenüber zu stärken. Wäre dann nicht auch die selige Mutter Gottes leicht und verdientermaßen ein solches Beispiel für alle Welt? Nun kann sie es nicht sein vor den überflüssigen Lobpredigern und den unnützen Schwätzern, die nicht auf Grund dieses Verses deutlich machen, was in ihr zusammengekommen ist: der überschwengliche Reichtum Gottes mit ihrer tiefen Armut, die göttliche Ehre mit ihrer Nichtigkeit, die göttliche Würde mit ihrem Verachtetsein, die göttliche Größe mit ihrer Kleinheit, die göttliche Güte mit ihrem Nichtverdienthaben, die göttliche Gnade mit ihrer Unwürdigkeit. Daraus würde Lust und Liebe zu Gott erwachsen in aller Zuversicht; deshalb sind auch ihr und aller Heiligen Leben und Taten beschrieben worden. Aber nun trifft man wohl manche, die bei ihr wie bei einem Gott Hilfe und Trost suchen, daß ich besorgt bin, es sei zur Zeit mehr Abgötterei in der Welt, als je gewesen ist. Das sei für diesmal genug.

Maria will nur wegen Gottes Werk an ihr selig gepriesen werden.

Das lateinische ›omnes generationes‹ habe ich verdeutscht mit ›Kindeskinder‹, wiewohl es wörtlich heißt ›alle Geschlechter‹. Das ist aber so dunkel geredet, daß manche sich hier sehr ⌊um die Frage⌋ bemüht haben, inwiefern es wahr sei, daß »alle Geschlechter sie selig heißen«, wo doch Juden, Heiden und viel böse Christen sie lästern oder wenigstens es doch ablehnen, sie selig zu heißen. Das kommt daher, daß sie das Wörtlein ›Geschlecht‹ von der Gesamtheit der Menschen verstehen. Und es heißt hier doch mehr die auf der natürlichen Geburt beruhende Gliederfolge, wie eins nach dem andern geboren wird; der Vater, der Sohn, des Sohnes Sohn, und ebenso jedes weitere Glied heißt ein ›Geschlecht‹. So meint die Jungfrau Maria nichts anderes als: ihr Preis werde auch so währen von einem Geschlecht zum andern, daß es keine Zeit gebe, in der sie nicht gepriesen werde. Und das macht sie deutlich, indem sie sagt: »Siehe da, von nun an alle Geschlechter«; d. h. ›jetzt hebt's an und währt bei allen Geschlechtern hin zu Kindeskindern‹.

Auch das Wörtlein ›makariusi‹ geht ⌊in seiner Bedeutung⌋ weiter als ›selig sagen‹; es heißt ›seligen‹ oder ›selig machen‹. Es soll also nicht nur mit Sagen oder Worten geschehen oder mit Kniebeugen, mit Hauptneigen, mit Hutabnehmen, mit Bildermachen, mit Kirchenbauen[65] – das tun ja auch die Bösen vortrefflich –; sondern das muß aus allen Kräften und mit einer auf den Grund reichenden Wahrhaftigkeit geschehen. Das ist dann der Fall, wenn das Herz (wie oben[66] gesagt) durch ihre Nichtigkeit und Gottes gnädiges Ansehen Freude und Lust durch sie zu Gott gewinnt und man mit ganzem Herzen sagt oder denkt: ›O du selige Jungfrau Maria!‹ Solch ein »seligen« ist ihre rechte Ehrung, wie wir gehört haben.[67]

VIERTER TEIL

Persönlicher Lobpreis von Gottes zeitlichen Werken und Gaben

V. 4: **Denn er hat große Dinge an mir getan,**
der da mächtig ist, und heilig ist sein Name.[68]

Einleitung: Erst nach dem Lob der Gnade kommt das der Gaben.

Hier singt Maria zusammenfassend von allen Werken, die Gott an ihr getan hat, und hält dabei eine gute Reihenfolge ein. Im vorigen Vers hat sie von Gottes Ansehen und gnädigem Willen über sie gesungen, was auch, wie gesagt,[69] das Größte ist und das Hauptstück aller Gnade; hier singt sie von Werken und Gaben. Denn Gott gibt

65 Die Marienverehrung schuf sich in all diesen äußeren Formen einen Ausdruck in Schrift und Predigt, in Gebet und Lobgesang, in bildlicher Darstellung der ›Gottesmutter‹ und in der Erstellung von Kirchen, die ihr geweiht waren.

66 Seite 54.

67 Seite 53.

68 Lukas 1,49.

69 Seite 52.

wohl manchen viele Güter und stattet sie prächtig damit aus, wie Luzifer im Himmel;[70] er wirft seine Gaben unter die große Menge; aber darum sieht er sie noch nicht an.[71] Die Güter sind nur Geschenke, die zeitlich währen, aber sein gnädiges Ansehen ist das Erbe, das ewig bleibt, wie S. Paulus sagt Röm 6,23: »Die Gnade ist das ewige Leben.« In den Gütern gibt er das Seine, im gnädigen Ansehen gibt er sich selbst; in den Gütern empfängt man seine Hand, aber im gnädigen Ansehen empfängt man sein Herz, seinen Geist, Gefühl und Willen: darum schreibt die selige Jungfrau das Größte und Erste dem Ansehen zu. Sie sagt nicht zuerst: ›Alle Kindeskinder werden mich selig preisen, daß er an mir so große Dinge getan hat‹; davon spricht erst dieser Vers. Sondern sie sagt zuerst: »daß er auf mich nichtige Person und auf meine Nichtigkeit gesehen hat«; davon redet der vorhergehende Vers. Wo ein gnädiger Wille ist, da sind auch Gaben; aber nicht ist umgekehrt auch schon ein gnädiger Wille da, wo die Gaben sind. Darum ist's richtig, daß dieser Vers (V. 49) dem vorhergehenden (V. 48) erst folgt. So lesen wir 1 Mose 25,5 f, daß Abraham den Kindern seiner Beiweiber oder Nebenfrauen Geschenke gab; aber Isaak, dem rechten Sohn von der rechten Hausherrin Sara, gab er das ganze Erbe.[72] So will Gott, daß seine rechten Kinder nicht mit seinen Gütern und Geschenken sich trösten, mögen sie so groß und viel sein, wie sie wollen, von geistlicher oder leiblicher Art; sondern mit seiner Gnade und ihm selber ⌊sollen sie sich trösten⌋, ohne doch die Gaben zu verachten.

1 Gottes großes Tun will ein Lob des Herzens, nicht bloße Worte. Mit wenig Worten preist Maria, was Gott Großes an ihr tat.

Maria zählt auch keine Güter im einzelnen auf, sondern mit *einem* Wort faßt sie diese alle zusammen, indem sie sagt: »Er hat große Dinge an mir getan«, d. h. ›Es ist alles groß, was er an mir getan hat‹. Dabei lehrt sie uns: Je größer die Andacht im Geiste ist, desto weniger Worte macht sie. Denn sie fühlt, daß sie es überhaupt nicht mit Worten erreichen kann, wie sie es wohl denkt und gerne wollte. Darum sind diese wenigen Worte des Geistes immer so groß und tief, daß sie niemand verstehen kann, als wer auch denselben Geist

70 *Zu Luzifer vgl. Seite 35, Anmerkung 23.*

71 *Der Empfang von leiblichen oder geistlichen Gaben Gottes ist also noch kein Beweis dafür, daß Gott uns gnädig ist, uns ›angesehen‹ hat.*

72 *Vgl. dazu Galater 4,30.*

wenigstens zu einem Teil fühlt. Denen ohne diesen Geist aber erscheinen solche Worte gar geringfügig und ganz ohne Saft und Geschmack, während sie mit viel Worten und großem Geschrei ihre Dinge ausrichten. So lehrt auch Christus Matth 6,7, daß wir nicht viele Worte machen sollen, wenn wir beten; denn solches tun die Ungläubigen, die meinen, sie werden um dieser Worte willen erhört. In der Art ist auch jetzt in allen Kirchen viel Läuten, Musizieren, Singen, Schreien und Lesen, aber ich fürchte, gar wenig Lob Gottes; denn er will im Geist und in der Wahrheit gelobt sein, wie er Joh 4,24 sagt.

Viel Worte, die nicht von Herzen kommen, verunehren Gott.

Salomo sagt Spr 27,14: »Wer seinen Nächsten mit großem Geschrei lobt und steht früh dazu auf, der ist zu achten wie ein Lästerer«, denn er macht die Sache verdächtig, daß jedermann denkt, er wolle eine böse Sache beschönigen; damit, daß er's so hitzig betreibt, macht er die Sache nur ärger. Wer umgekehrt seinen Nächsten mit lauter Stimme lästert und früh dazu aufsteht (d. h. nicht faul ist, es mit großem, eiligem Fleiß tut), ist einem Lobpreiser gleich zu achten. Denn man denkt, es sei nicht wahr, und er tue es aus Haß und bösem Herzen; er macht damit seine eigne Sache ärger und die seines Nächsten besser. Ebenso ist es auch, wenn man Gott mit viel Worten, Schreien und Klingen zu loben vermeint; da tut man, als wäre er taub oder wüßte nichts, als wollten wir ihn aufwecken und unterweisen.[73] Ein solcher falscher Wahn von Gott gereicht ihm mehr zur Schmach und Unehre, als zu seinem Lobe. Dagegen ⌊steht es dort anders,⌋ wenn einer seine göttlichen Taten tief im Herzen wohl bedenkt und sie mit Bewunderung und Dank ansieht: da fährt es ihm vor Inbrunst heraus und er seufzt mehr, als daß er redet; da brechen die Worte von selbst im Flusse hervor, nicht ausgedacht und wohlgesetzt, so daß gleichsam der Geist mit heraussprudelt und die Worte Leben, Hände und Füße haben, ja daß zugleich der ganze Leib und alles Leben und alle Glieder gerne reden wollten. Das heißt dann Gott recht aus dem Geist und in der Wahrheit loben; da sind die Worte lauter Feuer, Licht und Leben, wie David Ps 119,140 sagt: »Herr, die Reden, die von dir ausgehen, sind ganz feurig.« Ferner

73 *Luther hat hier wohl an die schreienden Baalspriester auf dem Karmel und an den Spott des Elia über sie gedacht (1 Könige 18,21 ff).*

(Ps 119,171): »Meine Lippen sollen dir ein Lob hervorsprudeln«,[74] gerade wie ein heißes Wasser beim Sieden überläuft und sprudelt, weil es sich nicht mehr halten kann vor großer Hitze im Topf. Von der Art sind auch alle Worte dieser seligen Jungfrau in diesem Gesang: sie sind nur wenig, und doch tief und groß. Solche Menschen nennt S. Paulus Röm 12,11: spiritu ferventes, ›die geistlich brünstig sind und sprudeln‹, und er lehrt uns solcher Art zu sein.

2 Als Gottes große Tat preist Maria ihre Mutterschaft.
Indem sie Gottes Mutter ward, erfuhr sie Gottes übergroße Gnade.

Die ›großen Dinge‹ sind nichts anderes, als daß Maria Gottes Mutter geworden ist. In diesem Werk sind ihr so viele und große Güter gegeben, daß sie niemand begreifen kann. Denn daraus kommt alle Ehre und alle Seligkeit; daraus kommt es, daß sie innerhalb des ganzen Menschengeschlechtes eine einzigartige Person ist über alle. Niemand ist ihr gleich, weil sie mit dem himmlischen Vater ein Kind, und zwar ein solches Kind hat. Und sie selber kann dem keinen Namen geben vor überschwenglicher Größe und muß es dabei bewenden lassen, daß sie in ihrer Inbrunst losbricht und hervorsprudelt. Es sind große Dinge, die nicht mit Worten zu erschöpfen noch zu ermessen sind. In *einem* Wort hat man darum alle ihre Ehre zusammengefaßt: wenn man sie nämlich ›Gottes Mutter‹ nennt; es kann niemand Größeres von ihr noch zu ihr sagen, und wenn er gleich so viel Zungen hätte, als es Laub und Gras, Sterne am Himmel und Sand am Meere gibt. Es will auch im Herzen bedacht sein, was das heißt, Gottes Mutter zu sein.

Sie schreibt es auch ganz der Gnade Gottes, nicht ihrem Verdienst zu. Denn obgleich sie ohne Sünden gewesen ist, übertrifft doch diese Gnade so sehr ⌊alles⌋, daß sie keineswegs dessen würdig gewesen ist. Wie sollte eine Kreatur würdig sein, Gottes Mutter zu sein? Zwar schwatzen manche Schriftsteller hier viel von Marias Würdigkeit zu solcher Mutterschaft. Aber ich glaube ihr selber mehr als ihnen. Sie sagt, ihre Nichtigkeit sei angesehen worden, und Gott habe nicht ihren Dienst damit belohnt, sondern: »Er hat große Dinge an mir getan«. ›Von sich aus hat er's getan, ohne einen Dienst von mir.‹ Denn sie hat ihr Lebetage nie daran gedacht, viel weniger sich dazu vorbereitet und gerüstet, daß sie Gottes Mutter werden

74 *So lauten die beiden Psalmverse nach der lateinischen Bibel.*

sollte. Es kam ihr diese Botschaft ganz unvorhergesehen, wie Lukas schreibt.[75] Ein Verdienst dagegen ist nicht unvorbereitet auf seinen Lohn, sondern sehr auf den Lohn bedacht und eingestellt.

Darum gilt's, Gottes Gnade, nicht Marias Würdigkeit zu preisen.

Daß man aber im ›Regina coeli laetare etc.‹[76] singt: »Den du hast verdient zu tragen...«, und an anderer Stelle: »Den zu tragen du bist würdig gewesen usw.«, beweist nichts. Singt man doch eben diese Worte auch vom heiligen Kreuz,[77] das doch aus Holz war und nichts ›verdienen‹ konnte. So ist dies auch zu verstehen: Sollte sie eine Mutter Gottes sein, mußte sie ein Weib sein, eine Jungfrau vom Geschlecht Juda, und der Botschaft des Engels glauben, damit sie dazu tauglich war, wie die Schrift von ihr gesagt hat. Gerade wie das Holz sonst kein Verdienst und keine Würdigkeit gehabt hat, als daß es zum Kreuze tauglich und von Gott dazu bestimmt war, so ist ihre Würdigkeit zu dieser Mutterschaft keine ⌊andere⌋ gewesen, als daß sie dazu tauglich und bestimmt gewesen ist. Denn es sollte durchaus lauter Gnade sein und nicht ein Lohn werden, damit man Gottes Gnade, Lob und Ehre keinen Abbruch tue, indem man ihr zuviel zuschreibt.

Es ist besser, wenn Maria zuviel Abbruch getan wird, als der Gnade Gottes; ja, man kann ihr nicht zuviel Abbruch tun, da sie doch aus nichts geschaffen ist wie alle Kreaturen. Aber Gottes Gnade hat man leicht zuviel Abbruch getan; das ist gefährlich, und damit tut man Maria keine Liebe an. Es bedarf auch wirklich eines Maßes, daß man es mit den Namen nicht zu weit treibe und sie eine Himmelskönigin nennt. Wohl ist das wahr; aber sie ist darum doch keine Abgöttin, daß sie etwas geben oder helfen könnte, wie manche meinen, die mehr zu ihr als zu Gott rufen und Zuflucht nehmen. Sie ist es nicht, die etwas gibt, sondern allein Gott, wie es nun gleich im Folgenden heißt.

75 Lukas 1,29.

76 Die Worte sind der Beginn eines lateinischen Kirchengesangs aus dem 14. Jahrhundert (›Himmelskönigin, freue dich . . .‹).

77 Im römischen Brevier, dem Buch für die acht kirchlichen Stundengebete, heißt es in einer Strophe des Liedes ›Vexilla regis prodeunt‹ (›Des Königs Fahnen gehn voran‹) von dem Kreuzesholze: ›Erwählt vom Stamm, der es verdient, so heil'ge Glieder zu berührn'‹.

3 Alle Werke und Güter sind auf Gott selber zurückzuführen. Maria spricht allen Kreaturen die Macht ab und gibt sie Gott.

»Der da mächtig ist.« Damit nimmt Maria doch allen Kreaturen alle Macht und Kraft und gibt sie allein Gott. O, das ist eine große Kühnheit und ein großer Raub von diesem jungen, kleinen Mägdlein: es getraut sich, mit *einem* Wort alle Mächtigen schwach, alle Großes Leistenden kraftlos, alle Weisen zu Narren, alle Berühmten zuschanden zu machen, und allein dem einigen Gott alle Macht, Tat, Weisheit und Ruhm zuzuschreiben. Denn das Wörtlein »der da mächtig ist« heißt so viel wie: Es ist niemand, der etwas tut, sondern Gott allein wirkt, wie S. Paulus Eph 1,11 sagt, alle Dinge in allen Dingen, und aller Kreaturen Werke sind Gottes Werke. In diesem Sinn sprechen wir auch im Glaubensbekenntnis: »Ich glaube an Gott Vater, den Allmächtigen.« Allmächtig ist er, sodaß in allen und durch alle und über allen nichts wirkt als allein seine Macht. So singt auch Samuels Mutter, S. Hanna, 1 Sam 2,9: »Es hat niemand Macht, etwas aus seinem Vermögen zu tun.« Und S. Paulus sagt 2 Kor 3,5: »Wir sind nicht in solchem Maße tüchtig, daß wir etwas von unser selber erdenken könnten, sondern ⌊alles⌋, wozu wir tüchtig sind, das ist von Gott.« Dies[78] ist ein gar hoher ⌊Glaubens⌋-artikel, der viel in sich schließt; er streckt alle Hoffart und Vermessenheit, allen Frevelmut, Ruhm, falsches Vertrauen auf einmal zu Boden und erhebt nur Gott; ja, er zeigt den Grund an, warum Gott allein zu erheben ist: nämlich weil er alle Dinge tut. Das ist leicht gesagt, aber schwer zu glauben und im Leben anzuwenden. Denn Leute, die dies im Leben üben, sind gar friedliche, gelassene, schlichte Menschen; sie maßen sich keine Sache an und wissen wohl, daß sie nicht ihnen, sondern Gott gehört.

Maria weiß, daß Gottes Macht nicht ruht, sondern allezeit wirkt.

So ist die Meinung der heiligen Gottesmutter in diesen Worten: ›Es ist nichts mein bei allen diesen Dingen und großen Gütern, sondern der, der allein alle Dinge tut und dessen Macht in allen allein wirkt, der hat an mir solch große Dinge getan.‹ Denn das Wörtlein »mächtig« soll hier nicht eine still ruhende Macht bedeuten, wie man von einem irdischen König sagt, er sei mächtig, auch wenn er

78 Der soeben angeführte Satz aus dem ersten Artikel des Apostolischen Glaubensbekenntnisses.

still sitzt und nichts tut; sondern eine wirkende Macht und stetige Tätigkeit, die unablässig im Schwange geht und wirkt. Denn Gott ruht nicht; er wirkt unablässig, wie Christus Joh 5,17 sagt: »Mein Vater wirkt bis hieher, und ich wirke auch.« In dieser Weise sagt S. Paulus Eph 3,20: »Er ist mächtig, mehr zu tun, als wir bitten«, d. h. ›er tut allezeit mehr als wir bitten; das ist seine Art, so tut es seine Macht‹. Darum habe ich gesagt:[79] Die Maria will keine Abgöttin sein. Sie tut nichts; Gott tut alle Dinge. Anrufen soll man sie, daß Gott um ihretwillen gebe und tue, was wir bitten; im gleichen Sinne sind auch alle anderen Heiligen anzurufen, damit ⌊ja gewiß⌋ das Werk immer ganz allein Gottes Sache bleibe.[80]

4 Gott ist der einzige, dem Ehre gebührt, der Alleinheilige.
Weil Gott alles wirkt, gibt Maria ihm allein Name und Ehre.

Darum fügt Maria noch etwas hinzu, indem sie sagt: »Und heilig ist sein Name.« D. h.: ›Wie ich mir das Werk nicht anmaße, so maße ich mir auch den Namen und die Ehre nicht an. Denn dem gebührt allein die Ehre und der Name, der das Werk tut. Es ist unbillig, daß einer das Werk tut und ein anderer den Namen davon hat und sich darum ehren läßt. Ich bin nur die Werkstatt, in der er wirkt; aber ich habe nichts zum Werke getan. Darum soll auch niemand mich loben oder mir die Ehre geben, daß ich Gottes Mutter geworden bin, sondern Gott und sein Werk soll man in mir ehren und loben. Es ist genug, daß man sich mit mir freut und mich selig preist, weil Gott mich gebraucht hat, diese seine Werke in mir zu tun.‹

Sieh, wie vollständig führt sie alle Dinge auf Gott zurück; wie maßt sie sich überhaupt kein Werk, keine Ehre, keinen Ruhm an! Sie verhält sich doch gerade wie vorher, als sie nichts von alledem hatte, fragt auch nicht mehr nach Ehre als vorher; sie brüstet sich nicht, überhebt sich nicht, ruft's nicht aus, daß sie Gottes Mutter geworden sei. Sie fordert keine Ehre, ⌊sondern⌋ geht hin und schafft im Haus wie vorher, melkt die Kühe, kocht, spült Schüsseln, kehrt und beschäftigt sich, wie eine Hausmagd oder Hausmutter sich beschäftigen soll, mit geringen, verachteten Werken, als gäbe sie nichts auf solch überschwengliche Güter und Gnaden. Man hält sie unter

79 *Seite 60.*
80 *Den Unterschied zwischen »Anrufen« und »Bitten« der Heiligen, von dem Luther hier ausgeht, hat er später vollends ganz fallen lassen.*

den anderen Weibern und den Nachbarn für nichts Höheres als vorher; sie hat's auch nicht begehrt, sondern ist eine arme Bürgerin geblieben unter dem Haufen der geringen Leute. O, was für ein einfältiges, reines Herz ist das, was für ein wunderbares Menschenkind ist das! Wie sind da so große Dinge verborgen unter solcher geringer Gestalt! Wie viele sind mit ihr in Berührung gekommen, haben mit ihr geredet, gegessen und getrunken, die sie vielleicht verachtet und für eine gewöhnliche, arme, schlichte Bürgerin gehalten haben, während sie sich sonst vor ihr entsetzt hätten, wenn sie solches von ihr gewußt hätten.

Gottes Name wird angetastet, wenn man sich selber rühmt.

Das heißt nun, daß sein Name heilig ist. Denn ›heilig‹ heißt, was abgesondert, Gott gehörig ist, was man nicht berühren und beflecken, sondern in Ehren halten soll. Dementsprechend heißt ›Name‹ ein guter Ruf, Ruhm, Lob und Ehre. So soll jedermann sich zurückhalten von dem Namen Gottes, soll ihn nicht antasten, sich ihn nicht aneignen. In diesem Sinn steht 2 Mose 30,25 ff in sinnbildlicher Darstellung, daß auf Gottes Befehl von Mose eine kostbare heilige Salbe gemacht wurde, und daß das strenge Gebot erging, daß kein Mensch seinen Leib damit salben dürfe. Das bedeutet, daß niemand sich Gottes Namen zuschreiben soll; denn das heißt Gottes Namen entheiligen, wenn wir *uns* rühmen oder ehren lassen oder an unser selber Wohlgefallen haben und uns wegen unserer Werke oder Güter rühmen, wie es die Welt macht, die Gottes Namen fortwährend entheiligt und entweiht. Nein, wie die Werke allein Gottes Sache sind, so soll auch ihm der Name allein ⌊vorbehalten⌋ bleiben, und alle, die so seinen Namen heiligen und sich ⌊selbst⌋ der Ehre und des Ruhmes entäußern, die halten ihn recht in Ehren. Darum werden sie dadurch auch geheiligt, wie 2 Mose 30,29 geschrieben steht, daß die kostbare Salbe so heilig war, daß sie alles heiligte, womit sie in Berührung kam. D. h., wenn Gottes Name von uns geheiligt ist, und wir uns kein Werk, keinen Ruhm, kein eignes Wohlgefallen darin anmaßen, so ist er recht geehrt. Dann kommt er mit uns in Berührung und heiligt uns.

Wenn Menschen uns ehren, sollen wir doch Gott die Ehre lassen.

Darum gilt's hier wachsam zu sein, weil wir auf Erden nicht ohne Gottes Güter sein können, und dadurch auch nicht ohne Namen und Ehre. Wenn uns jemand lobt und damit einen Namen verschafft, sollen wir hier das Beispiel der Mutter Gottes ergreifen und immer bereit sein, mit diesem Vers (V. 49) darauf zu antworten. Wir sollen von der Ehre und dem Lob einen rechten Gebrauch machen und offen sagen oder doch wenigstens im Herzen denken: ›O Herr Gott, das Werk ist dein, das da gelobt und gerühmt wird, laß auch den Namen dein sein. Nicht ich, Herr, sondern du hast dies getan, der du in deiner Macht alle Dinge tust, und heilig ist dein Name.‹ So soll man das Lob und die Ehre nicht bestreiten, als wäre es unrecht, oder verachten, als wäre es nichts, sondern man soll es sich nicht anmaßen, als wäre es ein allzu edles, köstliches Ding, und soll es dem im Himmel heimbringen, dem es gehört. Sieh, das lehrt dieser edle Vers. Damit ist die Antwort gegeben, wenn jemand fragt, ob denn keiner den andern ehren soll. Ja, S. Paulus sagt, wir sollen uns darum eifrig bemühen, daß ein jeder in der Ehrerbietung dem andern zuvorkomme, Röm 12,10. Aber die Ehrung soll niemand annehmen, als wäre sie ihm widerfahren, oder auf sich ruhen lassen, sondern man soll sie heiligen und Gott heimbringen, dem sie gehört, samt allem Gut und Werk, aus dem die Ehre kommt. Denn niemand soll ein unehrbares Leben führen. Soll er denn ehrbar leben, so muß Ehre da sein; aber wie das ehrbare Leben Gottes Gabe und Werk ist, so sei auch der Name allein sein Eigentum, heilig und unangetastet von eignem Wohlgefallen. Das bitten wir im Vaterunser: »Dein Name werde geheiligt.«

FÜNFTER TEIL

Allgemeiner Lobpreis von Gottes zeitlichen Werken und Gaben

V. 5: **Und seine Barmherzigkeit währt von einem Geschlecht züm andern bei denen, die ihn fürchten.**[1]

Einleitung: Überblick über die Werke Gottes am Menschen.
Gottes Werke gelten allen ›Geschlechtern‹, Kind und Kindeskindern.

Wir müssen uns an die Schrift gewöhnen, die unter »Geschlechtern« die Folge der natürlichen Erzeugung oder Geburt versteht, daß nämlich fort und fort ein Mensch vom anderen geboren wird, wie

1 *Lukas 1,50.*

schon oben[2] gesagt. Darum ist das deutsche Wort »Geschlechter« nicht genügend; ich weiß aber doch kein besseres. Denn ›Geschlechter‹ heißen wir die Sippschaften und zusammengehörenden Blutsverwandtschaften. Dagegen hier soll es heißen die natürliche Folge vom Vater zu Kindeskindern, sodaß jedes Glied dieser Folge ein ›Geschlecht‹ heißt; so meine ich, würde nicht übel so verdeutscht sein: »Und seine Barmherzigkeit währt von Kind zu Kind bei denen, die ihn fürchten.« Diese Redeweise ist sehr gebräuchlich in der Schrift; sie hat ihren Ursprung in den Worten Gottes, die er auf dem Berg Sinai beim ersten Gebot zu Mose und allem Volk folgendermaßen sagt: »Ich bin dein Gott, stark und eifrig, der da straft die Sünde der Väter an den Kindern bis ins dritte und vierte Geschlecht bei denen, die mich hassen, und bin barmherzig in viel tausend Geschlechtern bei denen, die mich lieben und meine Gebote halten.«

Gottes Werke preist nun Maria im Blick auf alle Menschen.

Nachdem Maria jetzt von sich und den ihr eigenen Gottesgütern ausgesungen und Gott gelobt hat, spaziert sie nun durch alle Gotteswerke, die er insgemein bei allen Menschen wirkt, und singt ihm auch davon; sie lehrt uns die Werke, die Art, die Natur und den Willen Gottes recht erkennen. Es sind viel hochverständige Menschen und Philosophen auch damit umgegangen; sie hätten gerne gewußt, was doch Gott wäre, und haben viel von ihm geschrieben, einer so, der andere so, aber alle sind darüber in Verblendung geraten und haben den rechten Einblick nicht gewonnen. Und fürwahr, das Größte im Himmel und auf Erden – wenn es jemand zuteil werden kann – ist, daß man Gott recht erkenne. Die Mutter Gottes lehrt es hier sehr gut, wenn einer sie verstehen will; es entspricht dem, was sie auch oben[4] an und in ihr selber lehrt. Wie kann man Gott aber besser erkennen als aus seinen eignen Werken? Wer seine Werke recht erkennt, der kann in ⌊der Erkenntnis⌋ seiner Natur, seines Willens, seines Herzens und Sinnes nicht fehl gehen. Darum ist's eine Kunst, seine Werke zu erkennen.

2 *Seite 55 f.* 3 *2 Mose 20,5 f.*

4 *Seite 48; 56 ff. Während Luther in seiner sonstigen theologischen Arbeit das Wirken Gottes vornehmlich an der Sendung Christi ins Fleisch, an seinem Kreuz und seiner Auferstehung darlegt, bleibt er hier, dem Text des Magnifikats entsprechend, ganz im Horizont der alttestamentlichen Frömmigkeit stehen, die der Erscheinung Christi erst entgegensieht.*

Diese Werke Gottes an den Menschen sind von sechserlei Art.

Und um es zusammenzufassen, so zählt Maria sechs göttliche Werke an sechserlei Menschen in diesen vier Versen[5] nacheinander auf und teilt ⌊dabei⌋ die Welt in zwei Teile; auf jeder Seite sind es drei Werke und dreierlei Menschen, und der eine Teil steht immer dem andern gegenüber. Da zeigt sie, was Gott auf beiden Seiten tut, und malt ihn so ab, daß er nicht besser abgemalt werden könnte. Und zwar ist diese Einteilung in schöner Ordnung verfaßt und an mehreren Stellen der Schrift begründet, namentlich Jer 9,22 f. Dort sagt Gott: »Es poche kein weiser Mensch auf seine Weisheit; es poche kein Gewaltiger auf seine Gewalt; es poche kein Reicher auf seinen Reichtum. Sondern wer ⌊auf etwas⌋ pochen will, der poche darauf, daß er mich erkennt und weiß, daß ich ein Gott bin, der da Barmherzigkeit, Gericht und Gerechtigkeit auf Erden schafft. Solches gefällt mir wohl, spricht Gott.« Das ist ein vortrefflicher Text und stimmt überein mit diesem Gesang der Mutter Gottes. Hier sehen wir gleichfalls, daß Gott alles, was die Welt hat, in drei Stücke einteilt: in ›Weisheit‹, ›Gewalt‹ und ›Reichtum‹, und daß er das alles damit zerbricht, daß er sagt, man solle nicht darauf pochen, denn da werde man ihn nicht finden, er habe auch kein Gefallen daran. Er stellt dem drei andere Stücke gegenüber: ›Barmherzigkeit‹, ›Gericht‹, ›Gerechtigkeit‹. ›Da bin ich‹, spricht er, ›ja ich schaffe solches alles. So nahe bin ich: ich schaffe es nicht im Himmel, sondern auf Erden; da findet man mich. Wer mich in dieser Weise erkennt, der kann auf solches wohl trotzen und pochen. Denn ist er nicht weise, sondern armen Geistes, so ist da meine Barmherzigkeit bei ihm; ist er nicht gewaltig, sondern unterdrückt, so ist da mein Gericht und wird ihn erretten. Ist er nicht reich, sondern arm und bedürftig, so ist bei ihm um so viel mehr von meiner Gerechtigkeit.‹

Unter ›Weisheit‹ faßt Gott alles zusammen, was geistliche Güter und hohe Gaben sind, auf Grund deren ein Mensch ein Wohlgefallen, Ruhm und Einbildung haben kann, wie es der folgende Vers zeigen wird, zum Beispiel Verstand, Vernunft, Scharfsinn, Können, Rechtschaffenheit, Tugend, gutes Leben; kurz, alles, was in der Seele ist, was man göttlich und geistlich nennt, so hohe Gaben es sein mögen, ohne daß es doch Gott selber ist. Unter ›Gewalt‹ faßt er zusam-

5 *Lukas 1,50–53.*

men alle obrigkeitliche Stellung, adligen Rang, Freundschaft, Würde und Ehre; dabei mag es sich handeln um Gewalt über zeitliche oder geistliche Güter und ⌊über weltliches oder geistliches⌋ Volk, samt allen Rechten, Freiheiten und Vorteilen usw., was darin enthalten sein mag. (In der Schrift freilich gibt es keine geistliche Obrigkeit oder Gewalt, sondern nur Dienstbarkeit und Untertänigkeit!)[6] Im ›Reichtum‹ ist inbegriffen Gesundheit, schöne Gestalt, Lust, Stärke und alles, was dem Leib äußerlich Gutes begegnen mag. Im Gegensatz dazu stehen nun drei andere ⌊Arten von Menschen⌋: die Geistesarmen, die Unterdrückten und die leiblich Bedürftigen. Nun wollen wir die sechs Werke und Stücke der Reihe nach nacheinander ansehen.

Gottes erstes Werk: die Barmherzigkeit.

Davon handelt dieser Vers 5: Seine Barmherzigkeit währt von Kind zu Kind bei denen, die ihn fürchten.[7]

1 Gottes geistliche Güter sind kein Anlaß zur Selbsterhöhung. Die sich selbst Behauptenden sind fern von aller Gottesfurcht.

Maria fängt am Höchsten und Größten an, nämlich an den geistlichen, inwendigen Gütern. Diese machen ja ⌊zugleich auch⌋ die hoffärtigsten, stolzesten, halsstarrigsten Leute auf Erden. Es ist kein reicher Mann, kein mächtiger Herr so aufgeblasen und hochmütig wie ein solcher Überkluger. Der fühlt sich und bildet sich ein, er habe recht, er verstehe die Sache wohl und sei weiser als andere Leute. Besonders wenn es ernst wird, daß er nachgeben oder unrecht haben soll, da ist er so verwegen und ganz ohne alle Gottesfurcht, daß er sich zu rühmen wagt, er könne nicht irren, Gott sei bei ihm, die andern seien des Teufels; und er wagt auf Gottes Gericht sich zu berufen. Kann er Befugnis und Gewalt dazu bekommen, so fährt er zu mit dem Kopf ⌊durch die Wand⌋ hindurch: er verfolgt, verurteilt, lästert, würgt, verjagt, verstört alle, die ihm widerstehn. Nachher sagt er, er habe es Gott zu Dienst und Ehren getan, und ist eines großen Dankes und Verdienstes vor Gott so sicher und gewiß, daß

6 Zu dem hier beiläufig ausgesprochenen Gegensatz Luthers gegen das, was in der katholischen Kirche sich ›geistliche Obrigkeit‹ nannte, vgl. seinen »Sermon von den guten Werken«, unsre Ausgabe Band 3, Siebenstern-Taschenbuch 40, Seite 187 ff.
7 Lukas 1,50.

die Engel im Himmel kaum so gewiß sind. O, was für eine große Aufgeblasenheit ist das! O, wie viel handelt die Schrift von solchen Leuten, wie schrecklich droht sie ihnen! Aber sie fühlen's weniger als der Amboß des Schmieds die Hammerschläge fühlt. Und in diesem Stück handelt es sich um eine große, weitverbreitete Sache.

Die Bibel verwirft menschlichen Hochmut an vielen Stellen.

Von diesen Leuten sagt Christus Joh 16,2: »Es wird die Zeit kommen, da die, die euch töten und verjagen, meinen werden, sie tun Gott einen großen Dienst.« Und der Psalm[8] sagt von demselben Haufen: »Er überwältigt alle seine Widersacher und spricht: Es wird mir kein Übles begegnen«, als wollte er sagen: ›Ich habe recht, ich tue wohl; Gott wird mir großen Lohn dafür geben usw.‹ Ein solches Volk war Moab, von dem Jes 16,6 und Jer 48,29 f sagen: »Wir haben von Moab gehört: es ist über die Maßen hochmütig; sein Hochmut, seine Aufgeblasenheit, seine Vermessenheit, sein Rühmen und sein Zorn ist größer als seine Macht.« Demnach sehen wir, daß solche Leute vor großem Übermut gerne mehr täten als sie vermögen. Ein solches Volk waren die Juden Christus und den Aposteln gegenüber. Solche Leute waren die Freunde S. Hiobs, die über die Maßen weise gegen ihn redeten und Gott sehr hoch lobten und predigten. Solche Leute hören nicht, lassen sich nichts sagen; es ist nicht möglich, daß sie Unrecht haben oder nachgeben. Nur hindurch – und wenn die Welt darüber ganz in Trümmer gehen sollte! Die Schrift kann einen solchen verlorenen Haufen nicht genug tadeln. Bald nennt sie ihn eine Schlange, die ihre Ohren zustopft, daß sie nichts höre,[9] bald ein unbezwingliches Einhorn,[10] bald einen wütenden Löwen,[11] bald einen großen, unbeweglichen Felsen,[12] bald einen Drachen[13] und so fort noch vieles mehr.

Am besten zeichnet das Bild des ›Behemoth‹ bei Hiob die Hochmütigen.

Aber nirgends sind sie besser geschildert als Hiob 40,15 ff und 41,1 ff: Da nennt Gott diesen Haufen Behemoth.[14] (Behema heißt

8 *Psalm 10,5 f.*
9 *Psalm 8,5.*
10 *Psalm 22,22.*
11 *Psalm 7,3.*
12 *Jeremia 5,3.*
13 *Psalm 74,13.*
14 *Behemoth ist im Hebräischen die Mehrzahl von Behema; es bedeutet*

›ein Tier‹, Behemoth ›ein Haufen Tiere‹. Das sind also Leute, die den Verstand eines Tieres haben und nicht Gottes Geist in sich regieren lassen.) Da beschreibt ihn Gott: ›Augen hat er wie die Morgenröte;[15] denn ihre Klugheit ist unbegrenzt. ›Seine Haut ist so hart, daß er einen Spott daraus macht, wenn man darauf schießt oder sticht‹,[16] d. h. wenn eine Predigt auf sie geht, verlachen sie es, denn ihr Recht soll man nicht tadeln können. Ferner:[17] ›Eine Schuppe klebt an der andern, daß kein Lüftlein dazwischen geht‹; denn sie halten untereinander zusammen, daß kein Geist Gottes in sie hinein kommen kann. ›Sein Herz‹, spricht Gott,[18] ›ist verhärtet wie eines Schmiedes Amboß.‹ Es ist die Verkörperung des Teufels; drum schreibt Gott auch solches alles dem Teufel zu an derselben Stelle.[19] Ein solches Volk ist zu unserer Zeit vor allen andern der Papst mit seinem Haufen, und er ist's schon seit langer Zeit gewesen.[20] Die machen's auch so, und jetzt mehr als es je gewesen ist: Da gibt's kein Hören, kein Einlenken; da hilft kein Sagen, kein Raten, kein Bitten, kein Drohen, kurzum nichts mehr. Denn: ›Wir haben recht, dabei bleibt's, trotz jemand anders, und wenn's die ganze Welt wäre!‹

Durch eigenmächtige Verteidigung verderben wir Gottes gute Gaben.

Nun könnte aber jemand sagen: ›Wie soll sich das zusammenreimen? Soll man das Recht nicht festhalten? Soll man die Wahrheit fahren lassen? Ist's nicht ein Gebot, daß man um des Rechts und der Wahrheit willen ⌊sogar⌋ sterben soll? Haben nicht die heiligen Märtyrer um des Evangeliums willen gelitten? Hat nicht auch Christus

das Nilpferd, das in seiner Größe sozusagen das Mehrfache eines Tieres darstellt. Luther nimmt fälschlicherweise hier den Behemoth (das Nilpferd), Hiob 40,15—24 mit dem Leviathan (dem Krokodil), Hiob 40,25 ff und 41,1 ff, zusammen; die Schilderung beider Tiere überträgt er dann auf den »Haufen« der Selbstsicheren und Hoffärtigen.

15 *Hiob 41,10.*

16 *Hiob 41,18—21.*

17 *Hiob 41,7—9.*

18 *Hiob 41,16.*

19 *Gerade der lateinische Text des Hiobbuches konnte Luther fortwährend den Gedanken nahelegen, daß mit dieser Schilderung des Nilpferds bzw. Krokodils die teuflische Macht gemeint sei, die in jenem »verlorenen Haufen« der Stolzen und Selbstsicheren wirke.*

20 *Zu diesem Urteil vergleiche die ›Schmalkaldischen Artikel‹, unsre Ausgabe Band 1, Siebenstern-Taschenbuch 7, Seite 189 ff.*

selber recht bekommen wollen? Es kommt jedenfalls vor, daß solche Leute irgend einmal offenkundig (und, wie sie laut hinausplärren, vor Gott ›recht haben, gut und weise handeln!‹ Darauf antworte ich: Hier ist's an der Zeit und nötig, die Augen aufzutun; hier sitzt der eigentliche Knoten; da kommt's ganz darauf an, daß man über das ›Rechthaben‹ rechten Unterricht gebe. Es ist gewiß wahr: um der Wahrheit und des Rechtes willen soll man alles leiden und sie nicht verleugnen, mag es sich dabei um etwas so Geringfügiges handeln, als es will. Es kann auch sein, daß sie einmal recht haben. Aber darin liegt das Verderbliche, daß sie ihr Recht nicht in rechter Art zur Geltung bringen, nicht in Furcht damit umgehen, nicht Gott sich vor Augen stellen. Sie meinen, es sei genug, daß es recht ist; sie sollen und wollen in eigener Vollmacht weitermachen und so das Spiel hinausführen. Damit verwandeln sie ihr Recht in Unrecht, auch wenn es im Grunde Recht wäre. Viel gefährlicher aber ist's, wenn es ihnen bloß so vorkommt, als ob es recht wäre, ohne daß sie es gewiß wissen, wie das der Fall ist bei den hohen Sachen, die Gott und seine Rechte betreffen. Aber wir wollen zuerst von dem schlichten menschlichen Recht sprechen und ein simples handgreifliches Beispiel anführen.

2 Auch Gottes natürliche Gaben sind kein unaufgebbares Eigentum. Wir dürfen die Güter dieser Welt nicht bedingungslos festhalten.

Ist's nicht wahr, daß Geld, Gut, Leib, Ehre, Weib, Kind und Freunde usw.[20a] auch gute Dinge sind, die Gott selber geschaffen und gegeben hat? Gesetzt, Gott wollte, weil es seine Gaben sind und nicht dein Eigentum, dich versuchen, ob du auch imstande wärest, sie um seinetwillen fahren zu lassen und mehr an ihm allein als an diesen seinen Gütern zu hängen; er würde dir einen Feind zuschikken, der sie dir ganz oder teilweise nähme und dir Schaden zufügte, oder du würdest sonstwie durch Sterben und Verderben drum kommen. Meinst du, daß du da billigerweise einen Grund hättest, zu toben, zu wüten, mit Sturm und Gewalt sie wieder an dich zu bringen, oder ungeduldig zu sein, bis du sie wieder im Besitz hättest? Du würdest geltend machen, es seien gute Dinge und Gottes Geschöpfe, die er selber gemacht habe, und die ganze Schrift nenne solche Dinge gut; darum wollest du Gottes Wort halten und dieses

20a Die Verwandtschaft dieser Gedanken mit Luthers Lied von der festen Burg ist auffällig.

Gut mit Leib und Leben schützen und es wieder an dich bringen, oder du wollest doch wenigstens ⌊diese Dinge⌋ nicht freiwillig entbehren noch geduldig sie fahren lassen. Wäre das nicht ein feiner Schein? ⌊Aber⌋ wolltest du nun da richtig gut handeln, so darfst du nicht mit dem Kopf durch die Wand wollen. Was dann? Du sollst Gott fürchten und so sagen: ›Nun, lieber Gott, es sind gute Dinge und deine Güter, wie dein eignes Wort, die Schrift, es sagt; aber ich weiß nicht, ob du mir sie vergönnen willst. Wenn ich wüßte, daß ich's nicht haben sollte, so wollte ich auch nicht ein Haar davon wieder an mich bringen. Wüßte ich aber, daß du sie lieber bei mir haben wolltest als bei jenem ⌊andern⌋, so wollte ich dir darin zu Dienst und Willen sein und mit Einsatz von Gut und Blut sie wieder an mich bringen. Weil ich aber keins von beiden weiß und ⌊nur⌋ das sehe, was gegenwärtig geschieht, ⌊nämlich⌋ daß du sie mir nehmen lässest, befehle ich dir die Sache. Ich will warten, was ich dabei tun soll, und ⌊zu beidem⌋ bereit sein: sie zu haben und zu entbehren.‹

Auch fürs Verhalten zu natürlichen Gütern gilt Gottes Befehl.

Sieh, das ist eine rechte Seele; die fürchtet Gott, und bei ihr ist ⌊darum auch⌋ Barmherzigkeit[21], wie die Mutter Gottes hier singt. Daraus kann man ersehen, aus welchem Grund Abraham, David und das Volk Israel vorzeiten stritten und viele erwürgten: Sie gingen nach Gottes Willen daran, standen in Furcht und stritten nicht um des Gutes willen, sondern weil Gott es von ihnen haben wollte. So erzählen es die Geschichtsbücher, und gewöhnlich weisen sie vorher den Befehl Gottes nach. Nun sieh, wie hier die Wahrheit nicht verleugnet wird! Die Wahrheit sagt, es seien gute Dinge und Gottes Geschöpfe. Ja, ⌊aber⌋ eben dieselbe Wahrheit sagt auch und lehrt, du sollest solch guten Dinge fahren lassen und allstündlich bereit sein, darauf zu verzichten, wenn Gott es haben will, und sollst allein an Gott hangen. Damit, daß sie sagt, diese Dinge seien gut, drängt dich die Wahrheit nicht, daß du sie wieder an dich bringen sollst; sie drängt dich auch nicht, daß du sagen sollst, sie seien nicht gut. Vielmehr sollst du ihnen mit Gelassenheit gegenüberstehen und bekennen, daß sie gut sind und nicht böse.

21 *D. h. bei einem solchen Verhalten, bei welchem der Mensch in der Furcht Gottes nach Gottes Willen fragt, schaut er auf Gottes Barmherzigkeit und läßt sich an seiner Gnade genügen.*

3 Auch in weltlichen Dingen haben wir uns nicht durchzusetzen. Gott kann uns mit unsrem Recht und Wahrheit scheitern lassen.

Geradeso muß man's auch machen mit dem Recht und den mancherlei Gütern der Vernunft oder Weisheit. Recht ist ein gutes Ding und eine Gabe Gottes; wer zweifelt daran? Gottes Wort sagt selbst,[22] das Recht sei gut, und nie soll jemand zugestehen, daß seine gute oder rechte Sache unrecht oder böse sei; eher soll er drüber sterben und alles, was nicht Gott ist, fahren lassen. Denn das hieße ja, Gott und sein Wort verleugnet, der sagt, das Recht sei gut und nicht böse. Wolltest du aber deshalb schreien, wüten, toben und alle Welt erwürgen, wenn dir dieses Recht genommen oder unterdrückt würde? (So machen es manche, die zum Himmel rufen,[23] allen Jammer anrichten, Land und Leute verderben, mit Kriegen und Blutvergießen die Welt erfüllen.) Was weißt du, ob Gott dir diese Gabe und dies Recht lassen will? Gehört es doch ihm, und er kann dir's nehmen heut und morgen, draußen und drinnen, durch Feind und Freund und wie er will. Er versucht dich, ob du auch um seinetwillen aufs Recht verzichten, Unrecht bekommen und leiden, um seinetwillen die Schande tragen und an ihm allein hangen wollest.

Bist du nun gottesfürchtig, dann denkst du: ›Herr, es gehört dir, ich will's nicht haben, außer ich weiß, daß du mir's gönnen willst; fahr hin, was fahren will, sei du nur mein Gott.‹ Sieh, dann tritt dieser Vers[24] in Kraft: »Und seine Barmherzigkeit ist bei denen, die ihn fürchten«, die nichts tun wollen ohne seinen Willen. Siehe, da ist Gottes Wort in beiden Stücken gehalten: Erstens bekennst du, das Recht, deine Vernunft, deine Erkenntnis, deine Weisheit und deine ganze Absicht sei recht und gut, wie Gottes Wort selber davon redet[25]; zweitens entbehrst du solches Gut gerne um Gottes willen, so daß du zu Unrecht ins Verderben gestürzt und vor der Welt zuschanden wirst, wie das Gottes Wort auch lehrt.[26]

22 *Psalm 37,28; 94,15.*

23 *D. h. Gott um Rache anrufen, bei Gott Rache schwören. Wie die folgenden Worte zeigen, denkt Luther vor allem an Fürsten und Landesherren, die um ihrer eigenen Ehre und Herrschaft willen Kriege über Kriege führen. Vgl. Luthers Schrift »Ob Kriegsleute auch in seligem Stande sein können«, unsre Ausgabe Band 4, Siebenstern-Taschenbuch 55, Seite 64 ff, besonders Seite 91 ff.*

24 *Lukas 1,50.* 25 *Psalm 26,1 ff u. ö.*

26 *Matthäus 5,10 f u. ö.*

Wir haben das Recht zu bezeugen; den Erfolg gibt allein Gott.

Es ist zweierlei: das Gute oder Rechte bekennen, und: es gewinnen. Dir genügt das Bekenntnis, daß du das Gute und Rechte hast; kannst du nicht gewinnen, laß es Gott befohlen sein: dir ist das Bekennen befohlen, Gott hat sich das Gewinnen vorbehalten. Will er, daß du auch gewinnen sollst, so wird er das selber tun oder es dir, ohne daß du daran gedacht hast, so vorlegen, daß du es in die Hand nehmen und auf eine Weise gewinnen mußt, wie du es niemals gedacht und begehrt hättest. Will er es nicht, so laß dir genügen an seiner Barmherzigkeit. Nimmt man dir den Sieg des Rechten, so kann man dir doch das Bekennen nicht nehmen. Sieh, so müssen wir Abstand nehmen: nicht von den Gütern Gottes, sondern von dem bösen, verkehrten Kleben an ihnen; wir müssen sie mit Gelassenheit entbehren *und* gebrauchen können, daß wir in jedem Fall an Gott allein hangen.

Hier versündigen sich viele Obrigkeiten zu großem Schaden.

O, dieses Sachverhaltes sollen sich alle Fürsten und Obrigkeiten bewußt sein, die sich nicht begnügen mit dem Bekennen des Rechten, sondern auch unbedingt gewinnen und obliegen wollen ohne alle Gottesfurcht. Sie machen die Welt voll mit Blut und Jammer und meinen, sie tun gut und recht daran, weil sie eine rechte Sache haben oder zu haben vermeinen. Was ist das anders als der stolze, übermütige Moab,[27] der sich selber dessen würdig macht und achtet, daß er das edle, schöne Gottesgut und die Gottesgabe, das Recht, haben müsse. Und dabei ist er, wenn er sich recht ansähe vor Gottes Augen, nicht würdig, daß ihn die Erde trägt und er ⌊auch nur⌋ die Rinden vom Brot ißt, – um seiner Sünde willen. O Blindheit! O Blindheit! Wer ist auch nur einer kleinsten Schöpfung Gottes würdig? Und wir wollen die höchsten Geschöpfe, das Recht, die Weisheit und die Ehre davon nicht bloß haben, sondern auch mit Wüten, Blutvergießen und allem Unheil festhalten und herholen. Und dann gehen wir hin, beten, fasten, hören die Messe, stiften Kirchen mit einem solchen blutigen, wütenden, rasenden Gemüt, daß es kein Wunder wäre, wenn die Steine vor unsrem Angesicht zersprängen.

27 *Vgl. oben Seite 68. Diese Bezugnahme auf Moab als einen Typus menschlicher Anmaßung ist eines der vielen Beispiele für die Kraft, mit der Luther es vermag, das alttestamentliche Wort als Zeugnis für das immer gültige Verhalten Gottes aufzuschließen.*

Die Obrigkeit wehre sich für ihre Untertanen, aber mit Vernunft.

Hier kommt eine Nebenfrage auf: ›Soll denn ein Herr sein Land und seine Leute nicht vor Unrecht schützen, sondern einfach stillehalten und sich alles nehmen lassen? Was sollte daraus werden in der Welt?‹ Dazu will ich jetzt meine Meinung aufs kürzeste sagen.[28] Weltliche Gewalt ist schuldig, ihre Untertanen zu schützen, wie ich schon oft gesagt habe.[29] Denn darum trägt sie das Schwert, um solche, die sich nicht um diese göttliche Lehre kümmern,[30] in der Furcht zu erhalten, damit sie die andern in Frieden und Ruhe lassen. Auch darin sucht sie nicht ihren eigenen Vorteil, sondern des Nächsten Nutzen und Gottes Ehre; sie wäre wohl gerne auch stille und ließe ihr Schwert liegen, wenn Gott dies nicht verordnet hätte, um den Bösen zu steuern. Doch darf dieses Schützen nicht so vonstatten gehen, daß ein viel größerer Schaden dabei entsteht und ein Löffel aufgehoben wird, während man eine Schüssel zertritt.[31]

Wenn das Ganze es verlangt, verzichte die Obrigkeit auf ihr Recht.

Es ist ein schlechter Schutz, wenn man um seiner Person willen eine ganze Stadt in Gefahr bringt, oder wegen eines Dorfs oder Schlosses das ganze Land aufs Spiel setzt. Ausgenommen den Fall, daß Gott wie vor Zeiten eigens den Befehl gäbe, dies zu tun. Es nimmt ein Ritter einem Bürger sein Gut,[32] und du brichst mit einem Heere auf, um das Unrecht zu strafen, und legst dem ganzen Land Steuern auf: Wer hat hier mehr Schaden angerichtet, der Ritter oder der Herr? David sah vielmals durch die Finger, wo er nicht strafen

28 Vgl. dazu die ausführliche Besprechung dieser Frage in der 1523 verfaßten Schrift »Von weltlicher Obrigkeit«, unsre Ausgabe Band 4, Siebenstern-Taschenbuch 55, Seite 11 ff, besonders Seite 48 ff.

29 Z. B. in dem 1520 verfaßten Sermon »Von den guten Werken«, unsre Ausgabe Band 3, Siebenstern-Taschenbuch 40, Seite 193 ff.

30 Luther nimmt hier wohl Bezug auf Römer 13,1 ff, eine Stelle, die für ihn und die ganze Entwicklung der reformatorischen Kirchen bedeutsam wurde: Die Obrigkeit »trägt das Schwert nicht umsonst« (V. 4); sie ist zum Schutz ihrer Untertanen verpflichtet als »Gottes Diener« (V. 6).

31 Luther benützt hier ein altes Sprichwort, das in Fällen angewandt wird, wo durch ein Tun mehr verdorben als genützt wird.

32 Daß Kaufmannszüge von Ritterburgen aus überfallen wurden, war im Mittelalter keine Seltenheit. Ebenso war es nicht selten, daß solche Fälle von Landfriedensbruch Anlaß zu Strafexpeditionen des Lehnsherrn wurden, bei denen häufig ungleich größerer, neuer Schaden angerichtet wurde.

konnte, ohne daß andere dadurch geschädigt wurden. Ebenso muß es jede Obrigkeit machen; andrerseits muß auch ein Bürger etwas leiden um der Allgemeinheit willen und darf nicht verlangen, daß um seinetwillen all die andern in größeren Schaden kommen. Es kann nicht immer gerecht zugehen. Christus wollte das Unkraut nicht ausrotten lassen,[33] damit nicht auch der Weizen mit ausgerottet würde. Wollte man wegen jeder Rechtsverletzung Streit führen und gar nichts übersehen, so gäbe es niemals einen Frieden und dann noch lauter Verderben obendrein. Darum ist das Recht oder Unrecht nimmermehr ein genügender Gund, um unterschiedslos zu strafen oder Krieg zu führen. Es ist wohl Anlaß genug vorhanden, mit Fug und ohne Schaden für einen andern zu strafen. Jedenfalls muß ein Herr oder eine Obrigkeit mehr auf das sehen, was dem ganzen Volke, als was nur einem einzelnen Teile dient. Es wird ein Hausvater nicht reich werden, wenn er die Gans hinterdrein wirft, weil man ihr eine Feder ausgerupft hat. Aber es ist jetzt nicht Zeit, von Kriegen zu reden.[34]

4 Ebenso ist bei geistlichen Gütern der Sieg allein Gottes Sache. Wir haben zu bekennen, und so Gott will, Unrecht zu leiden.

Ebenso muß man's auch bei den Sachen machen, die Gott angehen, wie mit dem Glauben und dem Evangelium, welches die höchsten Güter sind; sie darf niemand fahren lassen. Aber ob ihnen Recht, Gunst, Ehre, Beifall und Anhängerschaft zuteil wird, – das muß man auch darauf ankommen lassen und Gott darüber walten lassen. Nicht ums Gewinnen, sondern ums Bekennen soll man besorgt sein, und man soll es gerne leiden, wenn man darob als Frevler usw. vor aller Welt geschmäht, verfolgt, verjagt, verbrannt oder auf andre Weise umgebracht wird. Denn dabei ist Gottes Barmherzigkeit: man kann einem jedenfalls den Glauben und die Wahrheit nicht nehmen, auch wenn man einem das Leben nimmt. (Freilich gibt es an diesem Punkt nur wenige, die, wie es beim zeitlichen Gut und Recht der Fall ist, toben und wüten, um zu gewinnen und obzuliegen; denn es sind auch nur wenige, die es recht und aus Überzeugung bekennen.)

33 *Matthäus 13,29 f.*

34 *Das hat Luther 1526 in einer eigenen Schrift getan: »Ob Kriegsleute auch in seligem Stande sein können«, unsre Ausgabe Band 4, Siebenstern-Taschenbuch 55, Seite 61 ff.*

Um der andern willen schmerzt das Unterliegen von Gottes Wort.

Doch soll ein solcher Mensch[35] um anderer willen Leid tragen und Klage erheben, weil ihnen durchs Unterliegen des Evangeliums ein Hindernis für ihrer Seelen Seligkeit bereitet wird; ja, er wird hier (jedoch vor Gottes Augen[36]), für solchen Seelenschaden viel mehr Klage erheben und sich abmühen, als die Moabiter es um ihre zeitlichen Güter und Rechte tun, wie oben[37] gesagt wurde. Denn es ist traurig, wenn Gottes Wort nicht gewinnt und obliegt; nicht um des Bekenners willen, sondern um derer willen, die dadurch hätten errettet werden sollen. Daher sehen wir bei den Propheten, bei Christus und den Aposteln so großes Leid und Klagen, weil das Wort Gottes unterdrückt wurde, obwohl sie doch fröhlichen Muts waren, jedes Unrecht und Schaden zu leiden; denn hier ⌊beim Worte Gottes⌋ liegt ein andrer Grund vor, gewinnen zu wollen, als bei allen andern Gütern. Freilich soll darin doch niemand selber mit Gewalt zufahren und ein solches Recht des Evangeliums mit Ungestüm und Unvernunft festhalten oder erringen, sondern man soll sich vor Gott demütigen; denn vielleicht ist man dessen nicht würdig, daß ein solch großes Gut durch einen errungen wird; und man soll ⌊darum⌋ alles mit Bitten und Klagen seiner Barmherzigkeit anheimstellen.

Aber den sich nicht selbst Behauptenden ist Gott barmherzig.

Sieh, das ist das erste Werk Gottes, daß er barmherzig ist gegen alle, die ihre Meinung, ihr Recht, ihre Weisheit und was ⌊sonst⌋ geistliche Güter sind, gerne entbehren und aus freiem Willen arm am Geiste bleiben.[38] Das sind die rechten Gottesfürchtigen: sie dünken sich keiner Sache würdig, so geringfügig sie auch sein mag; sie stehen gern vor Gott und der Welt nackt und bloß da. Was sie aber an Gütern haben (was ihnen nur aus lauter Gnade ohne jedes Verdienst gegeben wurde), benützen sie mit Lob, Dank und Furcht gleichsam als fremde Güter; sie suchen ⌊dabei⌋ nicht ihren eigenen Willen, Lust, Lob oder Ehre, sondern allein die Gottes, dem sie gehören. Und Maria macht deutlich, wie viel mehr Lust Gott habe, sol-

35 *Der für seine eigene Person es gerne leidet, wenn er um des Evangeliums willen verfolgt wird.*

36 *D. h. nur unter Anwendung von Mitteln, die Gott genehm sind.*

37 *Seite 68 und 73.*

38 *Vgl. Matthäus 5,3.*

che Barmherzigkeit, sein edelstes Werk, zu erzeigen als das Gegenstück, die Strenge, indem sie sagt, es währe dieses Werk Gottes unaufhörlich von Kind zu Kind bei den Gottesfürchtigen, während jenes Werk nur bis ins dritte oder vierte Glied währt,[39] und im anschließenden Vers überhaupt kein Ziel und keine Zeit bestimmt wird, wie folgt.

Gottes zweites Werk: die Zerstörung der geistlichen Hoffart.

V. 6: **Er hat Gewalt geübt mit seinem Arm und zerstreut die, die hoffärtig sind in ihres Herzens Sinn.**[40]

1 Gottes unmittelbares Wirken wird von uns nicht wahrgenommen. Das Wirken Gottes hat zu allen Zeiten dieselbe verborgene Art.

Niemand lasse sich an der Verdeutschung irre machen, daß ich oben[41] so verdeutscht habe: »Er wirkt gewaltig«, und hier: »Er hat Gewalt geübt«. Es geschieht darum, daß wir die Worte desto besser verstehen; denn die sollen an keine Zeit gebunden sein, sondern Gottes Art und Werke offen dartun, wie er sie allezeit getan hat, allezeit tut und allezeit tun wird. Es würde also gleichviel bedeuten, wenn ich's in folgender Weise deutsch sagte: ›Gott ist ein solcher Herr, dessen Wirken so vor sich geht, daß er kraftvoll die Hochmütigen zerstreut und barmherzig ist gegen die Gottesfürchtigen.‹

Gottes ›Arm‹ wird in der Schrift die ihm eigene Gewalt genannt, womit er ohne Vermittlung der Kreaturen wirkt. Dabei geht's still und heimlich zu, daß es niemand gewahr wird, bis es geschehen ist. So kann diese Gewalt (oder der ›Arm‹) allein durch den Glauben verstanden und erkannt werden. Deshalb klagt auch Jesaja darüber, daß so wenige Glauben haben an diesen Arm, wenn er Kap. 53,1 sagt: »Wer glaubt unsrer Predigt, und wer sind die, denen der Arm Gottes bekannt ist?« Das kommt alles daher, daß es, wie eben dort[42] nachher ausgeführt wird, heimlich zugeht, so daß diese Gewalt kein entsprechendes Ansehen hat. Auch Habakuk (Kap. 3,4) spricht da-

39 *2 Mose 20,5.*
40 *Lukas 1,51.*
41 *Seite 22.*
42 *Jesaja 53,2 ff.*

von,[43] daß Hörner in Gottes Händen seien, um seine große Stärke anzuzeigen; und doch klagt er, seine Stärke sei daselbst verborgen. Wie geht das zu?

Es geht so zu: Wenn Gott durch Vermittlung der Kreaturen wirkt, so sieht man offenkundig, wo Gewalt oder Schwäche ist. Daher kommt das Sprichwort: »Gott hilft dem Stärksten.« Wenn also ein Fürst den Krieg gewinnt, so hat durch seine Vermittlung Gott die andern geschlagen; wird jemand vom Wolf gefressen oder kommt er sonst zu Schaden, so ist das ⌊gleichfalls⌋ durch Vermittlung der Kreatur geschehen. In solcher Weise macht und zerbricht Gott eine Kreatur durch Vermittlung der andern; wer da liegt, der liegt, wer da steht, der steht. Wenn er dagegen selber[44] wirkt durch seinen Arm, dann geht es anders zu; da ist's zerstört, eher als man meint, umgekehrt erbaut, ehe man es noch meint, und niemand sieht es. In dieser Weise wirkt er nur in Beziehung auf die Rechtschaffenen und die Bösen,[45] bei den zwei Arten von Menschen, in die man die Welt einteilen kann.[46]

Die Glaubenden erfahren heimlich Gottes Kraft in der Schwachheit.

Da läßt er die Rechtschaffenen ihrer Kraft beraubt und unterdrückt werden, so daß jedermann meint, es sei mit ihnen aus, es habe ein Ende; und eben in diesen ist er doch am stärksten zugegen, so ganz verborgen und heimlich, daß es diejenigen nicht einmal selber empfinden, welche die Bedrückung leiden, sondern sie glauben es ⌊nur⌋. Da ist die volle Stärke und der ganze Arm Gottes. Denn wo Menschenkraft hinausgeht, da geht Gotteskraft hinein, wenn der

43 *Das hebräische Wort Karnaim, das Habakuk 3,4 verwendet ist, kann sowohl »Hörner« als »Strahlen« bedeuten; die lateinische Bibel, der Luther hier noch folgt, übersetzt es als »Hörner«.*

44 *Ohne Vermittlung einer Kreatur.*

45 *D. h. es handelt sich hier nurmehr um Urteile, die das Verhältnis des Menschen zu Gott betreffen (Rechtschaffen-Sein bzw. Böse-Sein), nicht um Urteile, die das Verhältnis des Menschen zu seiner Umwelt (z. B. Sieg oder Niederlage und dgl.) angehen. Das Letztere, das Wirken Gottes durch Vermittlung der Kreaturen, kann man beobachten, da es im äußerlichen Großwerden oder Kleinwerden des Menschen sich offen kundtut. Das unmittelbare Wirken Gottes, d. h. seine Gnade oder Ungnade dem Menschen gegenüber, versteckt sich oft genug hinter einem gegenteiligen Schein; es ist verborgen und unanschaulich.*

46 *Vgl. oben Seite 66.*

Glaube da ist und darauf wartet. Wenn nun die Bedrückung aus ist, dann kommt's heraus, was für eine Stärke unter der Schwachheit dagewesen ist. Sieh, so ward Christus kraftlos am Kreuz, und eben daselbst bewies er die größte Macht: er überwand Sünde, Tod, Welt, Hölle, Teufel und alles Übel. In solcher Weise sind alle Märtyrer stark gewesen und haben's gewonnen, und so gewinnen's auch jetzt noch alle Leidenden und Unterdrückten. Darum spricht Joel (4,10): »Wer ohne Kraft ist, der soll sagen: Ich bin reich an Kraft«, aber im Glauben und ohne es zu fühlen, bis es ans Ende kommt.

Die Bösen läßt Gott heimlich an ihrer eignen Kraft untergehen.

Umgekehrt läßt Gott den andern Teil der Menschen ⌊die Bösen⌋ sich groß und mächtig erheben. Er zieht seine Kraft von ihnen zurück und läßt sie nur mit ihrer eigenen Kraft sich aufblasen. Denn wo Menschenkraft hineingeht, da geht Gotteskraft hinaus. Wenn nun die Blase voll ist und jedermann meint, sie seien oben auf und hätten's gewonnen, und wenn sie selber nun auch sicher sind und haben's zu Ende geführt, so sticht Gott ein Loch in die Blase, dann ist's ganz aus. Die Narren wissen nicht, daß gerade, indem sie zunehmen und stark werden, sie von Gott ausgestoßen sind und Gottes Arm nicht bei ihnen ist. Darum währt ihre Sache ihre ⌊bestimmte⌋ Zeit; dann verschwindet sie wie eine Wasserblase, und wird, als wäre sie nie gewesen. Davon ist Psalm 73 die Rede, wo der Psalmsänger sich sehr verwunderte, wie die Bösen so reich, sicher und mächtig seien in der Welt; zuletzt sprach er (Ps 73,16 ff): »Ich habe es nicht verstehen können, bis ich in das Geheimnis Gottes Einblick gewann und wahrnahm, wie es ihnen zuletzt gehen würde. Da sah ich, daß sie nur so erhaben waren, damit sie sich selber täuschten, und daß sie eben darin erniedrigt waren, worin sie erhaben waren.[47] Wie bald sind sie vernichtet, wie schnell ist's mit ihnen aus geworden als wären sie nie gewesen, wie ein Traum vergeht bei einem, der aufwacht.« Und Ps 37,35 f heißt es:[48] »Ich habe einen gottlosen Mann gesehen, aufgewachsen und hochgeworden wie ein Zedernbaum auf dem Berg Libanon; ich bin kaum ein wenig vorbeigegangen, und siehe, da war er schon dahin. Ich fragte nach ihm, da war von ihm nichts mehr da.«

47 *Eben ihre Erhebung war eine Erniedrigung; denn Gott hatte seine Hand von ihnen abgezogen, als er sie groß werden ließ.*
48 *Luther zitiert hier frei nach dem Gedächtnis.*

Es bedarf nur des Glaubens, um dieses Wirken Gottes zu sehen.

Es fehlt nur am Glauben, daß wir nicht auch ebenso ein wenig die Zeit abwarten können; sonst würden wir es auch fein sehen, wie die Barmherzigkeit sich bei den Gottesfürchtigen mit aller Stärke Gottes findet, während der Arm Gottes sich gegen die Hoffärtigen wendet mit allem Ernst und aller Gewalt. Wir glaubenslosen Leute tappen mit der Faust nach der Barmherzigkeit und nach dem Arm Gottes, und wenn wir nichts fühlen, so meinen wir, es sei mit uns verloren und bei den Feinden gewonnen, als wäre Gottes Gnade und Barmherzigkeit von uns ⸤gewichen⸥ und sein Arm gegen uns ⸤gerichtet⸥. Das kommt daher, daß wir sein eigenes Wirken nicht kennen. Darum kennen wir ihn auch nicht, weder seine Barmherzigkeit noch seinen Arm; denn er muß und will im Glauben erkannt werden. Drum müssen die Sinne und die Vernunft verschlossen sein. Ihr Auge ärgert uns; drum soll man es ausstechen und wegwerfen.[49] Sieh, das sind zwei entgegengesetzte Werke Gottes; aus ihnen lernen wir, wie Gott so gesinnt ist, daß er ferne von den Weisen und Klugen ist und nahe den Nichtweisen und denen, die Unrecht haben müssen.[50] Das macht ⸤uns⸥ dann Gott liebens- und lobenswert, und läßt Seele und Leib und alle Kräfte getrost werden.

2 Die in sich selbst Reichen trifft Gottes richtender Arm.
Gott entzieht den geistlich Hoffärtigen seine ewige Weisheit.

Nun betrachte die Worte: »Er zerstört[51] die, die hoffärtig sind in ihres Herzens Sinn.« Das Zerstören vollzieht sich, wie gesagt,[52] eben, wenn sie am allerklügsten und voll eigner Weisheit sind; dann ist Gottes Weisheit gewiß nimmer da. Wie könnte er sie aber besser zerstören, als wenn er ihnen seine ewige Weisheit entzieht und sie erfüllt werden läßt von ihrer zeitlichen, kurzen, vergänglichen Weisheit? Maria sagt ja: »Die da hoffärtig sind in ihres Herzens Sinn«, d. h. ihnen gefällt ihr eignes Meinen, Denken und Verstehen, wie es nicht Gott, sondern ihr Herz eingibt, wie wenn es allein das richtigste, beste und weiseste von allem wäre. Damit erheben sie sich gegen die Gottesfürchtigen, unterdrücken deren Meinung und Recht,

49 *Matthäus 5,29.*

50 *Matthäus 11,25.*

51 *Luther spricht hier (wie Seite 22) von ›zerstören‹; Seite 77 und 82 übersetzt er mit dem biblischen Text ›zerstreuen‹.*

52 *Seite 79.*

machen's zuschanden und verfolgen's aufs äußerste, damit ja nur ihre eigene Sache recht sei und Bestand habe; und wenn sie das erreichen, rühmen und erheben sie sich hoch. So handelten die Juden gegen Christus, sahen aber nicht, wie damit ihre eigne Sache zerstört und zuschanden wurde, während Christus zu allen Ehren erhoben ward.

Der Glaubende läßt darum die Hoffärtigen ruhig recht haben.

So sehen wir, daß dieser Vers von den geistlichen Gütern redet, und davon, wie man darin Gottes Wirken nach beiden Seiten hin erkennt. Wir sollen also gerne arm am Geiste sein, Unrecht haben und unsere Gegner Recht haben lassen. Sie werden's doch nicht lange treiben; die Verheißung ist hier zu stark: sie können dem Gottesarm nicht entrinnen, sie müssen herunter, so hoch wie sie sich erhoben haben, wenn wir das glauben. Wo aber der Glaube nicht ist, da wirkt Gott dieses Werk nicht; er läßt es gehen und wirkt offenkundig durch Vermittlung der Kreaturen, wie oben[53] gesagt ist. Das sind aber nicht die rechten Werke, daran man ihn erkennen kann; denn es laufen ⌊hier⌋ der Kreatur Kräfte mit unter, und es sind nicht bloß eigene Werke Gottes. Die müssen so sein, daß niemand mit Gott zusammenwirkt, sondern er allein ⌊am Werke ist⌋; das ist der Fall, wenn wir kraftlos werden und in unsrem Recht oder Sinn unterdrückt sind und Gottes Kraft in uns leiden: das sind edle Werke.

Die geistlich Hoffärtigen haben den Schein großer Heiligkeit.

Wie meisterlich trifft Maria wieder die falschen Gleißner! Sie sieht ihnen nicht auf die Hände oder unter die Augen, sondern ins Herz, wenn sie sagt: »Die Hoffärtigen in ihres Herzens Sinn.« Damit berührt sie besonders die Feinde göttlicher Wahrheit, wie es die Juden waren Christus gegenüber, und wie es auch jetzt ⌊Leute gibt⌋. Diese Gelehrten und Heiligen sind ja nicht hoffärtig in ihren Kleidern oder Gebärden: sie beten viel, fasten viel, predigen und studieren viel, halten auch Messe; sie tragen das Haupt demütig und keine kostbaren Kleider. Sie wissen es selbst nicht anders, als daß es keinen größeren Feind der Hoffart, des Unrechts, der Gleißnerei gebe als sie selber, und keinen größeren Freund der Wahrheit und Gottes als sie. Wie könnten sie der Wahrheit überhaupt Schaden zufügen, wenn

53 *Seite 78 ff. Vgl. dort besonders Anmerkung 45.*

sie nicht so heilige, rechtschaffene, gelehrte Leute wären?[54] Dieses ihr Wesen, das gibt den Schein und gleißt und macht Eindruck auf die Menge. Ach, sie meinen's so herzlich gut, rufen den lieben Gott an und äußern ihr Bedauern über den armen Jesus, daß er so Unrecht tut und hoffärtig ist und nicht so rechtschaffen, wie sie sind.[55] Von denen sagt er Matth 11,19: »Die göttliche Weisheit wird von ihren eigenen Kindern gerechtfertigt«, d. h. ›die sind gerechter und weiser als ich selbst, der ich die göttliche Weisheit bin. Wie ich's mache, so ist's nicht recht, und ich werde von ihnen geschulmeistert.‹

Die geistlich Hoffärtigen sind Gottes schlimmste Feinde.

Das sind die giftigsten, schädlichsten Menschen auf Erden; das ist eine abgrundtiefe, teuflische Hoffart des Herzens, der nicht zu raten ist. Denn solche Menschen hören nicht; was man sagt, das geht sie nicht an! Sie beziehen es auf den armen Sünder, der solcher Lehre bedarf: sie selber bedürfen's nicht. Johannes nennt sie Schlangengezüchte (Luk 3,7), und ebenso Christus.[56] Das sind die eigentlich Schuldigen, die Gott nicht fürchten; sie taugen nur dazu, daß Gott sie mit ihrer Hoffart zerstreut. Denn niemand verfolgt Recht und Wahrheit mehr als sie, jedoch, wie gesagt,[57] um Gottes und der Gerechtigkeit willen. Drum müssen sie auf dieser Seite unter den drei Feinden Gottes[58] vornean stehen. Denn die Reichen sind die geringsten Feinde; viel mehr richten die Gewaltigen an; aber diese Gelehrten übertreffen alles: sie reizen die andern ⌊zur Nachahmung⌋. Die Reichen tilgen die Wahrheit bei sich selber aus; die Gewaltigen verjagen sie von den andern, aber die Gelehrten löschen sie in ihr selbst ganz aus und bringen anderes auf, ihres Herzens Eigendünkel, so daß die Wahrheit nicht wieder aufkommen kann. So weit nun die Wahrheit in sich selbst besser ist als die Menschen, in denen sie wohnt, so viel sind die Gelehrten ärger als die Gewaltigen und die Reichen. O, Gott ist ihnen mit Recht besonders feind.

54 *Gerade bei ihren hohen Eigenschaften wirkt sich die Täuschung am verderblichsten aus, da sie äußerlich der Wahrheit so nahezukommen scheinen.*

55 *Der Kampf Jesu gegen die pharisäische Frömmigkeit und Gerechtigkeit ist diesen ›Werkheiligen‹ von Grund aus unverständlich und anstößig.*

56 *Matthäus 23,33.*

57 *Seite 81 f.*

58 *Vgl. die einleitende Bemerkung Luthers oben Seite 66 f.*

Gottes drittes Werk: die Erniedrigung der Hohen.

V. 7 a: **Er hat die Gewaltigen abgesetzt von ihren Stühlen.**[59]

1 Die Gewalthaber, die Unrecht tun, stehen unter Gottes Zorn. Der Sturz der Mächtigen entspricht der Verwerfung der Weisen.

Dieses Werk und die nachfolgenden sind nun leicht zu verstehen aus den zwei vorhergehenden; Gott verfährt nämlich hier wie bei den Weisen und Überklugen! Diese macht er zunichte in ihrem eigenen Sinnen und Gutdünken; denn darauf verlassen sie sich und damit treiben sie ihren Hochmut den Gottesfürchtigen gegenüber: die müssen Unrecht haben und ihr Sinn und Recht muß verdammt sein, wie es denn am meisten um des Gottesworts willen geschieht. Ebenso macht Gott auch die Gewaltigen und Großen in ihrer Macht und obrigkeitlichen Stellung zunichte und setzt sie ab; denn darauf verlassen sie sich und damit üben sie ihren Übermut aus gegenüber den untergebenen und rechtschaffenen Demütigen: die müssen von ihnen Schaden, Pein, Tod und Übel aller Art leiden. Und wie er die tröstet, die Unrecht und Schande haben müssen um ihres Rechts, um der Wahrheit und um des Wortes willen, so tröstet er auch die, die Schaden und Übel erleiden müssen. Und so sehr er diese tröstet, so sehr erschreckt er jene. Das muß aber auch alles im Glauben erkannt und abgewartet sein. Denn er macht die Gewaltigen nicht so schnell zunichte, wie sie es verdienen; er läßt sie eine Weile gehen, bis ihre Gewalt aufs höchste und letzte steigt. Dann hält sie Gott nicht; sie vermag sich auch nicht selber zu halten, und so zergeht sie in sich selbst ohne jedes Lärmen und Krachen. Und dann kommen die Unterdrückten empor, auch ohne jeden Lärm; denn Gottes Kraft ist in ihnen: die bleibt dann allein, wenn jene am Boden liegt.

Gott vernichtet nicht die Gewalt, sondern den Mißbrauch der Gewalt.

Merke aber, Maria sagt nicht (V. 52a), daß er die Stühle[60] zerbreche, sondern: »Er wirft die Gewaltigen heraus.« Sie sagt auch nicht (V. 52b): ›Er läßt die Niedrigen in ihrer Niedrigkeit‹, sondern: »Er erhebt sie.« Denn solange die Welt steht, muß Obrigkeit, Regi-

59 Lukas 1,52. Oben Seite 22 übersetzte Luther in der Gegenwartsform: »Er setzt die großen Herren ab von ihrer Herrschaft.« Vgl. dazu seine eigene Bemerkung Seite 77.

60 Der ›Stuhl‹ ist der Thron, der Amtssitz, als Sinnbild der Gewalt.

ment, Gewalt und die ›Stühle‹ bleiben. Aber daß man sie in übler und Gott widersprechender Weise dazu benützt, um den Rechtschaffenen Unrecht und Gewalt anzutun, und daß man ein Wohlgefallen daran hat, sich dessen überhebt und sie nicht mit Gottesfurcht gebraucht zu seinem Lob und zum Schutz der Gerechtigkeit, – das duldet er nicht lange. So sehen wir in allen Geschichtsbüchern und in ⌊unsrer eigenen⌋ Erfahrung, wie Gott ein Reich aufrichtet, das andere niederwirft, ein Fürstentum erhebt, das andere unterdrückt, ein Volk mehrt, das andere vertilgt. So hat er's mit Assyrien, Babylon, Persern, Griechen, Rom gemacht, obwohl diese doch meinten, sie würden ewig sitzen auf ihrem Stuhl. Ebenso vernichtet er auch nicht Vernunft, Weisheit und Recht (denn soll die Welt bestehen, so muß man Vernunft, Weisheit und Recht haben), sondern den Hochmut und die Hochmütigen, die sich selber damit dienen, Wohlgefallen daran haben, Gott nicht fürchten, die Rechtschaffenen und das göttliche Recht damit verfolgen und so die schönen Gaben Gottes gegen Gott mißbrauchen.

2 Die Gewalthaber verbinden sich meist mit den Weisen und Reichen. Die ›Besten‹ in der Welt stehen in Feindschaft wider Gott.

Nun ereignet sich's in den Sachen, die Gott angehen, daß die Überklugen und die Hoffärtigen mit ihrer Einbildung sich gewöhnlich zu den Gewaltigen schlagen und diese gegen die Wahrheit aufwiegeln. So steht es Ps 2,2: »Die Könige der Erde haben sich erhoben, und die Fürsten sind zusammengetreten gegen Gott und seinen Gesalbten usw.« So muß das Recht und die Wahrheit allezeit die Weisen, die Gewaltigen, die Reichen zugleich gegen sich haben, d. h. die Welt mit ihrem größten und höchsten Vermögen. Darum tröstet der Heilige Geist sie[61] durch den Mund dieser Mutter, daß sie sich nicht beirren noch erschrecken: ›Laß sie weise, mächtig, reich sein; es währt nicht lange.‹ Denn angenommen, die Heiligen und Gelehrten würden zusammen mit den Gewaltigen und Herren, und außerdem noch mit den Reichen nicht gegen, sondern für das Recht und die Wahrheit eintreten, wo sollte das Unrecht bleiben?[62] Wer

61 *Das Recht und die Wahrheit.*

62 *Luther will hier die Meinung unmöglich machen, daß etwa die Weisen, Gewaltigen und Reichen auf der Seite der Wahrheit und des Rechtes stehen könnten. Denn wäre das der Fall, wie sollte sich dann das vorhandene Unrecht erklären lassen, das ja dann unmöglich wäre?*

würde ⌊noch⌋ etwas Böses erleiden? Nein, nicht so; die Gelehrten, die Heiligen, die Mächtigen, die Großen, die Reichen und das Beste an der Welt muß gegen Gott und Recht streiten und des Teufels Eigentum sein. In diesem Sinn heißt es Hab 1,16: »Seine[63] Speise ist lieblich und auserwählt«, d. h. der böse Geist hat ein Leckermaul und frißt gern das Allerbeste, das Feinste, das Auserlesenste, wie der Bär den Honig.

Mit all ihrem Tun treiben die Gewalthaber dem Verderben entgegen.

Drum sind die Gelehrten, die heiligen Gleißner, die großen Herren, die Reichen des Teufels Leckerbissen; umgekehrt, was die Welt verwirft, die Armen, Niedrigen, Einfältigen, Geringen, Verachteten, erwählt Gott, wie S. Paulus 1 Kor 1,28 sagt. Er macht, daß der geringste Teil der Welt unter dem besten leiden muß, damit gewiß erkannt werde: nicht in dem, was Menschen, sondern allein in dem, was Gott vermag und bewirkt, besteht unser Heil, wie auch S. Paulus sagt.[64] Daher kommt's, daß man mit rechter Wahrheit sagt: »Die Gelehrten, die Verkehrten.«[65] »Ein Fürst ist Wildpret im Himmel.«[66] »Hier reich, dort arm.«[67] Denn die Gelehrten lassen den Hochmut ihres Herzens nicht, die Gewaltigen lassen ihr Unterdrükken nicht, die Reichen lassen ihre Lust nicht: so hat es seinen Gang.

Gottes viertes Werk: die Erhöhung der Niedrigen.

V. 7 b: **Und er hat die Niedrigen erhoben.**[68]

1 Die Verheißung gilt den Menschen, die gerne gering sind.

Unter den ›Niedrigen‹ sollen hier nicht die Demütigen verstanden werden, sondern alle, die vor der Welt kein Ansehen genießen und ganz nichtig sind. Denn es ist eben das Wörtlein, das Maria oben von sich selber sagt: »Er hat die Nichtigkeit seiner Magd angesehen.« Jedoch sind diejenigen, welche von Herzen gern so niedrig

63 *Der lateinische Text redet von dem Gottlosen.*

64 *1 Korinther 2,5.*

65 *Sprichwort.*

66 *Sprichwort. Wollte man einen Fürsten im Himmel finden, so müßte man wie auf ein seltenes Wild Jagd auf ihn machen.*

67 *Sprichwort nach dem Gleichnis vom reichen Mann und armen Lazarus Lukas 16,19 ff.*

68 *Lukas 1,52b. Vgl. das zu Vers 52a Seite 83, Anmerkung 59, Gesagte.*

und nichtig sind und nicht hoch zu sein suchen, gewiß ⌊zugleich auch⌋ demütig.

2 Die ›Erhebung‹ der Niedrigen geschieht in geistlicher Weise.

Das ›Erheben‹ ist nun nicht so zu verstehen, daß Gott sie auf die Stühle und an die Stelle derer setzt, die er abgesetzt hat, geradesowenig wie er die Gottesfürchtigen, wenn er ihnen Barmherzigkeit erzeigt, an die Stelle der Hochgelehrten (d. h. der Hoffärtigen) setzt; nein, er gibt ihnen viel mehr: daß sie, in Gott und durch den Geist erhoben, über Stühle und Gewalt und alles Können Richter werden hier und dort. Denn sie wissen mehr als alle Gelehrten und Gewaltigen. Wie nun das zugeht, ist schon oben gesagt beim ersten Werk[69] und bedarf keiner Wiederholung. Es ist alles den Leidenden zum Trost und den Tyrannen zum Schrecken gesagt, falls wir so viel Glauben hätten, daß wir's für wahr halten.

Gottes fünftes und sechstes Werk: die Sättigung der Hungrigen und das Leerlassen der Reichen.

V. 8: **Er hat die Hungrigen gesättigt mit Gütern, und die Reichen hat er leer gelassen.**[70]

1 Verheißung und Drohung treffen das Verhältnis zum Besitz.
Die Verheißung Gottes gilt dem gerne ertragenen Mangel.

Wie oben[71] gesagt worden ist, sind unter den ›Niedrigen‹ nicht Leute zu verstehen, die in nichtiger, verachteter Gestalt sind, sondern solche, die gerne drin sind oder sein wollen, zumal wenn sie um des Gotteswortes oder des Rechtes willen hineingezwungen werden. Dementsprechend sollen auch die ›Hungrigen‹ nicht diejenigen sein, die wenig oder keine Speise haben, sondern die selber gerne Mangel leiden, zumal wenn sie von andern mit Gewalt um Gottes oder der Wahrheit willen dazu gezwungen werden. Was ist niedriger, nichtiger, dürftiger als der Teufel und die Verdammten, ferner diejenigen, die wegen ihrer Missetaten gemartert, durch Hunger umgebracht, erwürgt werden, und ⌊schließlich⌋ alle, die unfreiwillig

69 Seite 67 ff.
70 Lukas 1,53. Auch hier übersetzt Luther bewußt in der Vergangenheitsform, während er Seite 22 die Gegenwartsform gebrauchte. Vgl. das von ihm auf Seite 77 Bemerkte.
71 Seite 44 f.

in Niedrigkeit und Dürftigkeit leben? Und doch hilft sie das nichts, ja es vermehrt und vergrößert nur ihren Jammer. Von denen redet die Mutter Gottes nicht, sondern von denen, die mit Gott eins sind und mit denen Gott eins ist, die an ihn glauben und auf ihn trauen.

Die Drohung trifft nur die am Reichtum hängenden Reichen.

Umgekehrt, was hinderte es die heiligen Väter, Abraham, Isaak und Jakob, daß sie reich waren? Was hinderte den David sein Königstuhl, den Daniel seine Gewalt, die er in Babylonien inne hatte? Was hindert alle, daß sie in hohem Stand oder großem Reichtum waren oder noch sind, wenn ihr Herz nichts drauf gibt noch das Seine darin sucht? Salomo sagt Spr 16,2: »Gott, der wiegt die Geister«, d. h. er richtet nicht nach dem äußerlichen Ansehen und den äußeren Formen, ob sie reich, arm, hoch oder niedrig sind, sondern nach dem Geist, wie sich der darin verhält. Es müssen solche Formen und Verschiedenheiten von Personen und Ständen auf Erden in diesem Leben bestehen bleiben; aber das Herz soll weder daran hängen bleiben noch davor fliehen: nicht haften an den hohen und reichen, nicht fliehen vor den niedrigen und armen. Ebenso sagt auch Ps 7,10.12: »Gott erforscht das Herz und die Nieren; darum ist er ein rechter Richter.« Menschen aber richten nach dem Augenschein; darum gehen sie oft fehl.

Auch diese beiden Werke Gottes geschehen im Verborgenen.

Diese Werke geschehen auch wie die oben genannten heimlich, daß sie niemand fühlt bis ans Ende. Ein reicher Mann wird nicht gewahr, wie gar leer und elend er ist, außer wenn er stirbt oder sonst verdirbt; dann sieht er, wie ganz und gar alles nichts gewesen ist, alle seine Habe. In diesem Sinne heißt es Ps 76,6: »Sie sind entschlafen (d. h. gestorben), und da fanden sie, daß nichts in ihren Händen haben alle Männer, die Reichtümer besaßen.«[72] Die Hungrigen andrerseits wissen nicht, wie sie die Fülle haben, bis es ans Sterben geht; da finden sie dann, wie wahr das Wort Christi (Luk 6,21) ist: »Selig sind die Hungrigen und Durstigen; denn sie werden satt werden«, und ⌊dazu⌋ hier die tröstliche Zusage der Mutter Gottes: »Er hat die Hungrigen erfüllt mit Gütern.«

72 *Luther folgt hier der lateinischen Bibel; später hat er den Vers anders übersetzt.*

2 Der Glaube erfährt die Wahrheit der Verheißung und Drohung. Gottes Hilfe in der Not ist dem Glaubenden gewiß.

Es ist jedenfalls nicht möglich, daß Gott jemand leiblich Hungers sterben läßt, der auf ihn vertraut; es müßten eher alle Engel kommen und ihn speisen. Elia ward von den Raben gespeist[73] und mit einer Hand voll Mehl ward er samt der Witwe zu Sarepta eine lange Zeit ernährt.[74] Gott kann die nicht verlassen, die ihm vertrauen; darum spricht David Ps 37,25: »Ich bin jung gewesen und alt geworden und habe noch nie einen Gerechten verlassen gesehen oder seine Kinder nach Brot gehen.« (›Gerecht‹ aber ist, wer Gott vertraut.) Ferner Ps 34,11: »Die Reichen sind bedürftig und hungrig geblieben; aber die Gott suchen, haben keinen Mangel an irgend einem Gut.« Und Samuels Mutter, S. Hanna, sagt 1 Sam 2,5: »Die vorher satt und voll waren, haben sich lagern müssen,[75] um Brot zu bekommen, und die Hungrigen sind gesättigt worden.«

Der Unglaube möchte vor der Not überhaupt bewahrt bleiben.

Es steht aber der leidige Unglaube allezeit im Wege, so daß Gott solche Werke nicht in uns wirken kann, und wir sie nicht erfahren und erkennen können. Wir wollen satt sein und von allen Dingen genug haben, ehe der Hunger und die Bedürftigkeit kommt, und versorgen uns mit Vorrat für zukünftigen Hunger und Bedarf, so daß wir Gott und seine Werke nicht mehr brauchen. Was ist das für ein Glaube, der Gott traut, solange du fühlst, daß Vorrat da ist, und weißt, wie du dir helfen kannst? Der Unglaube bewirkt, daß wir Gottes Wort, die Wahrheit, das Recht unterliegen, das Unrecht siegen sehen und stille dazu schweigen, nicht tadeln, kein Wort darüber verlieren, nicht wehren und gehen lassen, was da geht. Warum? Wir haben Sorge, man greife uns auch an und mache uns arm, so daß wir dann Hungers sterben und für immer erniedrigt würden. Das heißt doch, zeitliches Gut höher als Gott achten und an seiner Statt zum Abgott machen. Damit werden wir dann nicht würdig, diese tröstliche Gottesverheißung zu hören und zu verstehen, daß er die Niedrigen erhebt, die Hohen erniedrigt, die Armen er-

73 *1 Könige 17,6.*

74 *1 Könige 17,15 f.*

75 *Eigentlich heißt es – auch in der lateinischen Bibel –: »haben sich verdingen müssen«; Luthers Übersetzung bleibt hier dunkel. Vielleicht schwebt ihm eine Wendung wie Matthäus 15,35 vor.*

füllt, die Reichen leer macht; daher kommen wir auch niemals zur Erkenntnis seiner Werke, ohne die es doch keine Seligkeit gibt, und müssen so ewig verdammt sein, wie Ps 28,5 sagt: »Sie haben von den Werken Gottes keine Kenntnis, verstehen auch nicht, was seine Hände schaffen. Darum wirst du sie zerbrechen und nimmermehr aufbauen.« Und das ist auch billig; denn sie glauben diesen seinen Verheißungen nicht, achten ihn wie einen leichtfertigen, lügenhaften Gott und haben den Mut nicht, auf seine Worte etwas zu wagen oder anzufangen. So gar nichts halten sie von seiner Wahrheit. Es muß jedenfalls versucht und gewagt sein auf seine Worte hin; denn Maria sagt nicht: ›Er hat die Vollen erfüllt, die Hohen erhoben‹, sondern »die Hungrigen erfüllt, die Niedrigen erhoben«.

Voraussetzung von Gottes Hilfe ist wirklich vorhandene Not.

Du mußt im Hunger mitten in die Notdurft hineingekommen sein und erfahren, was Hunger und Notdurft ist, ohne daß ein Vorrat und eine Hilfe bei dir oder den Menschen vorhanden wäre außer allein bei Gott; denn das Werk soll jedenfalls allein Gottes Sache sein, als etwas, was für alle andern unmöglich ist. Ebenso darfst du nicht bloß an Erniedrigung denken und davon reden, sondern mußt hineinkommen, darin stecken, von niemand mehr Hilfe finden, daß Gott allein hier wirken könne; oder mußt du das wenigstens begehren und darfst es nicht scheuen, falls es nicht in der Tat dazu kommen kann. Darum sind wir Christen und haben das Evangelium, das der Teufel und die Menschen nicht leiden können, damit *wir* dadurch zu Notdurft und Erniedrigung und so auch *Gott* mit uns zu seinen Werken kommen kann. Denke du selber ⌊darüber nach⌋: sollte er dich sättigen, ehe dich hungert, oder erhöhen, ehe du erniedrigt wärest, so müßte er sich nur wie ein Gaukler stellen und könnte das nicht tun, was er vorgäbe, und seine Werke wären nichts als ein Spott, wo doch Ps 111,7 geschrieben steht: »Seine Werke sind Wahrheit und ⌊bitterer⌋ Ernst.« Sollte er auch sogleich schon wirken, wenn deine Notdurft und Erniedrigung erst im Anfang begriffen ist, oder helfen, wenn deine Notdurft und Erniedrigung noch klein ist, so wären die Werke zu gering für Gottes Gewalt und Majestät, von denen doch Ps 111,2 sagt: »Gottes Werke sind groß und auserlesen nach all seinem Begehren.«[76]

76 *So nach der lateinischen Bibel.*

Gottes Gericht über die Reichen setzt wirkliches Reichsein voraus.

Laß ⌊uns einmal⌋ das Gegenteil betrachten! Sollte er die Hohen und Reichen zerbrechen, eh sie hoch und reich wurden, wie wollte er sich dazu stellen? Sie müssen zuerst so ganz in die Höhe und zu Reichtum kommen, daß es ihnen selber und jedermann so vorkommt, ja im Grunde auch so ist, daß niemand sie stürzen, niemand ihnen wehren könne. Sie müssen ihrer Sache gewiß werden und sagen, wie von ihnen und Babylonien Jesaja (47,8 f) sagt: »Höre zu, du Feine, die du so sicher sitzest und in deinem Herzen sprichst: Hier bin ich und niemand tut mir ⌊etwas an⌋, ich bin gewiß, daß ich nicht eine Witwe noch ohne Kinder (d. h. ohne Stärke und Beistand) sein werde! Wohlan, es soll dies alles beides über dich hereinbrechen auf *einen* Tag usw.« Da kann dann Gott an ihnen sein Werk wirken. So ließ er Pharao sich über die Kinder Israel erheben und sie unterdrücken, wie 2 Mose 9,16 Gott selber von ihm sagt: »Darum habe ich dich erhoben, damit ich an dir mein Tun erzeige und mein Lob davon verkündigt werde, so weit die Welt ist.« Und von solchen Beispielen ist die Bibel voll; sie lehrt ja nichts anderes als Gottes Werk und Wort, und verwirft der Menschen Werk und Wort.

3 Gottes Verheißung und Drohung gilt allem irdischen Besitze.
›Hungrig‹ und ›satt‹ sein meint Mangel und Fülle im allgemeinen.

Nun siehe, ein starker Trost liegt darin, daß nicht ein Mensch, sondern Gott selber den Hungrigen nicht bloß etwas gibt, sondern sie erfüllt und ›sättigt‹. Außerdem sagt Maria: ›Mit Gütern‹; d. h. dieses Erfüllen soll unschädlich, nützlich und heilvoll sein, daß es Leib und Seele samt allen Kräften wohl tut. Aber das weist auch darauf hin, daß sie vorher von allen Gütern entblößt sind und voll von allem Mangel. Denn, wie oben[77] gesagt, unter dem ›Reichtum‹ sollen hier zeitliche Güter aller Art zur Befriedigung des Leibes begriffen werden, wovon die Seele auch fröhlich wird. Dementsprechend soll umgekehrt ›Hunger‹ hier nicht bloß Mangel an Speisen, sondern an allen zeitlichen Gütern bedeuten. Ein Mensch kann ja alle Dinge einigermaßen entbehren außer der Speise (weshalb fast alle Güter um der Nahrung willen da sind). Ohne Speise kann niemand leben, auch wenn er ohne Kleid, Haus, Geld, Gut und Leute zu leben vermöchte. Somit begreift hier die Schrift das zeitliche Gut unter dem,

77 *Seite 67 oben.*

was man am allernotwendigsten benützt und braucht und am unerträglichsten von allem entbehren kann; so nennt sie auch die Geizigen und die auf zeitliches Gut Erpichten ›Diener des Bauches‹,[78] und Paulus nennt den Bauch ihren Gott.[79]

Mit Verheißung und Drohung lockt und schreckt Gott stärkstens.

Wie könnte nun jemand stärker, trostreicher zu willigem Hungern und Armsein reizen als solche trefflichen Worte dieser Mutter Gottes, daß Gott alle Hungrigen mit Gütern erfüllen will? Wen diese Worte und solches Ehren und Preisen der Armut nicht reizt, der ist gewiß glaubens- und vertrauenslos wie ein Heide. Wie könnte man andrerseits den Reichtum stärker zurückweisen und die Reichen fruchtbarer erschrecken als damit, daß Gott sie leer läßt? O, wie sind's beides so große, überschwengliche Dinge, wenn Gott erfüllt, und wenn Gott verläßt! Wie ganz unmöglich ist's da für eine Kreatur, dagegen zu raten oder ⌊dazu⌋ zu helfen! Es erschrickt ein Mensch, wenn er hört, daß sein Vater sich von ihm lossagt oder sein Herr ihm ungnädig ist, und wir Hohen und Reichen erschrecken nicht, wenn wir hören, daß Gott uns eine Absage gibt, ja nicht bloß absagt, sondern uns zu stürzen, zu erniedrigen und arm zu machen droht! Umgekehrt ist's eine Freude, wenn der Vater gütig, der Herr gnädig ist, und mancher verläßt sich so darauf, daß er Leib und Gut darüber läßt. Und wir haben hier eine solche Verheißung Gottes, einen so starken Trost, und können sie weder brauchen noch genießen, noch dafür danken, noch uns darüber freuen! O du leidiger Unglaube, wie stockhart, wie steindürr bist du, daß du solch große Dinge nicht empfindest!

Damit sei von den sechs Werken Gottes[80] genug gesagt.

78 *Römer 16,18.*
79 *Philipper 3,19.*
80 *Vgl. oben Seite 66.*

SECHSTER TEIL

Lobpreis von Gottes größtem Werk, der Menschwerdung Christi

V. 9: **Er hat Israel, seinen Diener, aufgenommen, nachdem er gedacht an seine Barmherzigkeit.**[81]

Maria weiß sich als Dienerin des wahren Israel.

Nach den Gotteswerken an ihr und allen Menschen kommt Maria wieder auf den Anfang und das Erste zurück, und beschließt das Magnifikat mit dem großen Hauptwerk aller Werke Gottes, nämlich der Menschwerdung des Gottessohnes. Und sie bekennt hier frei, daß sie eine Magd und Dienerin aller Welt sei, indem sie bekennt, dies Werk, das in ihr vollbracht wurde, sei nicht allein ihr, sondern dem ganzen Israel[82] zu gut geschehen. Doch trennt sie Israel in zwei Teile und nimmt nur auf den Teil Bezug, der Gott dient; niemand dient aber Gott, als wer ihn seinen Gott sein und seine Werke in sich wirken läßt, wovon oben[83] die Rede war.

Was wahres Israel ist, entscheidet sich am Gottesdienst.

Man versteht und gebraucht freilich leider zur Zeit – dahin hat man es gebracht – das Wörtlein ›Gottesdienst‹ in einem so fremdartigen Sinn,[84] daß der Hörer gar nicht an solche Werke ⌊Gottes in uns⌋ denkt, sondern an den Glockenklang, an das Stein- und Holzwerk der Kirchen, an das Rauchfaß,[85] an die Flammen der Lichter, an das Geplärre in den Kirchen,[86] an das Gold, die Seide und die Edelsteine der Chormäntel und Meßgewänder,[87] an die Kelche und

81 Lukas 1,54. Vgl. das Seite 83, Anmerkung 59 Gesagte.

82 Luther denkt dabei nicht bloß an das alttestamentliche Gottesvolk, sondern auch an die Christenheit als die Erbin der Verheißungen an Israel. Dabei gibt es freilich – wie er gleich sagt – hier wie dort zwei verschiedene ›Israel‹: ein fleischliches und ein geistliches.

83 Seite 61 f.

84 Vgl. Seite 34. Zu Luthers Gedanken über den Meßgottesdienst vgl. unsre Ausgabe Band 1, Siebenstern-Taschenbuch 7, Seite 182 ff.

85 Das Rauchfaß ist ein beim katholischen Meßgottesdienst benötigtes Gerät zur Erzeugung von Weihrauchdämpfen.

86 Luther denkt wohl vornehmlich an den lateinischen Altar- und Chorgesang, der von den Laien nicht verstanden wurde und darum trotz aller äußeren Schönheit als Geplärre empfunden werden mußte. Vgl. Amos 5,23.

87 Die gottesdienstliche Gewandung für den messehaltenden Priester und seine Gehilfen besteht in mancherlei kostbaren und farbenprächtigen Gewändern und Kleidungsstücken.

Monstranzen,[88] an die Orgel und die Bilder, an die Prozession[89] und den Kirchgang, und, was das Wichtigste ist, an das Maulplappern und Paternosterzählen.[90] Dahin ist's leider mit dem ›Gottesdienst‹ gekommen, wovon doch Gott so gar nichts weiß, während wir sonst nichts als dieses wissen. Wir singen täglich[91] das Magnifikat mit hoher Stimme und herrlicher Pracht, und schweigen doch seinen rechten Ton und seine rechte Bedeutung je länger je mehr tot.

Rechter Gottesdienst ist nur, wo man Gottes Wirken stillhält.

Aber es steht der Text fest da. Wenn wir diese Werke Gottes nicht lernen und uns gefallen lassen, so wird auch kein Gottesdienst da sein, kein Israel,[92] keine Gnade, keine Barmherzigkeit, kein Gott, wenngleich wir uns in den Kirchen zu Tod sängen und musizierten, und alles Gut der Welt zusammen hineinstifteten. Gott hat nichts davon geboten; darum hat er auch ohne allen Zweifel gar kein Gefallen daran. Nur einem solchen Israel, das Gott dient, dem kommt die Menschwerdung Christi zugut: das ist sein eignes, liebes Volk, um dessen willen er auch Mensch geworden ist, um sie aus der Gewalt des Teufels, der Sünde, des Todes, der Hölle zu erlösen und sie in die Gerechtigkeit, ins ewige Leben und in die Seligkeit hineinzubringen. Das ist das ›Aufnehmen‹, von dem Maria hier singt. In diesem Sinne sagt Paulus Tit 2,14, Christus habe sich für uns gegeben, daß er sich ein Volk zum Erbe und Eigentum reinigte. Und S. Petrus schreibt (1 Petr 2,9): »Ihr seid das heilige Volk, das Volk, das Gott selber erworben hat, ein königliches Priestertum usw.«

88 Wertvolle Kelche nehmen den Wein bei den Meßfeiern auf; eine der geweihten Hostien wird in ein kostbares Schau- und Prunkgefäß, die Monstranz, gelegt.

89 Feierliche Umzüge (Prozessionen) in oder außerhalb der Kirche spielen im katholischen gottesdienstlichen Leben eine große Rolle.

90 Der ›Rosenkranz‹, eine geschlossene Kette von größeren und kleineren Perlen in bestimmter Reihenfolge und Zahl, dient als Gebetshilfe zum Zählen der abgeleisteten ›Ave Maria‹ und ›Vaterunser‹, indem man seine Perlen (»Steine«) durch die Finger gleiten läßt; vom ›Vaterunser‹ her nennt man ihn auch ›Paternoster‹.

91 Das Magnifikat wird im Stundengebet beim täglichen Abendgottesdienst (der ›Vesper‹) regelmäßig gesungen, höher und langsamer als die vorangehenden Psalmen; auch wird dazu aufgestanden.

92 D. h. kein Volk, dem Gottes Verheißung gilt, keine glaubende Schar.

2 Das wahre Israel ist Empfänger der Barmherzigkeit Gottes. Die Verheißung des Christus ist freie Gnade, kein Verdienst.

Das sind die Reichtümer der göttlichen, grundlosen Barmherzigkeit, die wir aus keinem Verdienst, sondern aus lauter Gnade bekommen haben. Drum sagt Maria: »Er hat gedacht an seine Barmherzigkeit«; sie sagt nicht: ›Er hat gedacht an unser Verdienst und Würdigkeit.‹ Bedürftig waren wir, aber ganz unwürdig. Darin besteht nun sein Lob und seine Ehre, und darüber muß unser Rühmen und Vermessen stillschweigen. Er hatte nichts ›anzusehen‹, was ihn bewegt hätte, als daß er barmherzig war. Und diesen Namen ⌊›der Barmherzige‹⌋ wollte er bekannt machen. Warum sagt Maria aber mehr, er habe an seine Barmherzigkeit ›gedacht‹, als er habe sie ›angesehen‹? Deshalb, weil er sie verheißen hatte, wie der folgende Vers sagt. Nun hat er es lange hinausgezögert, sie zu geben, so daß es sich ansehen ließ, als hätte er sie vergessen (wie ja alle seine Werke den Anschein haben, als vergäße er uns). Aber als er ⌊in Christus⌋ kam, da wurde erkannt, daß er nicht vergessen hatte, sondern unaufhörlich daran ›gedacht‹, sie zu erfüllen.

Die Verheißung gilt dem geistlichen Israel: den Glaubenden.

Jedoch ist es wahr, daß mit dem Wörtlein ›Israel‹ allein die Juden gemeint sind[93] und nicht wir Heiden.[94] Doch weil sie ihn nicht haben wollten, hat er doch einige von ihnen auserlesen, hat damit dem Namen ›Israel‹ Genüge getan und hinfort ein geistliches Israel hergestellt. Das wurde 1 Mose 32,25 ff veranschaulicht, als der heilige Erzvater Jakob mit dem Engel rang und dieser ihm die Hüfte lähmte. Das sollte bedeuten, daß seine Kinder sich hinfort nicht der fleischlichen Geburt rühmen sollten, wie die Juden tun. Dort bekam er auch den Namen, daß er fernerhin Israel heißen solle, als ein Erzvater, der nicht allein Jakob, der leiblichen, sondern auch Israel, der geistlichen Kinder Vater sein sollte. Dazu stimmt das Wörtlein ›Israel‹; das heißt ›ein Herr Gottes‹.[95] Das ist ein ganz hoher, heiliger Name und schließt das große Wunder in sich, daß ein Mensch durch die göttliche Gnade gleichsam Gottes mächtig wurde, so daß

93 *Vom geschichtlichen Standort der Maria aus.*

94 *D. h. wir, deren Vorfahren Heiden, keine Juden waren.*

95 *Luther erklärte den Namen Israel fälschlich aus sar = Fürst, Herr, und el = Gott; heute leitet man ihn her von sarah = streiten und el = Gott, so daß Israel soviel heißt wie »Gottesstreiter«.*

Gott tut, was der Mensch will. In solcher Weise ist, das sehen wir, durch Christus die Christenheit mit Gott so vereinigt wie eine Braut mit ihrem Bräutigam, so daß die Braut Recht und Macht hat über des Bräutigams Leib und über alles, was er hat. Das geschieht alles durch den Glauben; da tut der Mensch, was Gott will, und andrerseits Gott, was der Mensch will. So ist also ›Israel‹ ein gottförmiger und gottmächtiger Mensch, der in Gott, mit Gott und durch Gott ein Herr ist, alle Dinge zu tun und zu vermögen.[96]

Sieh, das heißt Israel. Denn ›sar‹[95] heißt ›ein Herr‹, ›ein Fürst‹; ›el‹ heißt Gott; tu's zusammen, so wird auf hebräische Weise ›Israel‹ daraus. Ein solches ›Israel‹ will Gott haben; als Jakob mit dem Engel gerungen und es gewonnen hatte, sprach er deshalb zu ihm (1 Mose 32,29): »Du sollst Israel heißen; denn wenn du mächtig bist Gott gegenüber, so wirst du auch mächtig sein den Menschen gegenüber.« Davon ist viel zu sagen, denn es ist ›Israel‹ ein wunderbar hohes Geheimnis.

2 Die Verheißung des Christus für die Welt wird Abraham gegeben.

V. 10: **Wie er geredet hat zu unsern Vätern, Abraham, und seinem Samen in Ewigkeit.**[97]

Die Verheißung geschah aus Gnaden ohne jedes Verdienst.

Da liegt alles Verdienst, alle Vermessenheit am Boden und ist die lautere Gnade und Barmherzigkeit Gottes erhoben; denn Gott hat Israel ⌊und seinen Samen⌋ nicht um ihres Verdienstes willen angenommen, sondern um seines eigenen Versprechens willen. Aus lauter Gnade hat er sich fest versprochen, aus lauter Gnade hat er es auch erfüllt. Darum sagt S. Paulus Gal 3,17 f, Gott habe vierhundert Jahre vorher, ehe er Mose das Gesetz gab, sich dem Abraham versprochen, damit ja niemand rühmen oder sagen könnte, er habe diese Gnade und Zusage durchs Gesetz oder durch Gesetzeswerke verdient und erlangt. Eben diese Zusage preist und erhebt hier die Mutter Gottes auch über alles und schreibt dies Werk der Menschwerdung Gottes völlig den göttlichen, gnädigen, unverdienten Zusagen zu, die er Abraham gemacht hat.

96 Vgl. dazu Luthers Schrift »Von der Freiheit eines Christenmenschen«, unsre Ausgabe Band 2, Siebenstern-Taschenbuch 24, Seite 161 ff, wo gleichfalls das Bild von Braut und Bräutigam von Luther verwendet wurde.
97 Lukas 1,55.

Das Versprechen Gottes an Abraham steht hauptsächlich 1 Mose 12,3 und 22,18; auch sonst wird an vielen Stellen darauf Bezug genommen. Es lautet folgendermaßen: »Ich habe bei mir selber geschworen: In deinem Samen sollen gesegnet werden alle Geschlechter (oder Völker) der Erde.« Diese Worte Gottes hält S. Paulus hoch und alle Propheten, wie es sich gehört. Denn mit diesen Worten ist Abraham samt allen seinen Nachkommen gerettet und selig geworden, und auch wir sollen noch alle darin selig werden. Denn darin ist Christus enthalten und zugesagt als aller Welt Heiland. Und das ist der ›Schoß Abrahams‹,[98] worin alle, die vor Christi Geburt selig geworden sind, ⌊geborgen⌋ geblieben sind, und ohne diese Worte ist niemand selig geworden, auch wenn er alle guten Werke getan hätte. Das wollen wir sehen.

Die Verheißung zeigt: außerhalb von Christus gilt der Fluch.

Es folgt zuerst aus diesen Gottesworten, daß alle Welt außerhalb von Christus in Sünden, Verdammnis und verflucht ist mit all ihrem Tun und Wissen. Denn wenn Gott sagt, nicht ›einige‹, sondern ›alle‹ Völker sollen gesegnet werden in Abrahams Samen, so wird es ohne diesen Samen Abrahams keinen Segen geben in allen Völkern. Was brauchte ⌊sonst⌋ Gott mit so großem Ernst und teurem Eid Segnung versprechen, wenn bereits Segen und nicht lauter Fluch da wäre? Aus diesem Spruch haben die Propheten viel herausgelesen und geschlossen; nämlich, daß alle Menschen böse, nichtig, lügnerisch, falsch, blind und kurzum ohne Gott seien, so daß es in der Schrift keine große Ehre ist, ein Mensch zu heißen. Denn es gilt dieser Name vor Gott nicht mehr, als wenn jemand vor der Welt ein Lügner und Treuloser genannt würde; so ganz ist der Mensch durch Adams Fall verderbt, daß ihm die Verfluchung angeboren, ja gleichsam seine Natur und Wesen wird.

Nach der Verheißung muß Christus Gottes- und Menschensohn sein.

Zweitens folgt daraus, daß dieser Same Abrahams nicht auf natürliche Weise von Mann und Weib geboren werden durfte; denn diese ⌊Art von⌋ Geburt ist verflucht und gibt lauter verfluchte Frucht, wie eben gesagt wurde. Sollte nun in diesem Samen Abrahams alle Welt von diesem Fluch erlöst und dadurch gesegnet werden, wie die Worte und Eide Gottes lauten, so mußte der Same schon vorher ge-

98 *Lukas 16,22.*

segnet sein: er durfte von diesem Fluch weder berührt noch befleckt sein, sondern mußte lauter Segen sein, voller Gnade und Wahrheit. Andrerseits: wenn dann Gott, der nicht lügen kann, zusagt und schwört, es solle Abrahams natürlicher Same sein, d. h. ein natürliches, wirkliches Kind, das von seinem Fleisch und Blut geboren würde, so muß dieser Same ein richtiger, natürlicher Mensch sein vom Fleisch und Blut Abrahams. Da steht nun eins gegen das andere: natürliches Fleisch und Blut Abrahams sein, und doch nicht vom Mann und Weib natürlich geboren werden. (Denn darum gebraucht Gott das Wort ›dein Samen‹ und nicht das Wort ›dein Kind‹, daß es ja klar und gewiß wäre, es solle sein natürliches Fleisch und Blut sein, wie es ja der ›Same‹ ist; ein ›Kind‹ kann ja gut auch nicht ein natürliches Kind sein,[99] wie man weiß. Wer will hier einen Mittelweg finden, daß Gottes Wort und Eid wahr bleibt, worin solche sich widersprechenden Dinge aufeinander stoßen?

In Christi jungfräulicher Geburt erfüllte Gott diese Verheißung.

Das hat Gott selber getan. Er kann erfüllen, was er verheißt, obwohl es niemand begreift, bevor es geschieht. Darum erfordern seine Worte und Werke nicht Vernunftgründe, sondern einen freien, lauteren Glauben. Sieh, wie er diese zwei Stücke in Einklang gebracht hat: Er schafft dem Abraham den Samen, einen natürlichen Sohn von einer seiner Töchter, einer reinen Jungfrau Maria, durch den Heiligen Geist, ohne Zutun eines Mannes. Da liegt keine natürliche Geburt und Empfängnis mit ihrem Fluch vor; sie hat diesen Samen nicht berühren dürfen; und doch ist der natürliche Same Abrahams hier gerade so wirklich vorhanden wie in allen andern Kindern Abrahams. Sieh, das ist der gesegnete Same Abrahams, in dem alle Welt von ihrem Fluche los wird. Denn wer an diesen Samen glaubt, ihn anruft, ihn bekennt und an ihm hangen bleibt, dem ist aller Fluch vergeben und aller Segen gegeben, wie die Worte und Eide Gottes lauten: »In deinem Samen sollen gesegnet werden alle Völker der Erde«, d. h. alles, was gesegnet werden soll, muß und soll durch diesen Samen und sonst auf keine Weise gesegnet werden. Sieh, das ist der Same Abrahams, der von keinem seiner Söhne – darauf haben die Juden allezeit gesehen und gewartet –, sondern allein von seiner einigen Tochter Maria geboren ist.

99 *D. h. man kann ein Kind auch antreten oder adoptieren.*

3 Christi Menschwerdung verwirklicht Gottes Heilsplan. Christus erfüllt das Alte und begründet das Neue Testament.

Das meint nun hier die feine Mutter dieses ›Samens‹, wenn sie sagt, Gott habe Israel angenommen laut seiner Verheißung, die er dem Abraham gegeben hat, ihm und allem seinem Samen. Da sah sie wohl, daß die Verheißung in ihr erfüllt war; darum sagt sie, es sei nun erfüllt und er habe ⌊Israel⌋ angenommen, seinem Wort Genüge geleistet, bloß weil er an seine Barmherzigkeit gedachte. Hier sehen wir den Grund des Evangeliums, warum alle Lehre und Predigt darin zum Glauben an Christus und in den Schoß Abrahams[100] treiben: es gibt nämlich sonst keinen Rat und keine Hilfe, wo dieser Glaube nicht ist, in welchem der gesegnete Same ergriffen wird. Und fürwahr, es hängt die ganze Bibel an diesem Eidspruch Gottes; handelt sich doch alles in der Bibel um Christus. Weiter sehen wir, daß alle Väter im Alten Testament samt allen heiligen Propheten den gleichen Glauben und das gleiche Evangelium gehabt haben, das wir haben, wie S. Paulus 1 Kor 10,1 ff sagt. Denn in diesem Eidspruch Gottes und Schoß Abrahams sind sie alle mit festem Glauben geblieben und so errettet worden, nur daß *sie* an den zukünftigen und versprochenen Samen geglaubt haben, während *wir* an den erschienenen und hingegebenen glauben. Es ist aber alles *eine* Wahrheit der Zusage, ebenso auch *ein* Glaube, *ein* Geist, *ein* Christus, *ein* Herr,[101] heute wie zu jener Zeit und in Ewigkeit, wie S. Paulus Hebr 13,8 sagt.[102]

Das Gesetz wirkt Erkenntnis der Sünde und Verlangen nach Christus.

Daß aber später den Juden das Gesetz gegeben wurde, kommt dieser Zusage nicht gleich. Das ist deshalb geschehen, daß sie durch das Licht des Gesetzes ihre fluchbeladene Natur desto besser erkennen möchten und nach diesem verheißenen Samen des Segens desto heißer und begieriger verlangen sollten. Damit haben sie einen Vorteil vor den Heiden aller Welt gehabt. Aber sie haben den Vorteil verkehrt und einen Nachteil daraus gemacht, indem sie es unternahmen, das Gesetz aus sich selber zu erfüllen, anstatt ihre ⌊hilfs⌋bedürftige Verfluchtheit dadurch zu erkennen. Sie haben damit sich

100 Vgl. oben Seite 95.

101 Epheser 4,5.

102 Luther hielt damals (1521) noch Paulus für den Verfasser des Hebräerbriefs; 1522 urteilte er schon anders.

selber die Türe zugetan, so daß der Same hat vorübergehen müssen, und sie verharren noch dabei, Gott gebe, nicht lange. Amen.

Und das ist der Streit aller Propheten mit den Juden gewesen. Denn die Propheten verstanden des Gesetzes Absicht wohl (daß man darin unsere verfluchte Natur erkennen und Christus anrufen lernen solle); deshalb verwarfen sie alle ›guten‹ Werke der Juden und ihr ›gutes‹ Leben, weil es sich nicht in dieser Richtung bewegte. So wurden dann jene zornig auf sie und töteten sie, weil sie Gottesdienst, gute Werke und gutes Leben verwarfen. So machen es ja allezeit die Heuchler und die gnadlosen Heiligen. Davon wäre viel zu sagen.

Die ewige Verheißung des Heils gilt den Juden trotz des Unglaubens.

Wenn Maria aber sagt: »seinem Samen in Ewigkeit«, so soll die ›Ewigkeit‹ dahin verstanden werden, daß solche Gnade bei Abrahams Geschlecht (welches die Juden sind) von jener Zeit an durch alle Zeit hindurch währt bis an den Jüngsten Tag. Denn obwohl die große Masse ⌊der Juden⌋ verstockt ist, gibt es doch allezeit, wie wenig es auch sein mögen, solche unter ihnen, die sich zu Christus bekehren und an ihn glauben. Denn diese Zusage Gottes[103] lügt nicht, daß Abraham und seinem Samen die Zusage geworden sei nicht auf *ein* Jahr, nicht auf tausend Jahre, sondern in saecula,[104] d. h. von einem Menschheitszeitalter auf das andere, ohne Aufhören.

Die Heiden bekamen nur durch Gottes freie Gnade am Heile teil.

Daher sollten wir die Juden nicht so unfreundlich behandeln; denn es sind noch zukünftige Christen unter ihnen und werden's täglich. Zudem haben *sie* allein und nicht wir Heiden[105] solche Zusage, daß es allezeit unter Abrahams Samen Christen geben werde, die den gesegneten Samen ⌊d. h. Jesus als den Christus⌋ erkennen; *unsere* Sache ⌊dagegen⌋ steht auf lauter Gnade ohne ⌊ausdrückliche⌋ Zusage Gottes, wer weiß, wie und wann.[106] Wenn wir christlich

103 Die neue Zusage Gottes, die darin liegt, daß Maria Vers 55 die alte Zusage Gottes an Abraham als ›in Ewigkeit‹ geltend bezeichnet.

104 So lautet der Schluß von Vers 55 in der lateinischen Bibel; wörtlich = auf [alle] Zeitalter.

105 Vgl. Seite 94, Anmerkung 94.

106 Luther folgt hier Gedankengängen aus Römer 11. Uns gegenüber, die wir Christen aus den Heiden sind, hat sich Gott nicht durch eine Verheißung gebunden; wir bekommen nur aus Gnade an der Israel gegebenen Verheißung teil.

lebten und die Israeliten mit Güte zu Christus brächten, das wäre wohl die rechte Weise. Wer möchte Christ werden, wenn er Christen so unchristlich mit Menschen umgehen sieht?[107] So soll es nicht sein, liebe Christen; man sage ihnen gütlich die Wahrheit; wollen sie nicht, dann laß sie fahren. Wie viel Christen gibt es, die Christus nicht achten, seine Worte auch nicht hören, die ärger als Heiden und Juden sind: und die lassen sie doch im Frieden gehen, fallen ihnen sogar zu Füßen und beten sie bald wie einen Abgott an!

Abschließendes Gebet um rechtes Verständnis des Magnifikats.

Damit lassen wir's diesmal bewenden und bitten Gott um ein rechtes Verständnis dieses Magnifikats, daß es nicht allein leuchte und rede, sondern brenne und lebe in Leib und Seele. Das verleihe uns Christus durch die Fürbitte und den Willen seiner lieben Mutter Maria.[108] Amen.

In dem hier übergangenen Schlußwort (WA 7, Seite 601, 12 bis 604, 9) wendet sich Luther wieder persönlich an Herzog Johann Friedrich. Er betont noch einmal, daß es ihm ein heiliges Anliegen sei, daß sein zukünftiger Landesherr in der Furcht Gottes regiere. Dazu sei es nötig, statt sich auf die Fürbitte anderer zu verlassen, »selbst im Herzen oder an heimlichen Orten mit Gott zu reden«. Dazu gibt ihm Luther Anweisung und ein Beispiel aus der Heiligen Schrift: das Gebet des Königs Salomo, 1 Könige 3,5 ff.

107 Die Behandlung der Juden durch die Christen war schon im Mittelalter in der Tat für die Juden keine Empfehlung des Christenglaubens und keine Werbung zum Übertritt in die christliche Kirche.

108 Vgl. dazu Seite 33, Anmerkung 19.

Nachbemerkung

Luthers Auslegung von Marias Lobgesang, dem ›Magnifikat‹ (Lukas 1,46–55), ist zunächst einem Manne gewidmet, der ein hohes Amt in Aussicht hatte und zu den »Gewaltigen und Reichen« gehörte; ihm will er zu einem evangelischen Urteilen und Wollen über menschliche Macht und Größe helfen, indem er ihm das Bild der von Gott hoch begnadeten, vor den Menschen geringen Maria vor die Seele stellt. Es ist Herzog Johann Friedrich von Sachsen, der später Kurfürst werden sollte. Für ihn, seinen künftigen Landesherrn, beginnt Luther schon im November 1520 mit der Niederschrift; er will damit eine Dankesschuld abtragen. Hatte doch der junge Fürst ihm seine innere Beteiligung an der Sache des Evangeliums bekundet, ja, er hatte sich nach dem Bekanntwerden der Bannandrohungsbulle bei seinem Oheim, dem Kurfürsten Friedrich, für Luther verwandt und ihm die gnädige Antwort des Kurfürsten mitgeteilt. In diesem Schreiben, das Luther am 20. Dezember 1520 erhielt, hatte sich Johann Friedrich in Luthers Gebet befohlen und damit wohl Luther in seiner Absicht bestärkt, dem zukünftigen Regenten aus der Heiligen Schrift guten Rat zu erteilen, wie er nach Gottes Wort und Willen sein Regiment zu führen habe. Dies betont Luther sowohl in seinem Widmungsschreiben als auch im Schlußwort, die beide an den jungen Herzog gerichtet sind. Man merkt es dem Lutherischen »Magnifikat« auf Schritt und Tritt an, daß es diese praktische Abzweckung hat, ein REGENTENSPIEGEL zu sein; dies wird besonders bei der Auslegung des fünften und sechsten Verses sichtbar, den Luther seinem »gnädigen Herrn und Fürsten« besonders zur Beachtung empfiehlt.

Obwohl in der bewegten Zeit des Wormser Reichstages geschrieben, verrät das Büchlein kaum etwas von den Schatten, die während seiner Entstehung von der großen Politik her auf Luthers Schreibtisch fallen und den Abschluß der Schrift völlig in Frage stellen. Die Widmung an Herzog Johann Friedrich trägt als Datum den 10. März 1521. Am 19. März befindet sich das erste Stück des Manuskripts in der Druckerei. Dann aber wird die Arbeit jäh unterbrochen durch die Vorladung auf den Reichstag zu Worms, von der Luther privatim am 18. März erfuhr, während die feierliche Vorladung durch den Reichsherold selbst am 26. März erfolgte. Am 2. April 1521 brach Luther nach Worms auf. Es reichte eben noch vor seiner Abreise, dem jungen Herzog am Ostersonntag 31. März die ersten drei fertiggedruckten Bogen als Zeichen der Dankbarkeit und seines guten Willens zu übersenden. Als Luther dann nach den Wormser Tagen auf der Wartburg weilte, gehörte es zu seinen ersten Anliegen, die Auslegung des »Magnifikat« zu vollenden. Sein Eifer förderte die Arbeit rasch, so daß der Rest anfangs Juni druckfertig war: Aber so sehr auch Luther drängte, – abgeschlossen wurde der Druck erst im Herbst 1521. Es ist bewundernswert, wie zwischen dem Anfang und der Vollendung dieser Schrift gar kein Unterschied oder gar Riß zu bemerken ist, wiewohl doch für Luther so entscheidende Ereignisse dazwischen liegen; gewiß ein Zeichen dafür, wie sicher er seiner Sache und wie gottgeborgen er war, aber noch mehr ein Zeugnis dessen, wie ganz und ungeteilt er seinen Sinn dem biblischen Wort zuwandte.

*

Luthers kleines Buch, das wir nach dem Druck von 1521 (Weimarer Ausgabe, Band 7, Seite 546 ff) übertragen, ist viel mehr geworden als ein Fürstenspiegel; denn Marias Lobgesang ist ja keineswegs den Regenten allein vermeint, sondern ist die Bekundung einer überwältigenden Erfahrung, die Jesu Mutter glaubend weitergibt für alle. Sie öffnet (und Luther zeigt das beredt) mit ihrem Zeugnis den Blick für Gottes verborgenes Walten in der Geschichte; vorbehaltlos dem Lobe Gottes zugewandt, dem sie in echter Demut alle Größe zuschreibt, läßt sie die verschiedenen Aspekte des göttlichen Wirkens vor uns treten, um schließlich bei Gottes größtem Werk zu enden: der Menschwerdung des Christus, in der seine Barmherzigkeit sich vollendet.

Dem Lobgesang der demütig-niedrigen »Gottesmutter« Wort für Wort folgend vermag Luther gerade auch den Niedrigen, Dürftigen und Unscheinbaren das Auge aufzutun für die Geheimnisse von Gottes Weltregiment und sie kraftvoll zu trösten über dem Widerspruch, der zwischen dem sich vordrängenden Augenschein und der Gewißheit des Glaubens besteht. In welchem Maß ihm das gelungen ist, zeigt das Urteil seines großen Gegners auf dem päpstlichen Stuhl, Leo X., der, freilich ohne zu ahnen, wen er damit lobte, über Luthers Magnifikat gesagt haben soll: »Selig sind die Hände, die dies geschrieben.«

Das Wirken Gottes, das Luther in der Auslegung von Marias Hochgesang beschreibt, ist aus der äußeren Erfahrung nicht einsichtig zu machen. Was uns der Augenschein davon sehen läßt, ist nur ein OBERFLÄCHENBILD von Gottes Führung. Man sieht Große und Mächtige, Weise und Heilige, sieht Geringe und Unterliegende, geistlich Arme und Unansehnliche: aber Gott begegnet man darin nur insoweit, als er hier »durch Vermittlung der Kreaturen« wirkt. Man steht also hier gerade nicht vor Gottes eigentlichem, unmittelbarem Walten, und zieht, wenn man das nicht bedenkt, ganz unrichtige, nur vordergründige Schlüsse. Man folgert dann etwa aus der Niedrigkeit eines Menschen, daß er Gottes Wohlgefallen nicht habe, und erblickt in der Gewährung von Sieg und Einfluß den Finger Gottes, der den Starken so stark mache. Man getraut sich aus dem anschaulichen Ergehen des Menschen Schlüsse zu ziehen auf das Handeln Gottes. Desgleichen begehrt man auch für sich selber den handgreiflichen Segen Gottes; er soll uns äußere oder geistliche Güter irgendwelcher Art zuteilen oder uns zum wenigsten zeitweilig seinen Trost fühlen lassen und über sein Wohlgefallen Gewißheit geben. Es ist alles auf ein Empfinden- und Spürenwollen eingestellt, und wenn das ausbleibt, so ist die Verzweiflung und der Unglaube vor der Türe. So hat ein falsches Urteil eingreifende Folgen für das ganze Leben. Denn diesem vordergründigen Oberflächenbild von Gottes Wirken pflegt ja dann auch das praktische Verhalten andern Menschen gegenüber zu entsprechen. Man läuft dem Großen nach und bückt sich vor dem, was hoch ist; man räumt dem Reichen Einfluß ein und zittert vor dem Gewalthaber; man bewundert den Glanz der Tugendhaften und ehrt den im Mantel der Demut einherschreitenden Heiligen. Hierin liegt nach Luther auch die Wurzel einer verkehrten Einstellung zu Maria. Aus solcher Haltung heraus preist man sie, sei's wegen ihrer Demut, durch die sie der göttlichen Begnadigung würdig geworden sei, sei's um ihrer Jungfräulichkeit willen, die sie als unbefleckte Gottesmutter über alle Menschen hinausgehoben habe. Allein, damit ist Maria gänzlich mißverstanden. Wohl webt die katholische Frömmigkeit an einem schimmernden Kleid der mütterlichen Jungfrau, der strahlenden Himmelskönigin; die Kunst des Bildhauers und Malers wetteifert mit der des Dichters und Musikers in der Verherrlichung der Gebenedeiten. Das aber widerspricht diametral ihrem Selbstzeugnis im »Magnifikat«. Ihre liebenswerte Gestalt wird so das Opfer einer falsch orientierten Frömmigkeit; sie wird zur »Abgöttin«.

Eine solche irrende Marienverehrung zeigt beispielhaft den Grundfehler, der nach Luthers Urteil überall dort vorliegt, wo man sich am Sichtbaren ausrichtet: es schieben sich die Kreaturen vor Gott hin, und es entsteht Abgötterei. Der Geber wird über den Gaben vergessen; man lobt Gott nicht bedingungslos, sondern nur unter der Voraussetzung spürbarer Wohltaten. So verdirbt man sich selber mit den Gütern, die der Schöpfer seinen Geschöpfen gewährt. Die völlige Abhängigkeit und zugleich Unwürdigkeit des Menschen wird übersehen und in vermessener Weise ein Anspruch auf Glück oder Macht oder Tugend vor Gott erhoben. Anstatt die Ehre, die einem durch Gottes Gaben zufällt, wieder ihm zuzuleiten, dem sie allein gehört, raubt man sie für sich oder bringt sie einem andern Menschen dar. Auch der lautgesungene Lobpreis auf die Demut und das zur Schau getragene und vielleicht ganz ernst gemeinte Bestreben, demütig zu sein, wird zur heimlichen Erhöhung des eignen Wesens benützt; diese gemachte Demut ist nichts als Hochmut. Die rechte Demut dürfte nichts von sich selber wissen; sie weiß nur etwas von der Gnade Gottes. Und die wirkliche Maria, wie sie im Magnifikat zu uns spricht, wird mißdeutet, wenn um der ihr zuteilgewordenen Gnade willen sie selber erhöht wird anstatt der sie begnadende Gott, dessen Werk sie an sich erfährt.

Nicht als ob die Werke und Gaben Gottes, die uns so sichtbar vor Augen liegen, an sich selber etwas zu Verachtendes, zu Fliehendes wären. Sie sind gut, und wir dürfen sie mit Dankbarkeit empfangen. Aber falsch ist der Gebrauch, den wir davon machen, wenn wir an ihnen kleben, anstatt allein an dem Gott zu hangen, der sie uns gibt, und über ihnen Gottes lautere Güte und Gnade dankbar zu preisen. Das gilt, gleichviel ob er uns seine Güter gewinnen oder ob er sie uns entbehren läßt; gerade das, daß wir auch in Mangel und Not leiblicher, geistiger oder geistlicher Art das Vertrauen zu seiner Güte nicht verlieren, ist ein sicherer Prüfstein, ob wir im Glauben den bloßen Augenschein überwinden und wirklich, wie Maria es lehrt, ›den Herrn erheben‹.

*

Im Gegensatz zu diesem Oberflächenbild gilt es ein anderes, aus dem Glauben erwachsendes TIEFENBILD von Gottes Führung zu gewinnen. Luther arbeitet es in seiner Auslegung von Marias Worten meisterhaft heraus als eine Wirklichkeitsschilderung, die auf der lebendigen Erfahrung des Glaubens sich gründet. Hier ist es zu Ende mit der Anschauung, daß Gott die Hohen erhöht und die Niedrigen erniedrigt; hier wird eine dem Augenschein stracks zuwiderlaufende Betrachtung angewandt, wie sie dem Zeugnis der gesamten Schrift, der Verheißung des Alten und der Erfüllung des Neuen Testaments entspricht. Das unmittelbare Wirken von »Gottes Arm« wird da geschaut, dessen Beschreibung lautet: daß »Gott ein solcher Herr sei, der nichts anderes zu schaffen habe, als nur zu erhöhen, was niedrig ist, zu erniedrigen, was da hoch ist, und kurz, zu zerbrechen, was da gemacht ist, und zu machen, was zerbrochen ist«.

Wo man auf Maria hört, geht der Blick zuerst und vornehmlich auf Gott selber. Abgesehen von all seinen Werken und Gütern gilt ihm die Liebe und das Lob in allem seinem Tun. Dabei wendet sich dann das Auge dem größten Werk Gottes zu, in dem sich seine grundgütige Barmherzigkeit offenbart, die uns retten und das Heil gewähren will. Es ist seine Herablassung zur menschlichen Niedrigkeit, die sich in der Sendung Christi in eben diese Niedrigkeit herein kund tut. Ursprünglich dem Abraham und damit seiner leiblichen Nachkommenschaft versprochen, werden, nachdem Israel sich dem Glauben verweigerte und Jesus ans Kreuz schlug, auch die andern Völker, die ›Heiden‹ in den Bereich des Heils einbezogen. Es geschieht in freier Gnade, daß Gott, durch kein Versprechen gebunden, auch uns Nicht-Israeliten »ansieht« und »aufnimmt«. Auch bei uns soll der Lobpreis dieses göttlichen Tuns anheben, das in Maria ein so gehorsames und williges Werkzeug fand.

Erst dann, wenn so Gottes lautere Güte und seine herablassende Barmherzigkeit gesehen ist, erst dann geht der Blick weiter zu den Gütern und Werken, mit welchen Gott am Menschen handelt. Sechserlei »Werke Gottes« weiß Luther der lobsingenden Maria abzulauschen: das Geschenk seiner Gnade an die geistlich Armen und ihre Entziehung, welche die Weisen und Hoffärtigen trifft; sein Gericht über die Gewalthaber und die Erhebung der geringen Leute; die Sättigung der Mangel Leidenden und das Leerlassen der Reichen. Dieses Vernichten und Erhöhen geht nicht so vor sich, daß

Gott auf Erden die Rollen vertauschen und, vor aller Welt sichtbar, die Plätze wechseln läßt (obwohl auch das vorkommen kann). Es handelt sich vielmehr – so sagt es Luther – um ein bereits vollzogenes Gericht und eine bereits wirksame Begnadigung, also um Vorgänge und Tatbestände, mit denen der Glaube in seiner inneren Schau der Dinge rechnet. Dort, wo Menschen aus der ihnen von Gott gegebenen Macht und Weisheit (oder auch aus ihrer Niedrigkeit!) ihren Selbstruhm machen und sich darob ehren lassen, eben dort sieht der Glaube ein Leergelassensein, ein Gestürztwerden, ein Sich-zurückgezogen-haben Gottes. Und dort, wo Menschen in der Tiefe einer Not, unter dem Druck eines Mangels an äußeren und inneren Gütern, in der Erfahrung eines Verachtet- oder Verfolgtseins von der Welt leiden und aller eigenen Kraft entbehren, da sieht der Glaube Gottes Kraft am Werke und weiß, auch ohne etwas zu fühlen, daß still und heimlich hier Gott den Mangel ausfüllt, erhöht und gnädig ist.

In scharfen Formulierungen arbeitet Luther diese Paradoxien des Glaubens heraus. Paradoxien sind es freilich. Denn mit der Faust kann man nach diesem »Arm Gottes« nicht tappen; hier heißt es, ohne Empfindung glauben und das Werk Gottes an sich erfahren, erleiden. Solange man davon nicht persönlich erfaßt ist und auf Grund eigener Erfahrung (nicht: »Empfindung«!) davon zu reden vermag, kommt es nicht zu dem unwillkürlichen, quellenden Lobpreis der göttlichen Barmherzigkeit, wie das Magnifikat einer ist. Wo es aber selbst erfahren wird, da preist man dann auch Gott über dem, was er an den andern z. B. an Maria getan hat. Von hier aus regelt sich dann auch die Einstellung zu Maria. Das Magnifikat zeigt das nur gewissermaßen nebenbei. Denn nicht sie, der Luther trotz aller Entgleisungen einer falschen »Marienfrömmigkeit« zeitlebens seine Liebe und Achtung bewahrte, ist der eigentliche Gegenstand der Aussagen des Magnifikats, sondern ihr Von-sich-selbst-Wegweisen, ihr Auf-Gott-Hindeuten. Sie will ja nicht selber geehrt sein, sondern wir sollen »durch sie zu Gott kommen«. »Sie brüstet sich nicht, überhebt sich nicht, ruft's nicht aus, wie sie Gottes Mutter geworden sei, fordert keine Ehre, sondern geht hin und schafft im Haus wie vorher; melkt die Kühe, kocht, spült Schüsseln, kehrt und beschäftigt sich, wie eine Hausmagd oder Hausmutter sich beschäftigen soll ... Man hält sie unter den anderen Weibern und den Nachbarn für nichts Höheres als vorher; sie hat's auch nicht begehrt, sondern ist eine arme Bürgerin geblieben unter dem Haufen der geringen Leute!« Der Ruhm gilt nicht ihr, sondern dem Gott, der »ihre Nichtigkeit angesehen hat«. Jeder göttlichen Verehrung ist sie so entkleidet, und zeugt dadurch um so nachdrücklicher für die göttliche Ehre. (Daß Luther damals ⌊1521⌋ noch ein Anrufen von Marias Fürbitte gelten läßt, damit »Gott um ihretwillen gebe und tue, was wir bitten«, geht nicht über das hinaus, was er damals noch von allen »Heiligen« schrieb; wie wir einen lebenden Mitchristen um seine Fürbitte bitten können, so auch ein Glied der »seligen«, triumphierenden Christenheit. Später hat Luther diesen Gedanken um des Mißbrauches willen völlig auf die Seite gelegt.)

Gott ist groß und wirkt unabhängig von uns in seiner Weise, gleichviel ob wir ihn erkennen oder nicht erkennen. Er begehrt aber, von uns in seiner Größe erkannt und geehrt zu werden, daß wir sein Handeln an uns im Glauben sehen und im Menschenschicksal Gottes Werk wahrnehmen.

Vorlesung über den 1. Johannesbrief
1527

ZUR EINFÜHRUNG

Am 15. August 1527 war die Universität Wittenberg vor der Pestgefahr nach Jena ausgewichen. Von den Professoren blieb nur Luther in Wittenberg. Er begann gleich in der Woche darauf, am 19. August, mit der Vorlesung über den ersten Johannesbrief für das kleine Häuflein Studenten, die noch da waren.

Durch Luther und Melanchthon war Wittenberg in den letzten zehn Jahren zur führenden Universität in Deutschland geworden. Über 300 Studenten hörten ihre Vorlesungen. Nun schien mit einem Schlag diese verheißungsvolle Entwicklung unterbrochen zu sein. Dazu kam, daß schon seit fünf Jahren die Kraft der reformatorischen Bewegung erlahmt zu sein schien. Die Schuld an diesem Verhängnis schien Luther selbst zu haben. Er war seinem Kollegen und Mitstreiter Karlstadt und dem mystischen Rebellen Thomas Münzer entgegengetreten, er hatte die soziale Revolution der Bauern zunichte gemacht, er hatte schärfsten Einspruch gegen das aufgeklärte Abendmahlsverständnis Zwinglis und Ökolampads erhoben, er hatte gegenüber Erasmus die Freiheit des Willens, das Schibboleth humaner Sittlichkeit, bestritten, und endlich hatte er selbst angesichts der katastrophalen Zustände in den Dörfern Kursachsens (infolge der reformatorischen Kritik an der herkömmlichen Frömmigkeit und der dadurch entstandenen Hilflosigkeit) vom Kurfürsten Zwangsmaßnahmen gefordert, um wenigstens für die heranwachsende Jugend durch einen geordneten Katechismus- und Schulunterricht den öffentlichen Gottesdienst wieder in Gang zu bringen.

Allzuviele seiner Freunde hatten das Verhalten Luthers zwischen 1522 und 1527 nicht mehr verstanden; er war immer einsamer geworden. Er selbst war am meisten angefochten durch das, was durch sein freies Wort entstanden war; zumal die Spaltung im evangelischen Lager erfüllte ihn mit tiefer Sorge. Seine von ihm angegriffenen ehemaligen Freunde dagegen fühlten sich ihm nun turmhoch überlegen und hörten nicht mehr auf ihn. Das alles trieb ihn von neuem in die Heilige Schrift hinein und nötigte ihn, sich selber und andern Rechenschaft über seinen Umgang mit dem Text zu geben. Davon zeugen seine großen Schriften: *Wider die himmlischen Propheten* (1525), *Vom unfreien Willen* (1525) und *Daß diese Worte*

›Das ist mein Leib‹ noch feststehen (1527). Davon zeugt auch diese Vorlesung über den 1. Johannesbrief. Denn obwohl Luther sich im Unterschied zu jenen anspruchsvollen Werken vor seinen Studenten bemühte, alles möglichst einfach zu sagen, wollte er sie doch an den aktuellen Auseinandersetzungen mit den Irrlehren im evangelischen Lager und damit an seinen persönlichen Anfechtungen teilnehmen lassen.

Am 6. Juli, vier Wochen vor dem Ausbruch der Pest, war Luther völlig zusammengebrochen. Er fühlte sich drei Monate lang matt an Leib und Seele, seine Briefe sind bis zum Ende des Jahres voller Klagen über seine innere und äußere Not. Am 10. November schreibt er an Justus Jonas: »Ich trage Gottes Zorn, denn ich habe wider ihn gesündigt; Papst, Kaiser, Fürsten, Bischöfe und die ganze Welt haßt und bedrängt mich; und es ist noch nicht damit genug, daß mich meine Brüder zu Tod quälen, sondern auch meine Sünden, Tod und Satan rasen gegen mich ohne Ende. Und was gibt's, das mich erhalten und trösten könnte, wenn auch Christus mich im Stich läßt, um dessentwillen jene mich hassen! Aber er wird am Ende den allerelendesten Sünder nicht im Stich lassen, denn ich glaube, daß ich der allergeringste unter allen Menschen bin. Ach und noch einmal ach! könnten Erasmus und die Sakramentierer nur ein Viertelstündlein vom Elend meines Herzens erfahren, ich bin gewiß, ich könnte ihnen voraussagen, daß sie dann völlig bekehrt und geheilt wären! Aber meine Feinde sind stark und leben ...«

Trotz seiner Schwachheit hielt Luther dreimal wöchentlich, montags, dienstags und mittwochs, die Vorlesung über den ersten Johannesbrief. Er pflegte sich schriftlich vorzubereiten, außer daß seine Schwäche ihm auch das nicht erlaubte, aber im Hörsaal sprach er frei, lateinisch mit deutschen Brocken darunter. Die Nachschrift auch dieser Vorlesung verdanken wir seinem »Sekretär« Magister Georg Rörer, den Luther einmal im Scherz zusammen mit seinem Diener Wolf Sieberger und seiner Frau Käthe einen seiner drei »Mose« nannte, in deren Dienst er stehe.* Rörer hatte, um Luthers Predigten und Vorlesungen nachschreiben zu können, eine eigene Kurz-

* *Rörers Frau wurde auch ein Opfer der Pest; sie starb am 29. Oktober samt dem Kind, das sie noch geboren hatte. Trotzdem versäumte ihr Mann auch am Sterbetag seiner Frau nicht Luthers Vorlesung über Johannes 5,4 ff (hier Seite 192 ff).*

schrift entwickelt, mit deren Hilfe es ihm gelang, das von Luther Gesprochene erstaunlich genau festzuhalten. Trotzdem waren bei dem Versuch, nach seiner Nachschrift, die entschlüsselt in der Weimarer Gesamtausgabe von Luthers Werken (WA 20,599 ff) abgedruckt ist, einen lesbaren deutschen Text herzustellen, nicht geringe Schwierigkeiten zu überwinden. Das konnte nicht abgehen ohne gelegentliche Eingriffe in den Wortlaut und Wortbestand der WA, sei es daß Rörer selbst, sei es, daß die Wiedergabe seines Textes durch die Weimarer Ausgabe einer Korrektur bedurften. Ein Verzeichnis abweichender Lesarten, sowie ein Verzeichnis der Auslassungen gibt darüber am Schluß dieses Bändchens im einzelnen Rechenschaft. Ergänzende größere oder bedeutsamere Einfügungen in den Text sind durch Häkchen (⌊⌋) kenntlich gemacht. Den Bibeltext bringen wir nach der letzten von Luthers eigener Hand besorgten Revision von 1546. Beginn und Ende der einzelnen Vorlesungen wurden nicht kenntlich gemacht, eher noch verwischt, sofern die rekapitulierenden Sätze weggelassen wurden. Am unteren Seitenrand stehen die Seitenzahlen des 20. Bands der Weimarer Ausgabe.

Frau Dr. phil. Rose Alpers, Kirchheim (Teck), und meinem Sohn Sören habe ich zu danken für ihre Hilfe bei der Herstellung des Textes und der Anmerkungen. Richard Widmann

1 Die Absicht dieser Vorlesung.

Satan ficht uns allenthalben an, und Gott hat uns dahin gesetzt, wo uns Welt und Satan anficht, dazu unser eigen Herz und Fleisch, die Schwärmer, so daß wir keinen Frieden haben und nichts Gutes sehen, wodurch uns Gott offenbar versucht. Hat ⌊uns doch⌋ Gott sein Wort gegeben und läßt's uns predigen ⌊und hören⌋. Nun setzt er uns dahin »⌊wie Schafe⌋ mitten unter die Wölfe«,[1] damit wir erfahren, wie mächtig sein heiliges Wort sei und daß es mehr vermöge als Sünde und Tod. Da wir also so angefochten sind vom Tod, unserer Sünde und den Irrlehrern, habe ich mir vorgenommen, diesen Brief mit euch zu lesen, damit wir uns gegenseitig trösten möchten, ⌊auch füreinander beten⌋ wider den leidigen Teufel, der nicht ⌊bloß⌋ einen einzigen Weg ⌊hat,⌋ uns zu verderben. ⌊Aber⌋ ich weiß auch, daß Gott mit uns ist. ⌊Denn er hat verheißen⌋:[2] »Ich will dich nicht verlassen noch versäumen.« Darum will ich den Brief so einfach wie möglich behandeln, nur damit wir das Wort im Gebrauch haben. Auch haben wir dann die Verheißung ⌊unseres Herrn⌋:[3] »Wo zwei oder drei versammelt sind in meinem Namen, da bin ich mitten unter ihnen.« So hoffen wir, daß wenn ich im Namen Gottes rede und ihr hört, unser Herr hier da ist – wie es auch Satan tut.

Es ist ein außergewöhnlich schöner Text ...[4]

2 Charakter, Anlaß und Absicht des ersten Johannesbriefes.

Dieser Brief hat Art und Stil des Johannes[5] und ist überhaupt ein Brief voller Trost, der ein unruhiges Herz zu trösten vermag. Selig, die solche Worte hören und daran hangen, denn es sind Worte des Lebens!

Der Anlaß des Briefes ist, daß zur Zeit des Johannes Irrlehren eingerissen sind, zum andern die Trägheit bei den Christen. Das ist die Regel, daß, wenn das Wort aufgeht, Satan nicht ruht, sondern Sek-

1 Matthäus 10,16.

2 Vgl. Hebräer 13,5.

3 Matthäus 18,20.

4 Die Fortsetzung lautet: cum articulis, numeris; das bedeutet vielleicht: mit einer Reihe wichtiger Artikel (Themen) oder Punkte.

5 D. h. des Johannesevangeliums. Luther folgt der Überlieferung, daß der Zebedaide Johannes der Verfasser des Evangeliums und der Briefe sei. Nach Euseb lebte Johannes bis in die Tage Trajans (98–117 n. Chr.) in Ephesus.

ten stiftet. Darum läßt er uns auch nicht frisch sein, sondern macht uns schläfrig und faul in Werken. Die Irrlehrer stutzen das Wort, uns aber macht ⌊Satan⌋ ruhig und sicher und hat vorweg unser Fleisch für sich. So gab's zur Zeit des Johannes den Cerinth und andere Irrlehrer,[6] die die Gottheit Christi leugneten, und die Christen waren träge; sie glaubten, es sei genug, das Wort zu hören, und ⌊lebten⌋ nicht ⌊danach⌋. Im Blick auf beides geht es Johannes darum, daß wir uns hüten sollen vor Irrlehrern, danach reizt und lockt er uns zu gegenseitiger Liebe, daß wir einander lieben sollen, wie Christus uns geliebt hat. Das wissen wir, aber nie so gut, daß wir nicht immer noch nötig hätten, mit dem Wort umzugehen. Warum? Weil der Mensch gerade dann, wenn's ihm wohl ist, den Teufel am Hals hat; wenn er sich nicht überhebt, so ist er doch indolent und träge. Denn wenn's ⌊Satan⌋ nicht ⌊gelingt⌋ zur Linken, so versucht er's zur Rechten und macht einen unlustig. Darum muß man das Wort ständig treiben. Niemand denke so: Ich weiß oder kann dies Wort. Sondern das Wort des Lebens und des Heiles und der Gerechtigkeit ist ein lebendig, glühend und feurig Ding, und wir sind täglich in Tod und Sünde. Wie wir nie der Sünde und des Todes ledig sind, so hält uns Gott ⌊ständig⌋ sein Wort des Heiles vor.

Der Inhalt dieses Briefes ist kurz dieser: gegen die Irrlehrer den reinen Glauben und gegen die Lauen die brennende Liebe zu lehren. Er ist ein Lehrbrief im Stil der Paränese.

6 Luther las im Vorwort des Hieronymus (340–420 n. Chr.) zu den Johannesbriefen, das in jeder mittelalterlichen Bibelausgabe mitabgedruckt war, daß Johannes auf Bitten kleinasiatischer Bischöfe Evangelium und Briefe gegen Cerinth (Anfang des 2. Jahrhunderts) und andere kleinasiatische Irrlehrer geschrieben habe. Dort las er auch, daß diese christlichen Gnostiker die Gottheit Christi (d. h. des historischen Jesus) geleugnet hätten, indem sie seine Präexistenz vor seiner Geburt aus Maria bestritten. Den Vorwurf, daß die Irrlehrer das Wort »stutzen« (amputieren oder beschneiden), hat schon Irenäus (177 n. Chr. Bischof von Lyon) vor allem gegen Marcion erhoben. Zu Marcion vgl. unten Anmerkung 32 auf Seite 178.

Die Verkündigung von Jesus – der Grund unserer Freude

Kapitel 1,1–4: **Das da von Anfang war, das wir gehöret haben, das wir gesehen haben mit unsern Augen, das wir beschauet haben und unsere Hände betastet haben, vom Wort des Lebens, und das Leben ist erschienen, und wir haben gesehen und bezeugen und verkündigen euch das Leben, das ewig ist, welches war bei dem Vater und ist uns erschienen. Was wir gesehen und gehöret haben, das verkündigen wir euch, auf daß auch ihr mit uns Gemeinschaft habt, und unsre Gemeinschaft sei mit dem Vater und mit seinem Sohn Jesu Christo. Und solches schreiben wir euch, auf daß eure Freude völlig sei.**[7]

1 Die Person Jesu.
Wie Johannes von Jesus redet.

Kap. 1, V. 1: »Das da von Anfang war, das wir gehöret haben ... vom Wort des Lebens.« Was für eine Einfalt der Rede! Er scheint der Sprache nicht mächtig zu sein und bricht mitten im Satz ab; denn es fehlt die Satzaussage. Er will sagen: wir predigen euch das, was von Anfang war, oder: wir predigen euch vom Wort des Lebens, das da von Anfang war, das wir gehört haben usw. So reden sonst Kinder. Ich habe nie eine einfältigere Sprache gehört. Und doch ist darunter eine solche Größe verborgen, daß man's nicht begreifen kann. Es ist, als ob er lallte wie ein Kind, und doch ist eine Größe ohnegleichen damit verbunden. Kein Apostel hat eine so einfältige Redeweise gebraucht. Das ist keines Geistes außer des Heiligen Geistes Weise, so einfältig Größtes zu offenbaren und auszusprechen. Hören wir also zu, wenn der Heilige Geist zu lallen anfängt, und achten wir mehr auf die Sache als auf die Worte! Wir reden nämlich von dem Wort, das nicht neulich erst geboren wurde, sondern das »von Anfang an« gewesen ist. Mit dieser ersten Aussage trifft Johannes genau den Cerinth, der lehrte, daß Christus vor seiner Geburt aus Maria gar nicht dagewesen sei. Gegen ihn hat er auch das Evangelium geschrieben. Ich rede von Christus,[8] ⌊will er sagen,⌋ aber so, daß das nicht erst angefangen hat durch Maria, sondern was von Anfang der Welt an gewesen ist, als die Welt zustande

7 *Wir bringen den Text des 1. Johannesbriefs nach der »Deutschen Bibel« von 1546, der letzten von Luther besorgten Textrevision.*
8 *Luther gebraucht den Namen »Christus« für den historischen Jesus.*

kam. Was war von Anfang? das Wort! Was für ein Wort? ⌊das Wort⌋ des Lebens, d. h. die Quelle des Lebens. Mit den einfachsten Worten sagt er das Größte aus. ⌊Christus ist⌋ zwar ⌊erst,⌋ als er geboren wurde, mit der Menschheit ⌊verbunden worden⌋, aber ⌊ebenso⌋ gewiß war er ⌊das Wort⌋, das von Anfang war. Johannes sagt nicht: es war *vor* dem Anfang, sondern *von* oder *im* Anfang wie Mose. Das heißt: er bezeichnet damit jenes nicht Geformte, als alles geformt wurde. Und eben dieses Wort ist von solcher Art gewesen, daß es mit Fleisch bekleidet war, wie folgt:

Das ist's, »was wir gehört, das wir gesehen haben mit unseren Augen und mit unseren Händen betastet haben.« Hat er ⌊Christus vorher⌋ als den wahren und ewigen Gott beschrieben, ⌊so beschreibt er ihn nun⌋ als wahren und geschichtlichen Menschen. Denn die Gottheit kann man nicht hören noch sehen, sondern was man sieht, ist ein Mensch. ⌊Den Menschen Jesus⌋ haben wir geschaut. Das erste ist also das einfache Sehen. Aber es könnte einer ja durch ein Gesicht getäuscht werden. Allein, sagt Johannes, wir haben genau hingesehen und sind keine falschen ⌊Zeugen⌋. Denn Christus ist als Mensch kein Gespenst gewesen, sondern wir haben wirklich seine Glieder, seine Person, sein ganz und gar menschliches Wesen, wie sich ein Mensch zu verhalten pflegt, gesehen. Das sagt er, um seine Hörer darauf aufmerksam zu machen, von was für einer Sache er reden will, wie wenn er mit Petrus (2 Petr 1,16) sagen wollte: »Wir sind keinen Mythen gefolgt«. Hört uns ⌊also⌋, denn was wir reden, reden wir, weil wir seiner gewiß sind. Denn wir haben Gott gehört und geschaut und, was noch mehr ist: wir haben ihn mit unseren Händen betastet, damit sich kein Zweifel an unserer Predigt erhebe.

Exkurs: Zum gegenwärtigen Streit um die Christologie.

Da genau hinzuhören, das wäre unserer gegenwärtigen Situation angemessen, weil er sagt, daß sie das »Wort des Lebens« gesehen und betastet haben mit ihren Augen und Händen. Denn unsere Irrlehrer[9] fangen an, darüber zu verhandeln, wie man die Menschheit Christi von seiner Gottheit trennen müsse, weil nicht die Gottheit, sondern die Menschheit gehört werden konnte. So fangen sie an,

9 *So hatte sich Zwingli, der Züricher Reformator und theologischer Widersacher Luthers (1484–1531), in einem Brief an den Reutlinger Reformator Matthäus Alber 1524 und in seiner programmatischen Schrift »De vera et falsa religione« geäußert.*

durch neue Irrtümer ⌊an Christus⌋ zu Narren zu werden, und rühmen sich noch, sie hätten eine ⌊bessere⌋ Weise, ⌊von Christus zu reden,⌋ erfunden. Bleibt ihr in der Einfalt des Glaubens und gewöhnt euch daran, von unserem Herrn Jesus so zu reden, wie die Schrift von ihm redet! Laßt die Hände davon, etwas Neues zu lehren![10] Niemand kann besser von Christus reden, als er selbst von sich geredet hat.

Christus sagt im 14. Kapitel des Johannesevangeliums: »Philippus, wer mich sieht, der sieht den Vater.« Philippus hörte ihn vom Vater reden und stellte sich eine Person vor, die ganz ⌊anders ist als ein Mensch,⌋ und trennte den Vater von Christus. Was tut Christus? Er holt ihn zurück ⌊und sagt zu ihm⌋: ›Wohin spazieren deine Gedanken, Philippus? Hieher sieh! ⌊Sieh⌋ diesen Menschen! Siehst du mich, so siehst du auch ⌊den Vater⌋. Glaubt ihr denn nicht, daß ich im Vater bin und der Vater in mir?‹ So redet die Schrift davon. Wir glauben, daß Jesus Christus *eine* Person ist, die zwar aus zwei Naturen konstituiert ist, aber daß er *eine* Person ist, wiewohl er eine doppelte Natur hat. Darum alles, was von Christi Person gesagt wird, geht die *ganze* Person an, weil sie sagen, Christus könne nach seiner Gottheit nicht leiden. Werden sie sich nicht anders besinnen, werden sie noch leugnen, daß Christus Gott ist. Jene zwei Naturen sind *eine* Person, denn alles, was der *einen* Person widerfuhr oder von ihr gesagt wird, muß man in die ganze Person einschließen.

⌊Die Schrift⌋ sagt kurzerhand:[11] Die Juden haben den Sohn Gottes gekreuzigt. Sie sagt nicht: sie haben die Menschheit Christi gekreuzigt; ⌊sie sagt nicht:⌋ die Menschheit Christi ist für uns dahingegeben, sondern: Gott hat seinen eingeborenen Sohn für uns dahingegeben.[11] Paulus sagt nicht:[11] »Wenn sie die Menschheit der Herrlichkeit erkannt hätten, hätten sie ihn nicht gekreuzigt«, sondern »den Herrn der Herrlichkeit«. Er nimmt die *ganze* Person Christi ⌊in die Aussage⌋ hinein. ⌊Oder⌋ der Engel ⌊sagt zu Maria⌋: »Darum was aus dir geboren wird, wird Gottes Sohn genannt werden.«[11] So wird, was der *einen* Person zugeschrieben wird, der *ganzen* Person zugeschrieben. Wenn einer am Bein verwundet wird, sagt man auch: ein Hund hat Peter gebissen. Man wickelt die ganze Person hinein,

10 *Vgl. Jakobus 3,1.*

11 *Vgl. Apostelgeschichte 2,23; Johannes 3,16; 1 Korinther 2,8; Lukas 1,35.*

wenn man sagt: der hat Hans gehauen. Denn was einem Glied des Körpers geschieht, bezieht man auf die ganze Person. Darum laßt euch nicht in jene begrifflichen Unterscheidungen hineinziehen! Denn die die Menschheit Christi gekreuzigt haben, die haben in Wahrheit den Herrn der Herrlichkeit gekreuzigt. Gottes Sohn ist für uns dahingegeben worden, um der unermeßliche Preis zu sein für die Beseitigung des Todes. Denn es mußte ein ewiger Preis sein. Ich glaube nicht an die geborene und gekreuzigte Menschheit Christi. Sie heißen das, ›die Eigenschaften ⌊jeder⌋ Natur unterscheiden‹, indem sie sie ⌊voneinander⌋ trennen.

An sich ist's wahr, daß die Naturen Christi in sich unterschieden sind, aber sobald mir Christus als Gegenstand ⌊des Glaubens⌋ vorgestellt und angeboten wird, darf man ihn von seiner menschlichen Natur nicht trennen, sondern ich muß mir den ganzen Christus aneignen. In diesem Sinn sagt er zu Philippus: »Wer mich sieht, sieht den Vater.« Er sah aber nur seine Menschheit, werden sie sagen. Aber wenn du mich siehst, sagte Christus, siehst du nicht nur meine Menschheit, sondern meine Gottheit. So war scheinbar für alle nur seine Menschheit zu sehen, und doch war diese ⌊untrennbar⌋ mit seiner Gottheit verbunden. Niemand kann von außen, auch wenn er noch so gebildet ist und sich noch so sehr bemüht und anstrengt, Christi unterschiedene Naturen treffen, wie sie von innen ⌊unterschieden sind⌋. Glaube ich an die Menschheit Christi, so glaube ich an die ganze Person. »Mein Fleisch ist die rechte Speise«, sagt er nicht umsonst,[12] denn die Menschheit für sich wäre nichts, aber es ist *Gottes* Fleisch. Darum sollte man nicht darüber verhandeln, Christus zu zertrennen, sondern das Gegenteil ⌊tun⌋! Es sind wohl verschiedene Naturen, aber es ist *eine* Person. Das sage ich, damit ihr die einfache Sprache bei Johannes versteht, weil er sagt, sie hätten das Wort, das von Anfang war, gesehen. Sie haben ihn nicht ⌊bloß⌋ nach seiner Menschheit gesehen. Sie war ihnen zwar vor Augen gestellt, und dennoch ist da ⌊vor ihnen⌋ seine Gottheit ⌊gestanden⌋. Die Christus auf Erden gesehen haben, haben das Wort des Lebens, das von Anfang war, gesehen. Das heißt: sie haben Gottes Sohn gesehen, denn sie haben jene lebendige Person betastet, die aus Gott und Mensch konstituiert ist. Man sieht und küßt eine Per-

12 *Johannes 6,55.*

son, denn alles geht auf die Person und nicht auf eine Natur allein. Merk dir das Wort an Philippus! Seine Augen vermochten dessen nicht innezuwerden, der dastand. Jesus aber warnt ihn: ›Paß auf! Siehst du nicht den Vater in mir? denn der ist Gottes Sohn, mit dem du redest.‹ Das ist das Besondere in der Heiligen Schrift, ⌊daß sie einen sagen lehrt:⌋ Ich weiß von keinem andern Gott als in dieser Menschheit. Hast du dich von dieser Person, die aus Maria geboren ist, entfernt und suchst Gott anderswo, so führt dich der Teufel. O daß du sagen könntest: ›Ich weiß von keinem andern Gott als von dem!‹ »In Christus wohnt die ganze Fülle der Gottheit.«[13] Die andern Spekulationen[14] sind ⌊Versuche,⌋ ⌊Gottes⌋ Majestät ⌊zu ergründen⌋, und machen uns Angst. Laßt uns lieber Küchlein sein und unter der Henne Flügel bleiben! Fliehen wir von der Henne, ⌊so sind wir verloren⌋.

Wie das Alte Testament von Gott redet.

Sieh, im Alten Testament ist's ähnlich. Gott wollte an keinem Ort verehrt werden, sondern nur als der, »der über den Cherubim wohnt«.[15] Und sie sollten von keinem andern Gott wissen als dem, der über den Cherubim thront. Sofern sie das wußten, konnten sie sagen: der ist Gott über alles. Wie ⌊wir⌋ von Christus ⌊sagen: dieser Mensch ist Gott.⌋ Ob die Juden daheim waren oder draußen in der Fremde, so wandten sie sich beim Gebet zum ›Gnadenstuhl‹,[16] damit sie mit Herzen und Augen ⌊diesem Ort⌋ zugekehrt wären, weil Gott verheißen hatte: »Hier will ich wohnen und mich von euch finden lassen.«[17] Da hätte auch einer sagen können: ›Laßt uns doch den Gnadenstuhl von der Gottheit trennen!‹ Denn der »wahrhaftige Gott«, »unser Gott, der da hilft und vom Tode errettet«,[18] ›ist er denn so klein?‹ Ja, gerade der ist es, der für uns kämpft und alles

13 *Kolosser 2,9.*

14 *Unter »Spekulation« versteht Luther den Denkversuch, hinter die Dinge kommen zu wollen, also den Denkweg der abendländischen Metaphysik und der von ihr sich leiten lassenden Theologie. Daß dieser Denkversuch, ernsthaft betrieben, in die Angst hineinführt, war Luthers Erfahrung.*

15 *Vgl. 1 Samuel 4,4; 2 Samuel 6,2; Psalm 80,2 und 99,1.*

16 *Zum ›Gnadenstuhl‹ vgl. 2 Mose 25,17 ff; 5 Mose 12,1 ff. Zur Gebetswendung 1 Könige 8,27 ff; Daniel 6,11.*

17 *5 Mose 12,4.11; 2 Chronik 15,2.4.15 u. a.*

18 *Psalm 31,6 (Vulgata: deus veritatis); Psalm 68,21.*

tut, der im Gnadenstuhl sitzt! So dürfen auch wir nicht die Person von der Menschheit Christi trennen. Auf denselben Einwand des Thomas:[19] ›Wir können nicht den Weg wissen, woher auch?‹ antwortet ihm Jesus: ›Sieh mich an, ich bin der Weg, ja ich bin die Wahrheit.‹ Wunderliche Rede! Man sieht einen Menschen und doch ist's Gottes Sohn und das Leben. Suchst du anderswo Weg, ⌊Wahrheit und Leben,⌋ so ist's um dich geschehen; denn »es gefiel Gott, daß alle Schätze der Weisheit in Ihm wohnen sollen«.[20] Darum ist Paulus bekümmert, daß jeder ein eigenes Haupt sucht (Kol 1,19). Dies verstehen unsere heutigen Theologen nicht und rühmen sich dessen noch.

Die Betroffenheit des Herzens entscheidet.

Darum schreibt Johannes, er habe das ewige Wort »gesehen, beschauet und betastet«. Aber doch bloß seine Haut! Nein, die Person selbst, die das Wort des Lebens ist, habe ich betastet. Daß die Juden den Gnadenstuhl sahen, das war nicht Glaube, aber Gott ⌊da⌋ sehen, das ist Glaube, weil er sich durch sein Wort allein hier angebunden hat. Ebenso war das Berühren des Fleisches Christi ⌊nicht Glaube,⌋ aber das Herz der Apostel sagte: ›Ihr Augen, ihr seht die göttliche Person des Sohnes Gottes.‹ So fühle ich im Sakrament des Altars Brot und Wein, ⌊aber mein⌋ Herz ⌊weiß⌋: ›Ich fühle Christus selbst und den Leib und das Blut Christi.‹

Laßt uns für einander beten, daß Gott uns gnädig sei! Er wird sich unser erbarmen, denn wir sind für den ganzen Erdkreis ein Schandfleck.

2 Jesus als das Wort des Lebens.

Das Wort des Lebens und unsere Todeserfahrung.

V. 2: »Und das Leben ist erschienen.« Wir reden vom Leben. Von welchem? Von dem, das nicht mehr verborgen ist, wie es vorher war, sondern das der ganzen Welt offenbart worden ist. Ebenso heißt's im Evangelium ⌊des Johannes⌋:[21] »In ihm war das Leben und das Leben war das Licht der Menschen« und »Das Wort ward Fleisch und wohnte unter uns und wir sahen seine Herrlichkeit, eine Herrlichkeit als des eingeborenen Sohnes vom Vater, voller Gnade und Wahrheit.« So sagt Johannes ⌊hier⌋, daß er uns so etwas wie eine

19 *Johannes 14,5.*
20 *Kolosser 2,3 und 18 f.*
21 *Johannes 1,1–14.*

Predigt über das geoffenbarte Leben halten wolle. Solche Worte werden ⸤unserer⸥ Todes⸤erfahrung⸥ gegenübergestellt. Wir, die wir im Fleisch ohne jenes Wort leben, sind Tod und Sünde. Darum steht das Wort »Leben« im Gegensatz zum Tod⸤esschicksal⸥ der ganzen Welt, die das Leben nicht hat. Satan regiert in ihr und hält alle Menschen unter seiner Gewalt in Sünde und Tod. Dieses Elend ist um so größer, weil die Welt nicht nur den Tod hat, sondern das Leben gar nicht kennt. Darum ist das Leben in die Welt gesandt worden, und zwar so, daß es ⸤als solches⸥ erscheinen soll, damit wir erkennen, daß wir in Tod und Sünde und unter dem Fürsten der Finsternis sind, und damit der, der diese Verkündigung hört, zu diesem Leben, welches erschienen ist, fliehe und es zu sich hereinlasse, damit es uns lebendig mache.

Du siehst, wie er die Aufmerksamkeit seiner Hörer spannt. Mit einfachsten Worten bringt er das Größte zur Sprache. Weil es so schlichte Worte sind, möchte ein kalter Leser nichts derartiges in einem solchen Text suchen. Aber wer davon betroffen ist, denkt: Erscheint das Leben ⸤jetzt erst⸥? War es nicht schon vorher da? Nein, sagt Johannes. In der ganzen Welt, auch wo sie am heiligsten usw. ist, ist ⸤nichts als⸥ Tod, und dazu merkt man's nicht einmal, was den Schaden nur noch größer ⸤macht⸥. Das erste ist schon ein großes Übel, das andere, daß du's nicht merkst und ⸤wenigstens⸥ nach Leben verlangst, ist noch größer. Unser ›Leben‹ ist nur ein flüchtiger Schatten im Vergleich mit dem ⸤wirklichen⸥ Leben. Das Leben selbst – d. h. Christus, der das Leben ist – ist erschienen. Denn Christus ist das Wort des Lebens und ⸤als solches⸥ das Leben. Wo Er ist, da ist Heil, da ist Freude. Wo mehr Erkenntnis davon da ist, da ist um so mehr Leben. Wo sie fehlt, ist nichts als Tod. Dies Leben ist mächtiger als alle Tode ⸤und Höllen⸥. Es wird angeboten und erscheint; laßt uns nur die Herzen öffnen, dann haben wir den, der mächtiger ist als Tod und Sünden!

»Und wir haben dieses geoffenbarte Leben gesehen.« Denn Christus ist von den Toten auferstanden als der Sieger über den Tod. Sie haben auch vorher das Leben gesehen, aber nach der Auferstehung, wo Christus als der Sieger über Tod und Sünde erklärt wurde, ist's erschienen, d. h. daß alles ⸤nun⸥ ›mächtiglich und kräftiglich‹[22] offen-

22 *Vgl. Römer 1,3 f.*

bart ist. Es ist ⌊aber⌋ für uns und für euch offenbart worden. Darum können wir nicht verhalten, es euch durch ⌊unser⌋ Wort zu verkündigen, damit ihr es wißt und auch ihr glaubt. So sind die heiligen Apostel nicht damit zufrieden, daß sie selber selig sind, sondern darum geht's ihnen, daß sie auch uns dahin ziehen, damit auch wir ihres Heiles teilhaftig werden. So sagt auch ein Christ wie der Psalm: »Ich glaube, darum rede ich.«[23] Nur die wehren sich dagegen, die auf ihrer ⌊eigenen⌋ Weisheit stocksteif bestehen, aber die Betrübten und Sterbenden, die nehmen's voller Freude an, und für die ist es gesandt.

Die Macht des Wortes des Lebens.

V. 2 b: »Und wir bezeugen und verkündigen euch das Leben, das ewig ist.« Er legt sich selber aus, was für ein Leben das sei, nämlich ein solches, das nicht mehr stirbt. »In ihm war das Leben.«[24] Der Tod ist ja der mächtigste Tyrann, »der letzte Feind«, wie ihn Paulus 1 Kor 15,26 heißt. Satan rühmt sich, er könne töten, unsere Sünden groß und unsere Herzen verzagt machen, wie du es hier in ⌊Wittenberg⌋ siehst, obwohl bis jetzt wegen der Pest nichts ⌊zu fürchten⌋ ist, – aber kaum ⌊sitzt die Angst vor ihr⌋ in uns drin, so wagen wir nicht mehr zusammenzukommen und unterlassen die Werke der Liebe. Das ist des Teufels Werk. Er sitzt im Winkel und lacht über unsre Schwäche, daß wir so wenig Glauben und Hoffnung haben, und zeigt uns seine Macht, indem er uns in Sünde und Hurerei wirft. Diese seine Waffen, Werke und Anstrengungen erfahren wir an uns selbst, und doch glauben wir's nicht, daß genau das Satans Werke sind. Er hat Großes dabei im Sinn. Denn solches geschieht nicht zufällig, wie wir glauben. Darum gehört sich's für einen Christen, daß er immer in der Furcht vor Gott lebt, damit wir beten, ⌊unser Herr⌋ wolle uns doch nicht in Satans Gewalt lassen. Er ist ein Herr der Heerscharen und stark im Streit (vgl. 1 Petr 5,8 f). So ist auch ⌊unser⌋ Gott ein Herr ⌊der Heerscharen,[25] der für uns gegen ihn streitet⌋. Darum ist's seine göttliche Barmherzigkeit, daß wir nicht verzweifeln. Sonst würden wir auf der Stelle in der Pest und dem Tod untergehen. Wir haben aber, sagt Johannes, das wahre Leben, nämlich

23 *Vgl. Psalm 116,10 mit 2 Korinther 4,13.*
24 *Johannes 1,4.*
25 *Psalm 24,7 ff.*

den Christus, den wir lehren. Er ist mächtiger als der Tod und hat mehr Waffen der Gerechtigkeit und des Lebens als jener ⌊Waffen⌋ des Todes und der Sünde hat. Darum ⌊heißt's:⌋ »Der Engel des Herrn lagert sich um uns« und: »Er hat seinen Engeln befohlen über dir, daß sie dich auf den Händen tragen.«[26] Das sage ich darum, um Christus als jenes Leben zu predigen, das unendlich ist, das Tod und Teufel nicht umbringen können. Denn Christus kann nicht mehr getötet werden, wie Paulus Röm 6,9 schreibt. Das gibt uns Johannes zu verstehen, damit wir wissen, daß Er das Leben ist. Dagegen kann Satan zwar ⌊streiten und⌋ uns anfechten, aber obsiegen kann er nicht mehr.

»Welches war bei dem Vater« im Himmel, solange es noch nicht Fleisch geworden war; aber durch seine Fleischwerdung hat er uns das Leben eröffnet. »Denn das Wort ward Fleisch ⌊und wir sahen seine Herrlichkeit usw.⌋«[27] Eine herrliche Vorrede!

V. 3: »Was wir gesehen und gehöret haben, das verkündigen wir euch, auf daß auch ihr mit uns Gemeinschaft habt.« Er wiederholt, was er am Anfang gesagt hat, als ob er sagen wollte: Wir predigen so kühn, weil wir's gehört und gesehen haben; wir sind's gewiß, also wagt euch drauf mit ganzem Herzen! Denn wir haben's beschaut und betastet. Mit unserer Sache ⌊verhält sich's⌋ nicht wie mit der ›Religion‹ der Mönche,[28] die sie... eigenmächtig erwählt haben, was vor Gott nichts gilt, ja ⌊von vornherein⌋ verworfen ist. ⌊Soll ein Mönch⌋ seine Sache verantworten, ⌊so kommt heraus, daß »sie nicht verstehen, weder was sie sagen noch was sie setzen«⌋.[29] ⌊Darum ist er wie ein Mann, der⌋ nicht weiß, was er redet ⌊und tut⌋. ⌊Denn⌋ fragt man: Woher hast du's?, ⌊so kann er nur sagen:⌋ Mich dünkt's so. Und dazu machen sie aus Geboten Ratschläge.[30] Was kümmert's Satan, den Herrn des Todes und Stifter der Sünde, daß du fastest und eine schwarze Kapuze trägst... Gegen den Fürsten der Welt ⌊hilft das nichts⌋. Er hat Gottes Zorn, den wir fürchten, für sich.

26 *Psalm 34,8 und 91,11.*

27 *Johannes 1,14 f.*

28 *›Religio‹ ist, was einen Menschen im Gewissen bindet. Beim Mönch ist es sein freiwillig übernommenes Gelübde.*

29 *Vgl. 1 Timotheus 1,7.*

30 *D. h. was unbedingt verpflichtend ist wie die Gebote der Bergpredigt, wird eigenmächtig zu einer Empfehlung gemacht, der man folgen oder auch nicht folgen kann.*

Um das Elend unseres Unglaubens niederzuringen, dazu gehört etwas anderes als unsere Gerechtigkeit. Satan jagt unseren Herzen Angst ein und macht uns mutlos und stellt uns Gottes Zorn vor Augen, und so läuft man aus lauter Angst vor dem Tod stracks in den Tod hinein. Wir sind irdenes Gefäß. Aber der Herr, ⌊unser⌋ Gott, hat verfügt, durch unsere Schwachheit den unbesieglichsten Feind zu besiegen, damit seine Gottheit ⌊darin⌋ verherrlicht werde, daß er so schwache Gefäße stark macht. Und so triumphiert er durch uns in Christus wider den Satan . . .[31]

Der Zweck der Mitteilung des Wortes des Lebens.

Warum ⌊verkündigen wir euch das erschienene Leben⌋? »Damit auch ihr mit uns Gemeinschaft habt.« Wir möchten gerne mit euch solchen unermeßlichen Schatz teilen. Wir können's ⌊aber⌋ nicht anders als durch unsere Verkündigung. Wir sind dessen gewiß, was wir gesehen haben. Jetzt möchten wir, daß auch ihr ⌊dessen gewiß werdet⌋. Also tun wir, was wir können. Wir verkündigen's euch durchs Wort, damit auch ihr, die ihr glaubt, habt, was wir ⌊haben⌋, mögt ihr ihn auch nicht sehen. Freilich, auch wir haben Gott nicht gesehen, sondern auch wir mußten glauben, daß er für uns ⌊das Leben⌋ sei. Das ist's: ihr werdet mit uns leben in Ewigkeit und triumphieren über Sünde und Tod. Und das ist identisch damit, daß ihr Gemeinschaft mit uns habt. Das sind hohe Worte. Gott gebe Gnade, daß wir's glauben, und er Satan unter unsre Füße trete. Ein kalter Leser möchte auch hier drüberweg gehen und das Wörtlein »Gemeinschaft« nicht ansehen. Ist's nicht eine unermeßliche Gnade, daß wir, die wir die allerelendesten Sünder und Dreck sind, uns rühmen sollen, daß wir dasselbe haben, was Johannes der Täufer und die Apostel ⌊haben⌋! Obwohl wir um nichts besser sind als ein Teufelsdreck, dennoch, sagt Johannes, ist eine Gemeinschaft da zwischen uns und denen, die das Wort unseres Zeugnisses hören, ⌊und umgekehrt⌋ haben sie Gemeinschaft mit uns.

Und überdies ist (V. 3 b) »unsre Gemeinschaft mit dem Vater und mit seinem Sohn«. Daher es 2 Petrus 1,4 heißt, ihr sollt »göttlicher Natur teilhaftig« sein. Das heißt: in Christus haben wir alles Gute, was Gott ist und hat. Das ist: wir haben in Ihm das Wort des Heiles. Warum also haben wir erlaubt, solche Schrift so unter der Bank lie-

31 *Vgl. 2 Korinther 2,14 ff; 2 Korinther 4,7 ff; Epheser 6,10 ff.*

gen zu lassen? Wie sehr haben wir uns gemartert mit der Verehrung der Heiligen usw.! Aus Christus haben wir einen Richter gemacht, aus Maria und den Heiligen unsre Fürsprecher. Hier heißt's: durchs Wort, das uns verkündigt wird, haben wir Gemeinschaft mit dem Vater und seinem Sohn. Darum waren alle unsere früheren Anstrengungen vergeblich, ja Sünde. Denn wo man sich nicht an das Haupt hält (Kol 2,19) und durch sich selbst etwas wird unter Verlassen des Hauptes, da hat Satan gesiegt.

»Und mit seinem Sohn«. Ausdrücklich nennt ⌊Johannes⌋ Jesus Gottes Sohn. Denn dieser Brief ist ausdrücklich gegen jene Irrlehrer geschrieben, die leugneten, daß Christus Gott sei. Nur der Vater und der Sohn haben ewiges Leben, ewige Gerechtigkeit und Wahrheit und alles in sich selber. Auf unsrer Seite dagegen ist Tod, Sünde und Verzweiflung. Aber nun laßt's uns in *eines* zusammenbringen: daß Vater und Sohn mit uns zusammengehören. Und darum lehrt Johannes: Er kam als das Wort ⌊des Lebens⌋ und tat doch so, als ob er in Sünde und Tod wäre, um ⌊uns in die Gemeinschaft mit seinem Vater und ihm⌋ zurückzuführen. Wer dies glaubt, der denkt so: Ich glaube an Christus als an das Wort des Lebens; ⌊nun⌋ will ich sehen, was meine Sünde mit dem ewigen Leben machen will, ob sie nicht in Christi Gerechtigkeit, die mein ist, untergehen muß und also nicht nur gezwungen wird, uns unverletzt zu lassen, sondern daß wir zugleich auch durch Christus über den Satan triumphieren.

V. 4: »Und dasselbe schreiben wir euch, auf daß eure Freude völlig sei.« Wir sind nicht damit zufrieden, das, was wir euch gepredigt haben, ⌊bloß⌋ gesagt zu haben, sondern wir schreiben's auch und malen's auf Papier, damit ihr's nimmer vergeßt und damit eure Freude völlig werde. ⌊Eure⌋ Freude hat mit der Erkenntnis angefangen, daß Christus euer Leben ist, daß die Sünde gegen euch nichts mehr vermag, denn ihr habt nun ein Mittel dagegen: Gottes Zorn ist dahin und dafür lauter Barmherzigkeit und Gemeinschaft da. Wer sollte sich da nicht freuen über den Gott, der sich ⌊mit uns⌋ versöhnt und zusammengeschlossen hat!

»Völlig« ⌊wird die Freude sein⌋. Die Freude fängt damit an – und damit ist sie schon zur Hälfte da! –, wenn einer anfängt dem Wort zu glauben. Fährt man aber fort, davon zu schreiben und es zu bewegen, so wächst der Glaube und wird die Freude völlig.

Jesus als die Offenbarung Gottes

Kapitel 1,5–8: **Und das iſt die Verkündigung, die wir von ihm gehöret haben und euch verkündigen, daß Gott Licht iſt, und in ihm iſt keine Finſternis. So wir ſagen, daß wir Gemeinſchaft mit ihm haben, und wandeln in Finſternis, ſo lügen wir, und tun nicht die Wahrheit. So wir aber im Licht wandeln, wie er im Licht iſt, ſo haben wir Gemeinſchaft untereinander, und das Blut Jeſu Chriſti ſeines Sohns machet uns rein von aller Sünde. So wir ſagen, wir haben keine Sünde, ſo verführen wir uns ſelbſt, und die Wahrheit iſt nicht in uns.**

1 Die Notwendigkeit der Verkündigung von Jesus.
Die Welt kennt Gott nicht.

Kraftvoll wiederholt Johannes fast immer dasselbe und bleut's ein, und tut er's auch mit einfältigen Worten, so sind die Sachen selbst doch unbegreiflich hoch.

V. 5: ›Was wir euch jetzt verkündigen, das ist genau die Verkündigung, die wir euch schon verkündigt haben.‹ Wie oft muß er's uns noch sagen, um uns schlüpfrige Wesen bei dem gehörten Wort festzuhalten? Denn er sah, wie wir sind: schlüpfrig sind wir, wir lassen's im Nu fahren, und ⌊überdies⌋ ist Satan da, so daß es nötig war, immer ⌊wieder⌋ zu ermahnen und ⌊jenes⌋ Wort in das Maul zu streichen. Dieses Wort haben wir nicht nur geschaut und betastet, sondern auch nach seiner Weisung von ihm selbst gehört, damit ihr auf jede Weise dessen gewiß sein sollt: wie wir's euch verkündigt haben, ⌊so⌋ haben wir's gehört und ⌊so⌋ hat er's befohlen. Der Evangelist Johannes will ⌊also⌋ das, wessen sein Herz voll ist, wiederholen.

Was ist das? daß Gott Licht ist. Es ist also dasselbe, ⌊was er⌋ im Evangelium ⌊geschrieben hat⌋,[1] daß das Licht in die Welt gekommen ist als das Gericht über die Welt. Damit stellt Johannes wiederum[2] Gott in Gegensatz zur ganzen Welt, ⌊wenn er sagt,⌋ daß in Gott keine Finsternis sei, sondern daß er Licht sei. Also ist die ganze Welt in Finsternis und Irrtum, und hieher gehören auch alle Gelehrten, alle Weisen, alle Frommen, alle Könige. Johannes selbst zieht diesen

1 *Johannes 3,19.*
2 *Wie oben V. 2 nach Luthers Interpretation.*

Schluß, daß sie alle Dunkelmänner und Blinde sind, weil er sagt: Von ihm verkündigen und hören wir's. Und die Welt weiß überdies nicht, daß ihre Finsternis Finsternis ist. Wie die Mönche und Weisen usw. einhergehen in ihrer eignen Meinung und sie für Licht halten und wissen nicht, daß sie vor Gott Finsternis ist. Denn so verborgen ist das, wovon wir reden, daß, wären wir nicht gekommen und würden's verkündigen, die Welt rein nichts davon wüßte, ja sie würden durch ihre Spekulationen nur noch mehr zu Narren. Sieh die Griechen an! Was haben Plato und Aristoteles erreicht? Daß wir ⌊Menschen⌋ für Gott nicht Gegenstand seiner Sorge seien! Im 12. Buch der Metaphysik ⌊schreibt Aristoteles⌋:[3] würde Gott alles sehen, was auf Erden geschieht, könnte er keinen Tag einen fröhlichen Mut haben. So mißt er Gott an unserem Denken; darum kommt er zu dem Schluß, daß Gott niemand sehe als sich selbst, – und nun hat Gott einen guten Tag. Ist das nicht Finsternis? Und galt doch als allerhöchste Weisheit.[4] Das einfache Volk sagte, daß Gott die Bösen strafe ⌊und die Guten belohne⌋. Hatte also nicht jener Weise[5] recht, ⌊der gesagt hat⌋: Je gescheiter ein Mensch ist, um so dümmer ist er? So halten die Mönche den Glauben an Christus für ein gering Ding, gerade recht für's einfache Volk. Doch sie haben sich jene drei Gelübde ausgedacht; das ist, sagten sie, das wahre Christentum, welches das allgemeine Christentum weit übertrifft. Ein gewöhnlicher Mensch sagt: ›Jesu, Gekreuzigter, erbarme dich meiner!‹ Jene lassen Christus nicht das Haupt sein[6] und sind dümmer als die andern. Wenn du die ganze Welt ansiehst, ⌊so siehst du,⌋ wie wahr das Sprichwort ist: ›Die Gelehrten – die Verkehrten.‹ Denn wer in Sachen des Heiles durch seine Vernunft weise sein will,

3 *Aristoteles (384–322 v. Chr.), griechischer Philosoph von maßgeblichem Einfluß auf die mittelalterliche Theologie, dachte Gott als das höchste Wesen und darum als reines Denken, das nur sich selbst denkt und darin die größte Seligkeit hat. Daraus zog Luther den Schluß, daß dieser metaphysisch gedachte Gott nur unter Preisgabe seines Wesens sich um die Welt kümmern könnte.*

4 *Unter »Weisheit« (sapientia) versteht Luther den Versuch der abendländischen Philosophie seit den Griechen, alle Dinge durch das Denken zu bewältigen, wobei diese Philosophie von Anfang an auch die Theologie (die Lehre von Gott) umgriff.*

5 *Denkt Luther an den Prediger Salomo?*

6 *Vgl. Kolosser 2,19.*

macht aus einem Irrtum zehn; wie auch jetzt unsere Schwärmer die Naturen in Christus trennen wollen. Und dabei wird's nicht bleiben![7] Sollen wir erfahren, daß Gott Licht ist, müssen wir's von denen erfahren, die solches nicht durch ihre eigene Weisheit wissen, sondern aus Gottes und Christi Wort. Denn es gibt keinen andern Weg, solches zu lernen außer durch das Wort, das die Apostel von Christus empfangen haben. Also alles, was nicht Christi Wort ist, ist eitel Finsternis. Galater 1,8: »Aber so auch ein Engel vom Himmel euch würde das Evangelium predigen, anders denn das wir euch gepredigt haben, der sei verflucht.« Wenn Benedikt, der Vater der Mönche,[8] sagt, man müsse eine Kapuze tragen, so vergleich das mit dieser Verkündigung des Johannes! Ist's nicht dasselbe, so zieh den Schluß: also ist's Finsternis. Hüten wir uns also vor falschen Lehrern und bleiben wir bei der Verkündigung, die die Apostel lehren, die sie von Christus gehört haben, daß Gott Licht ist! Die Welt kann's nicht fassen, daß Christus, Gottes Sohn, sein Blut ⌊für uns vergossen hat⌋. Die Welt lacht darüber, daß unsre einzige Gerechtigkeit in diesem Glauben steht. Christen aber wissen, daß es das Licht ist, wodurch sie das sehen, und gehen ⌊durch diesen Glauben⌋ nach dem Tod ins Leben. Sie aber sagen: ›Wir müssen doch auch etwas dazu tun!‹ ⌊Das ist aber genau das, wovor⌋ Paulus im Kolosserbrief ⌊warnt:⌋ vor der »losen Verführung nach der Menschen Lehre«.[9] Kurzum, das ist's, was Johannes predigt: daß alle erkennen und bekennen sollen, daß sie in Finsternis sind. Das rat ich ihnen, und daß sie diese Predigt annehmen, die ihnen sagen will, wo es ihnen mangelt.

7 *In der Schrift »Vom Abendmahl Christi. Bekenntnis!« (1528), die Luther gleich nach dieser Vorlesung in Angriff nahm, schrieb er: »Hüt dich, hüt dich vor diesem Kunststück! (nämlich der Allöosis)« »Denn sie ist des Teufels Larven. Denn sie richtet zuletzt ein solchen Christum zu, nach dem ich nicht gern wollt ein Christ sein ... Denn wenn ich das glaube, daß allein die menschliche Natur für mich gelitten hat (wie Zwingli wollte), so ist mir der Christus ein schlechter Heiland, so bedarf er wohl selbst eines Heilands.«*

8 *Benedikt von Nursia (erste Hälfte des 6. Jahrhunderts) prägte durch seine Klosterregel das abendländische Mönchtum. Diese Regel enthält auch die Kleiderordnung für die Mönche.*

9 *Kolosser 2,8.*

V. 5 b: »Und in ihm ist kein Finsternis.« Er redet gegen Schwärmer und Sekten und will sagen: wir predigen das einfältige Licht, daß Gottes Sohn in die Welt gekommen ist, ⌊damit wir durch ihn leben sollen,⌋ wie er unten schreibt.[10] Das ist unsre ganze Predigt. Gleichwohl bliebe das Licht verborgen, wenn es das Wort nicht ansagt.

Neben dem Licht treten viel Sekten herein, wie Cerinth, der Christi Gottheit leugnete, die Nikolaiten,[11] die Päpste. ⌊Ob sie gleich untereinander uneins sind⌋ und der eine so und der andere so redet, so wollte doch jeder Christus sein, und wollen das Licht zertrennen. Christus ist das *eine* Licht, ihre Lehren sind Finsternis. Abgötterei kommt daher, wenn ich daneben einen Gedanken über Gott fasse, den ich nicht aus Gottes Wort habe. Wie wenn ich meine: wenn ich mir wie Augustin eine Regel machen würde,[12] das würde, glaub ich, Gott gefallen. Ist ein schöner Gedanke, denn es ist ja ein gutes Werk, die drei Gelübde zu halten, zu beten, zu fasten etc. Vernunft kann hier nicht vorüber. Darum wie sie sich's denkt, so schließt sie, es gefalle auch Gott, und erklärt: ›Wer dies tut, der gefällt Gott.‹ Damit hat sie ⌊aber⌋ ihren Gedanken Gott angehängt. Da kommt das wahre Licht und erklärt, daß es jenen Gott gar nicht gibt: denn es fehlt sein Wort, es ist keine Verkündigung ⌊von ihm⌋ da. Also gibt es einen solchen Gott gar nicht, sondern er ist eitel Gedicht und Einbildung. Der wahre Gott sagt so: ›Willst du selig werden und meinen Willen tun, so hör mein Wort, glaub an Jesus, daß er deine Gerechtigkeit und dein Leben sei.‹ Das ist die Verkündigung, das Wort, das Licht; die habe nicht ich erdacht; nicht hab ich's Gott an den Hals gehängt, sondern es ist von Gott durch die Apostel gekommen; es ist ihm nicht angeschmiert und an den Hals gehängt. Da hast du also den Ursprung der Abgötter.

10 *1 Johannes 4,9.*

11 *Zu Cerinth vgl. Anmerkung 6 auf Seite 114; zu den Nikolaiten vgl. Offenbarung 2,6.15.*

12 *Augustin (354–430), Bischof von Hippo in Nordafrika, der angesehenste Lehrer der abendländischen Kirche, schätzte das gemeinsame Leben von Brüdern. Er war aber kein Mönch. Die sogenannte Augustinerregel wurde im 7. Jahrhundert von einem unbekannten Verfasser nach einem Brief Augustins an die Nonnen von Hippo entworfen.*

So haben die Juden den Baal aufgerichtet.[13] Sie waren nicht so dumm, daß sie ein Stück Holz angebetet hätten, sondern sie haben gesagt: Der wahre Gott ist, der ⌊uns aus Ägyptenland⌋ herausgeführt hat; der hat Wohlgefallen an diesem Kult. Dann kamen die Propheten und sagten: Ihr betet den Satan an. Sie dagegen: ⌊Nein, wie beten den wahren Gott an⌋. Denn ihnen gefielen ihre Gedanken und selbsterwählten Werke, und weil sie ihnen gefielen, schlossen sie, daß sie auch Gott gefallen. Und so ist jede Abgötterei unter Gottes Namen aufgekommen. So machten wir's auch. Wir sollen an Christus glauben, ⌊daß⌋ darin meine Gerechtigkeit steht, und danach dem Nächsten wohltun usw. Ich dagegen mit meiner Vernunft ⌊sagte⌋: das kennt auch jeder Bauer, aber wir wollen etwas Heiligeres anstellen. Daher kamen die weißen, grauen usw. Kapuzen. Und dann sagten wir: das ist der Weg zum Heil. Das sind die, die ihre Finsternis in unsern Herrgott hineinschmieren wollen. Denk also nicht, daß das wahr sei, was anders gepredigt wird, als wir ⌊predigen⌋! Würden nicht falsche Apostel Gottes und Christi Namen für ihre Lügen in Anspruch nehmen, so würde niemand verführt. Es heißt, Finsternis in Gott tragen, die nicht in ihm ist. Denn sie ist nicht die Verkündigung, die wir von Ihm hören. Merkt das wohl, damit wir uns gegen Satan wappnen, daß wir wissen: das ist unsere Verkündigung, daß Christus allein der Weg zum Himmel ist. Ob es etwas anderes gibt, was vor Gott rechtfertigt, wissen wir nicht. Auch wenn man etwas »Höheres« dazu tut, so ist's Finsternis, womit Gott eine Lüge angezogen wird. Also: bleibt bei der einfältigen Verkündigung, ⌊alles⌋ andere ist Finsternis!

Wahres und falsches Selbstverständnis.

V. 6: »So wir sagen, daß wir Gemeinschaft mit ihm haben und wandeln in der Finsternis, so lügen wir.« Da bekennt er, daß jene Sektierer frecher sind als die Kinder des Lichts. Denn immer rühmen und brüsten sie sich mehr mit Gottes Namen als andere. Christen erkennen sich nämlich immer als schwach; sie sehen das Licht, aber nicht so mächtig, wie sie gerne wollten. Sie sagen: ›Es ist wahr, daß Christus die Wahrheit und das Licht ist; könnten wir das doch von Herzen glauben!‹ Die Schwärmer ⌊dagegen meinen⌋: ›Wir sind die Kinder des Lichts und voll des Heiligen Geistes.‹ Das berührt Johan-

13 *Vgl. 2 Mose 32 und Könige 12,25 ff.*

nes hier, weil sie behaupten: ›Wir haben Gemeinschaft mit dem Licht.‹ Sieh, ob unsere heutigen Schwärmer ⌊nicht genau das von sich behaupten⌋! Sich überheben, das ist der Irrlehrer eigentliches Kennzeichen und aller derer, die nicht ihr Gebrechen erkennen und was für ein hohes Ding der Glaube sei. Ein Christ aber demütigt sich stets und mißtraut seinen eigenen Kräften und sagt mit Paulus:[14] ›Ich hab's noch nicht ergriffen; andere mögen's schon ganz ergriffen haben.‹ Auch wir gestehen, wie man bei uns sagt: ›Ich hab etwas davon geschmeckt, aber ich hab's noch nicht gefressen.‹ Denn Fleisch und Blut ist da; die können es wegnehmen usw. Johannes hat es also auch mit solchen Schul-Theologen zu tun gehabt, die sagten: ›Wer an Jesus glaubt, der hat Gemeinschaft mit dem Vater und dem Sohn‹, und sobald sie dieses Wort hören und es nachreden können, ⌊es schon verstanden haben⌋.

»... und wandeln in der Finsternis, so lügen wir, und tun nicht die Wahrheit.« Das will sagen: bleiben wir nicht in dieser Verkündigung, so haben wir Gemeinschaft mit den Teufeln. Wahrlich ein Urteil, das einen erschrecken kann! Denn er nennt ihres Herzens Meinung eine Lüge. Erstens irren sie sich, zweitens behaupten sie, ihr Irrtum sei Licht. Also sind sie doppelt im Unrecht. Irren ist nicht so böse wie Lügen, weil der, der lügt, seinen Irrtum auch noch verteidigen will. ⌊Johannes⌋ sagt also: sie wandeln in der Finsternis; ⌊d. h.⌋ sie haben einen Irrtum im Herzen und der Glaube ist nichts, und überdies machen sie eine Wahrheit, d. h. eine Lüge draus. Alles, was sie tun, ist verloren. Denn ihr Herz ist finster, falsch. Das ist entsetzlich, ⌊wenn⌋ wir lügen, was den Glauben betrifft, weil das Herz verführt ist. Und was die Werke betrifft, ist alle Mühe verloren. Wenn ich zu den ›Geistlichen‹[15] sage: ›Ihr wandelt in Finsternis, denn ihr habt für euch einen besseren Weg zum Himmel, so doch Christus der eine Weg ist‹, – hören sie das, so sagen sie, ihr Stand sei ›Licht‹, und verteidigen ihn und müssen dazu die Last des Fleisches tragen. Es ist eitel verloren Ding! Vor allem muß man darauf sehen, daß das Herz Licht habe, dann können auch Werke ⌊des

14 *Philipper 3,12.*

15 *Der Stand der »Geistlichen« (der ›Klerus‹) gilt nach katholischer Lehre als eine höhere Stufe der Christlichkeit als der gewöhnliche Stand der Laien (des ›Volkes‹). Sein Kennzeichen ist die Weihe, mit der die Verpflichtung zur Ehelosigkeit (der Zölibat) verbunden ist.*

Lichtes⌋ folgen. Ist das Licht da, entzündet's und erleuchtet's mich, daß ich dem andern wohl tue. Ist aber das wahre Licht nicht da, so ist's eitel verloren Ding, wieviel Werke auch folgen. Ist der Glaube falsch, so folgen keine ⌊rechten⌋ Werke. Also steht alles darin, daß wir bei der wahren Lehre bleiben. Denn was nicht Christus gemäß ist, ist nichts. Ich sehe nicht, wie das Licht so vor Gott leuchtet: wir haben's jetzt bloß in der Verkündigung und im Wort. Verfehlen wir aber das Wort, weil wir ihm ein anderes vorgeschlagen haben, das besser sein soll, so wollen wir in der Finsternis wandeln. Darum, wer im Kloster ist, der verlasse es ⌊und lebe wie ein anderer Christ in der Welt⌋.

Die eherne Schlange wurde auch auf Gottes Befehl in der Wüste aufgerichtet, und David erlaubte es, daß sie im Tempel stehen sollte zum Zeichen des Wunders, das einst geschah. So haben sie auch andere fromme Könige ⌊stehen lassen⌋. Aber Hiskia zerbrach sie.[16] Warum schwieg er ⌊nicht mehr dazu⌋, daß er die auf Gottes Befehl aufgerichtete Schlange zerbrach? Ich wäre nicht so kühn gewesen, und so viele Könige vor ihm sind stille gewesen. Dennoch zerbricht sie Hiskia im Namen Gottes, weil er sah, daß für Gott ein Kult gegen sein eigenes Wort aufgerichtet wird. Wollt ihr den Grund dafür hören? Sie wollten Finsternis in Gott hineinbringen. So laß ich's gelten, daß die heiligen Väter wie Augustin, Benedikt usw. ihre Regel einst dazu verfaßt hatten, weil es ihnen Spaß machte, so zu leben. Sähen sie aber den Mißbrauch, der mit Jungfräulichkeit, Keuschheit und den andern Gelübden getrieben wird, dann müßten sie alles wieder auflösen, denn es ist Finsternis und gegen Gottes Wort. Aber sie wollen's nicht hören, daß es Finsternis sei. Wär's auch von den Allerheiligsten oder Allerweisesten gestiftet –, ist der Mißbrauch da, so zerreiß es, lös' es auf und verdamm's um des leidigen Zusatzes willen, daß es Gottes Licht heißen soll, da doch kein anderes ist als Christi Licht.

Folgt die Antithese (V. 7): »So wir aber im Licht wandeln«, das Gott ist und uns im Wort verkündigt wird, und nicht neue Sekten machen, dann »haben wir«, auch wenn wir die allergeringsten Leute auf Erden wären, »Gemeinschaft untereinander« und sind miteinander einig. Wäret ihr Sektierer darin mit uns eins, so hätten wir

16 4 Mose 21 und 2 Könige 18,4.

mit euch Gemeinschaft, wie Johannes vorher sagte.[17] Aber weil das Gegenteil der Fall ist, darum halten wir euch für solche, die von der Kirche getrennt sind. Und wir haben den Vorteil, daß »das Blut Jesu Christi, seines Sohnes, uns rein machet von aller Sünde«. Das ist ⌊unser⌋ Trost. Die größte Finsternis ist's gewesen, daß wir Christi Leiden und sein für uns vergossenes Blut gepredigt und doch ⌊daneben⌋ so viel Orden usw. aufgerichtet haben, und haben sie der Taufe und dem Fleisch und Blut Christi, ja Gott selbst gleich gestellt. Wie konnte etwas Ungeheuerlicheres erdacht werden, als unser Meinen sei identisch mit Christus und Gott, da wir ihn doch allein in dem einen Wort, das uns verkündigt ist, haben, daß Christi Blut ⌊uns reinigt von aller Sünde⌋. Es ist außergewöhnlich fein geredet. Johannes trifft damit andere Schwärmer, die wie die Mönche keine Sünden auf Erden haben wollen. Die Apostel sahen viele Schwächen in der Christenheit, wie Römer 14,1 und Galater 6,13 zeigen. Aber die Schwärmer wollen's heiliger machen. ›Sind das noch Christen?‹ ⌊fragen sie.⌋ ›Der tut diese, ein andrer eine andre Sünde.‹ Und so haben sie die Christen gerichtet, genau wie heute. Darum haben die Schwärmer gedacht: wir wollen an einen Ort gehen, wo keine Sünde und keine Gelegenheit zur Sünde ist. Genau so wie heute. Gegen die geht hier Johannes an. Denn die wollen nicht die Schwachheit der Sünder ertragen, und doch ist nirgendwo Neid und Unkeuschheit größer. Daher sagt Johannes: ›Sehet zu, daß ihr beim Wort bleibet, danach sorgt euch nicht um die Sünde!‹ Sind wir indessen noch schwach, so schadet's nicht. Denn wer das Wort hat, erkennt alsbald ⌊seine Sünde⌋, weil er das Licht hat; und überdies denkt er: Ich weiß, daß Christus es ist, der mir Gerechtigkeit schenkt. ⌊Sein⌋ Blut ist bei denen, die in seinem Wort bleiben; sie haben eine Arznei: das Blut, das Christen nicht verzweifeln läßt. ⌊Das ist unser⌋ größter Trost, weil wir unsere Sünden erkennen, haben wir auch den Trost, daß Jesus ⌊dafür sein Blut⌋ vergossen hat, nicht um den Gabriel und andere Engel oder den Satan reinzuwaschen, sondern Sünder, wenn wir nur Ihn als das Licht anerkennen. Das heißt »eine heilige Kirche und die Vergebung der Sünden«[18] glauben. Also ist Christi Reich nichts anderes als Vergebung der Sünden, denn Sünde

17 Vers 3.
18 Vgl. das sogenannte Nicänisch-konstantinopolitanische Glaubensbekenntnis.

ist drin. Sekten aber anerkennen nicht ihre Sünden, ja sie halten das für die Wahrheit, darum können sie nicht um Verzeihung bitten ⌊noch Verzeihung gewähren⌋. Christen aber werden von der Sünde gebissen und hassen sie und ⌊glauben⌋, Christi Blut ist auf dich ausgegossen, du wirst nicht verdammt werden, Christus nimmt dich an, er kann dich nicht verlassen. Sieh, was für ein großer Schatz das ist: des Gottessohnes Blut! Alles in allem: sehen wir zu, daß wir einfältig am Wort hangen. Dann kann ein Sünder, wie groß auch seine Sünden sein mögen, vor Gott sagen: ›Das ist dein Licht, das du uns hast verkündigen lassen. Also habe ich keinen Grund zu verzweifeln, sondern vielmehr zu vertrauen und zu hoffen, weil du ⌊mich⌋ reinigen willst durch das Blut deines Sohnes.‹ Andere aber haben Grund zum Verzweifeln, denn sie blieben nicht hangen am Wort. Du siehst also, wie fleißig die Apostel dahin gearbeitet haben, uns in der Einfalt der Wahrheit zu erhalten.

V. 8: »So wir sagen, wir haben keine Sünde, so verführen wir uns selbst, und die Wahrheit ist nicht in uns.« ... Das Leben eines Christen ist voller Unruhe. Er fühlt, daß er Sünder ist, ... und seufzt zu Gott, daß er nicht ein Gefangener dieser Sünde werde. Im Gegensatz zu dieser Erkenntnis wollen jene Irrlehrer, die so etwas wie Lebensregeln aufstellen, daß sie frei von allen Sünden seien, und rühmen noch von ihren heiligen Ordnungen: ›Wer die hält, ist ohne Sünde.‹ Sie heißen ihre Sünde eine noch nicht ganz überwundene Krankheit oder Schwäche unserer menschlichen Natur. Auch Zwingli will darauf hinaus, die Erbsünde zu verharmlosen und nennt sie so etwas wie einen Defekt.[19] Gegen solche überheblichen Leute, die sich auf ihre eigene Gerechtigkeit verlassen, als ob sie des Christus nicht mehr bedürften, ⌊wendet sich Johannes⌋. So meinten auch wir, wenn wir gebeichtet und kommuniziert hatten, wir seien ⌊nun⌋ ohne Sünde, und es sei nichts mehr von ihr da als nur eine gewisse Schwachheit oder Krankheit unserer Natur. Dadurch fühlen sich solche Leute frei von der Furcht vor Gott, sie sind nicht unruhig und wachen nicht, während doch Christus mahnt:[20] ›Wachet und betet!‹ Das ist das erste Stück unseres Irrtums, daß wir uns durch unsere törichten Meinungen ein überhebliches Bewußtsein machen; das andere

19 So hatte Zwingli (vgl. oben Anm. 9 auf Seite 116) in seiner programmatischen Schrift ›De vera et falsa religione‹ (1525) gesagt.

20 Matthäus 26,41.

⌊Stück unseres⌋ Irrtums ist, daß einer verzweifelt, wenn er von der Sünde gejagt wird. ⌊Johannes aber⌋ will, daß man sich weder überhebe noch verzweifle. Die sich Überhebenden werden zwiefache Sünder, weil ihre Gerechtigkeit vor Gott in Wahrheit Sünde ist, und weil sie ihren Dreck auch noch Reinheit heißen. Sie sind Sünder und zugleich Gottlose. Denn sie behaupten von ihrer Sünde, sie sei Gerechtigkeit, was Gotteslästerung ist. Fühlen sie aber die Sünde und werden in ihrem Gewissen davon gebissen, sei es daß sie die Sünde erkennen, sei es daß sie ihre Frucht fühlen, weil sie zu Fall kamen und zum Zorn usw. gereizt wurden, so kann's nicht anders gehen, als daß ⌊Satan entweder⌋ solche Leute über die Sünde täuscht oder ihr Gewissen im Nu verzagt macht und Gottes Zorn vor Augen stellt. Gegen diesen doppelten ⌊Trug⌋ stellt ⌊Johannes⌋ hier das rhetorische Dilemma: ›Du sollst weder verzweifeln noch sollst du dich überheben‹, um den Menschen einzuüben in dieser einfältigen Lehre: ›Niemand ist gerecht vor Gott außer durch das Blut Jesu Christi.‹ Ohne dies ist ⌊ein Mensch mit⌋ allem, was es gibt an Regeln, Orden und religiöser Anstrengung, noch in Sünde und Tod; denn: »wer sich rühmen will, der rühme sich im Herrn«,[21] »auf daß Gott allein gerecht sei und gerecht mache den, der da ist des Glaubens an Jesus« (Röm 3,26). Niemand maße sich Gerechtigkeit und Weisheit an! »Dem sei Ehre, der allein gerecht und weise ist, Gott!«[22] Solche Worte sind Donnerschläge gegen unsere Gerechtigkeit und gegen die Überheblichkeit, in der wir glauben, rein zu sein.

»Wir verführen uns damit selbst.« Das ist ein jämmerlich Ding, daß wir keinen gefährlicheren Feind haben als unsere Meinung. Es ist aber eine große Sache: glauben zu *können*, daß wir allein durch Christi Blut gerechtfertigt werden. Am Tag ist also die Gottlosigkeit unter dem Papsttum, man solle die Statuten der römischen Kirche dem Evangelium gleich achten, als stehe das Heil darin, sie zu halten. Dagegen hat schon Nikolaus[23] protestiert; dennoch war es so

21 *1 Korinther 1,31.*

22 *Römer 16,27.*

23 *Nikolaus de Tudeschis (1386–1445) genannt Panormitanus, Benediktiner, Erzbischof von Palermo, war einer der bedeutendsten Lehrer des kanonischen Rechts im späten Mittelalter. Er hielt ein allgemeines Konzil der Bischöfe, nicht den Papst für die oberste Instanz in der Kirche. Luther berief sich auf ihn in Augsburg vor Cajetan 1518 und in der Leipziger Disputation 1519 gegenüber Eck.*

schwer, vom Papsttum sich zu trennen, ⌊ja es wäre unmöglich gewesen,⌋ hätte nicht der Heilige Geist dieses Verständnis ins Herz gegeben. Durch Christi Blut ist's leicht, die Kapuze auszuziehen; aber das tun mit einem sichern und getrosten Gewissen, weil genau das ⌊unter dem Papst⌋ Sünde ist, das ist am allerschwersten getan. Denn wir haben unsere eigene Gerechtigkeit an uns hängen und kleben. Wenn ich dahin komme, daß nichts mich vor Gott rechtfertigt, sondern daß ich ohne Christi Blut in der Sünde bleibe, dann schließe ich auf der Stelle: also sind des Papsts Statuten und der Väter Regeln Betrug! Aber der gewöhnliche christliche Orden ist so vollkommen, daß ihn nicht einmal die Apostel erreicht haben...

2 Die Notwendigkeit der Erfüllung der Gebote Gottes.

Kapitel 2,3–11: **Und an dem merken wir, daß wir ihn kennen, so wir seine Gebote halten. Wer da saget, ich kenne ihn, und hält seine Gebote nicht, der ist ein Lügner, und in solchem ist keine Wahrheit. Wer aber sein Wort hält, in solchem ist wahrlich die Liebe Gottes vollkommen. Daran erkennen wir, daß wir in ihm sind. Wer da saget, daß er in ihm bleibet, der soll auch wandeln, gleich wie er gewandelt hat.**

Brüder, ich schreibe euch nicht ein neu Gebot, sondern das alte Gebot, das ihr habt von Anfang gehabt. Das alte Gebot ist das Wort, das ihr von Anfang gehört habt, wiederum, ein neu Gebot schreib ich euch, das da wahrhaftig ist bei ihm und bei euch. Denn die Finsternis ist vergangen, und das wahre Licht scheint jetzt. Wer da saget, er sei im Licht, und hasset seinen Bruder, der ist noch in der Finsternis. Wer seinen Bruder liebet, der bleibet im Licht, und ist kein Ärgernis bei ihm. Wer aber seinen Bruder hasset, der ist in der Finsternis, und wandelt in der Finsternis, und weiß nicht, wo er hingehet. Denn die Finsternis hat seine Augen verblendet.

Das Kennzeichen des Christen.

Kap. 2, V. 3: »An dem merken wir, daß wir ihn kennen.« Bisher habt ihr gehört, wie Johannes lehrt, worauf es in unserer Religion ankommt, nämlich auf die Erkenntnis Christi, um den Irrtum der Sünde zu bekämpfen, der in Meinungen besteht, die gegen die Einfalt des Glaubens streiten. Da also das Wesen ⌊unserer⌋ Religion in der Erkenntnis Christi und nicht in eigenmächtigen Bestrebungen usw. besteht, wird jetzt ein anderer Teil der Menschen hergeholt, um sie zu prüfen. Denn es gibt einen zwiefachen Abfall und Irrtum: der erste ist, Christus nicht zu kennen. Die ihn nicht kennen, bedenken die Versöhnung ⸤Christi⸥ nicht und reinigen sich durch ihre eigenmächtigen Versuche. ⸤Wo⸥ solche Unkenntnis ist, ⸤da⸥ hat Satan die Herrschaft. Der andre Teil zur Rechten sind die, die solche Erkenntnis heucheln. Die haben von Christi Reich gehört, daß in ihm Vergebung der Sünden ist allein durch Gottes Barmherzigkeit ohne ⸤unser⸥ Verdienst. Solche Worte lernen und predigen sie, und dennoch ist's keine lebendige, gründliche Erkenntnis, sondern ein Geschwätz auf ihrer Zunge wie Schaum auf dem Wasser, und dennoch meinen sie, besser zu sein als jene, die ⸤die Erkenntnis Christi⸥ bekämpfen. Auch von denen auf dieser Seite, die sich der Erkenntnis Christi rühmen und bei denen doch daraus nichts folgt, ⸤sagt Johannes,⸥ sie sündigen. Christus ist ihnen zwar so, wie oben gesagt ist, aber ⸤nicht so,⸥ daß daraus folgte, daß es eine wahre Erkenntnis ist, die darin steht, in ⸤solcher Erkenntnis⸥ zu leben und ⸤von ihr⸥ betroffen zu sein, nicht ⸤darin, über sie⸥ zu spekulieren.

Und dafür, daß wir ihn erkannt haben, wird dies das Zeichen sein (V. 3 b): »Wenn wir Seine Gebote halten.« ⸤Johannes⸥ redet generell gegen alle angeblichen Christen, die nicht im Irrtum wandeln, sondern das wahre Licht in ihren Worten und Spekulationen haben, aber nicht drinnen im Herzen, und in ihrem bisherigen Leben bleiben, in Haß und Neid und Stolz, ⸤kurz die⸥ leben, wie's ihnen gefällt; sie ändern sich in gar nichts, sie werden nicht barmherzig noch demütig. Die Erkenntnis ⸤Christi⸥ ist also in ihnen unfruchtbar, die doch darum mitgeteilt wird, damit wir Gottes Gebote erfüllen. Zu glauben, daß Christus allein unsere Sünde wegschafft, ist das erste Stück unserer Erkenntnis; das andere Stück ist, den Bruder lieben. Wer ⸤glaubt⸥, erfüllt das Gesetz, wie Paulus schreibt (Römer 3,31): »Durch den Glauben richten wir das Gesetz auf!« Christus ⸤aber sagt⸥: »Alles, was ihr wollt, daß euch die Leute tun sollen, das tut ihr ihnen! Das ist das Gesetz und die Propheten!« (Matth 7,12). Das erste Stück ⸤unserer Lehre⸥ ist ⸤die Lehre von unserer⸥ Rechtfertigung ⸤allein durch den Glauben⸥, das andere aber, daß wir Gottes Gebote erfüllen sollen. Das geschieht durch die Liebe. Wie Paulus an die Galater schreibt (Gal 5,1 ff): »Ihr seid zur Freiheit berufen, allein sehet zu, daß ihr durch die Freiheit nicht dem Fleisch Raum gebet, sondern durch die Liebe diene einer dem andern!« Und an die Römer (Römer 13,10): ⌊»Die Liebe ist des Gesetzes Erfüllung.«⌋ ⌊Wer liebt,⌋ schädigt den andern nicht in seinen Sachen, sondern wenn er krank ist, besucht er ihn; wenn er verzagt ist, tröstet er ihn. So nun leben, daß ich dem andern etwas nütze bin, das wird das Erkennungszeichen dafür sein, daß ⌊ich ein Christ bin⌋. Daß du deinen Feind nicht hassest und als Bruder liebst, ist das Zeichen dafür, daß du Christus erkennst, und solche Erkenntnis ist Seligkeit. Und wenn du in das alte böse Denken hineinfällst, kehrst du wieder um.

Der Streit des Christen.

Glaube ich, daß Christus für mich bei dem Vater steht, damit ich nicht verdammt werde, fließt ⌊daraus⌋ alsbald von selber die Liebe: Sie sind gelinde und offen für alles und ertragen die Schwachen. Das sind die, von denen Johannes sagt: ›Wir erfüllen seine Gebote.‹ Dann macht mir zwar die Sünde zu schaffen, aber sie triumphiert nicht, und ich zertrete den Kopf der Schlange. Denn ein Christ steht immer ganz im Streit, aber er hat im Himmel einen Starken, der für ihn streitet, Christus. Also redet ⌊Johannes⌋ hier gegen angebliche und heuchlerische Christen. Wenn aber einer zum Lieben um Christi willen sich bereit fühlt, der danke Gott und sage: ›Das was ich nicht tue, das tu du, o Jesu, und gib mir deinen Geist, daß ich mehr tue.‹ Ein christlich Wesen hat also immer Anfechtungen und kämpft gegen angebliche und falsche ⌊Christen⌋. Denn denen, die nicht hören, muß man widerstehen, und denen, die hören, es klarmachen. Wie ständig da ist, was uns Unruhe macht, so muß auch ständig da sein, was uns mahnt und tröstet. So läuft die Lehre; denn Satan ruht nicht und wird bis zum Ende da sein. Wie es zur Zeit des Apostels war, so sehen wir heute viele Prediger, die hervorragend lehren, aber nach Ehre geizen und ihren eigenen Ruhm suchen, und Satan scheint heute mächtiger zu herrschen als vorher. Früher ⌊hat man Geld übrig gehabt, um⌋ das Mönchsekel großzuziehen, ⌊heute⌋ sorgt man sich mehr um dies arme Leben als vorher. Woher kommt's? Satan ⌊ist's⌋. Vor dem Evangelium hatten wir nicht so viele Feinde; jetzt ist die ganze Welt uns feind: hier bei uns ist man des Streites müde und will man nur reich werden. Da darf man nicht den Mut sinken lassen; denn ⌊dieser Rumor⌋ ist ein Zeichen dafür, daß das Wort in Kraft ist. Denn wenn's nicht so wäre, würde uns ⌊Satan⌋ nicht angreifen. Er sieht, daß ihm hier eine Seele und anderswo eine andere entrissen wird; weil er dies sieht, macht er's doppelt so arg; dann wollen wir verzweifeln. Wenn in dieser Stadt nur zwei sind, die das Evangelium ernstlich annehmen, haben wir nicht vergeblich gelehrt... Nach dem Evangelium scheinen die Dinge immer schlimmer zu sein als vorher. Aber das ist, weil Satan zornig ist, daß ihm seine Rüstung weggenommen wird, ⌊und weil er hofft,⌋ wir würden's nicht aushalten. Wahrlich, könnte er mir den Hals brechen, er würde es in einer Stunde zwanzigmal tun. Daher muß man ständig die Trägen ermahnen und die andern muß man überzeugen. Tun wir's nicht, so ist's ein Zeichen, ⌊daß wir Ihn nicht kennen⌋, wie folgt:

V. 4: »Wer da saget, ich kenne ihn, und hält seine Gebote nicht, der ist ein Lügner.« Johannes hatte sicher mit falschen christlichen Brüdern zu tun, die sagen, sie haben das Evangelium und Christus erkannt. Sie kennen Gott, insofern sie wissen, daß Christus ⌊unser⌋ Heiland und Fürsprecher sei, den Gott annehme und nicht nur mit zornigen Augen ansehe. ⌊Sie kennen Christus, insofern sie wissen, daß⌋ er sein Blut zwischen Gott und Mensch stellt, durch das uns Gott wieder ansehen will... Sie wissen, daß das gelehrt wird. Aber, sagt ⌊Johannes⌋, ⌊sie sind dennoch Lügner⌋ und ⌊die Wahrheit ist⌋ nicht ⌊in ihnen⌋. Sie lügen und wissen's doch, weil sie anders ⌊davon⌋ reden als davon Betroffene. Sie haben sich diese Lehre zu eigen gemacht, nur um sich damit hervorzutun. Das tun auch unsere Rottengeister,[24] und die ⌊entsprechenden⌋ Früchte werden folgen; denn sie werden noch beides leugnen, sowohl Christi Gottheit als auch seine Menschheit. Die Worte hören sie von Ihm, von uns haben sie gelernt, daß man solches lehren soll; jetzt wollen sie den Ruhm haben und suchen doch unter Christi Namen und Wort ihren eigenen Ruhm und Bauch. Aber ihr Ruhm ist nichts, denn da ist nichts als Angeberei, und sie sind Lügner (V. 4b): »Die Wahrheit ist nicht in ihnen.« Warum fügt er das hinzu, obwohl es dasselbe sagt? ⌊Wie er⌋ oben ⌊gesagt hat, daß⌋ Gott Licht ist, aber der Unglaube sich einen Gott macht und sich Meinungen über Gott bildet, die Lügen sind, so sagt er hier: Wer, ohne Gottes Gebote zu

24 ›Rottengeister‹ (Luthers Übersetzung von ›Sektierer‹) sind solche, die die Einheit der Christenheit im Glauben durch Bildung von ›Rotten‹ (d. h. Parteien oder Gruppen) aufspalten.

halten, sich rühmt, Gott zu kennen, der ist ein Lügner, erstens weil er die Erkenntnis Christi nicht hat, und zweitens weil keine Wahrheit in ihm ist. Das sagt er gegen den Augenschein, denn sie wollen ja Christen sein. Das heißt: alles was ihr vorwendet, weil ihr ja die wahren Christen sein wollt, ist einfach nicht wahr. ...

Jetzt ⌊zieht Johannes den⌋ Schluß (V. 5): »Wer aber sein Wort hält, in solchem ist wahrlich die Liebe Gottes vollkommen.« Da siehst du, von welchem Gottesgebot Johannes redet. ⌊Auch bei⌋ Paulus ist's das Liebesgebot, in dem das ganze Gesetz zusammengefaßt ist.[25] Dennoch haben wir gestern gesagt,[26] daß wir nicht vollkommen sind. Wir haben einen zweifachen Vorteil: ⌊erstens⌋ die Erkenntnis Christi und daß wir nicht den Bruder hassen, weil wir nicht seinen ⌊Schaden⌋ suchen. Da heißt ⌊die Liebe⌋ eine Gabe ⌊Gottes⌋, weil, wenn sie nicht da wäre, wir ⌊die Erkenntnis Christi wie einen Raub⌋ an uns reißen würden. Unser andrer Vorteil ist, daß wir einen Versöhner haben, Christus, der mit seiner Gerechtigkeit ⌊für uns⌋ steht. Wenn wir nur sein Wort bewahren, so ist in uns die Liebe Gottes vollkommen, auch wenn sie nicht vollkommen ist. Denn Christus macht mit seiner Gerechtigkeit Gott einen solchen Nebel vor Augen, daß er keinen Sünder mehr sehen kann. So groß ist Christi Gerechtigkeit, daß sie der Menschen Sünden vor Gottes Angesicht zudeckt, so daß er gar keine mehr sieht. Lässige Christen, selbst wenn sie im Geiz oder in andern krankhaften Verirrungen und Lastern leben, ⌊aber⌋ ihre Sünden erkennen, zumal weil sie am Tag sind, die kann man wieder hinbringen. Aber bei denen, die gegen das Wort streiten, da ist keine Hoffnung der Besserung. Wenn man das Wort verloren hat, ist auch keine Liebe mehr da. ⌊Johannes⌋ redet hier einfach vom Wort des Evangeliums. Seht zu, sagt er, daß wir wahre Erkenntnis von Christus haben, sein Wort festhalten und es uns nicht wegnehmen lassen! Denn Satan und Sekten und die Trägheit des alten Menschen will es zu etwas Nutzlosem machen. Darum laßt uns beten und wachen, daß wir das Wort in seiner Gänze behalten! Dann bleibt auch jene Erkenntnis, der die Liebe folgt, und was daran noch fehlt, wird durch Christus uns erstattet werden, dessen Wort wir anhangen. Da siehst du, was

25 *Römer 13,10.*
26 *In der hier ausgelassenen Vorlesung über Kapitel 2,1–2.*

die Apostel haben predigen wollen. Satan hat Schreckliches mit uns vor: er will uns das Wort wegnehmen. Darum muß man am Gebet anhalten, weil Satan nicht aufhört, uns mit allen seinen Kräften anzugreifen. Jetzt hat er angefangen, uns zu zerstreuen,[27] weil wir Gottes Wort bewahren wollten; aber er soll dieses Licht nicht so schnell wieder wegnehmen. Darum sollen wir beten und jeder soll wissen, daß solch Gebet erhört wird. Obwohl doch für einen Christen Tod Gewinn ist, hat er doch 300 Personen zurückgetrieben, damit sie Gottes Wort nicht hörten; und einige von ihnen hätten es weitergetrieben. Er ist Fürst in seinem Haus und kann's nicht leiden, daß ⌊man ihn darin stört⌋.

Der Trost des Christen.

V. 5 b: »Daran erkennen wir, daß wir in ihm sind«, das heißt: er hat das Zeugnis, daß er Gott und den Nächsten liebt. ⌊In dem⌋ (erkennen wir) – das ist die Johannes eigentümliche Ausdrucksweise und ⌊heißt so viel wie:⌋ *dadurch* erkennen wir. Christus sagt:[28] »Aus ihren Früchten sollt ihr sie erkennen.« Johannes 15,5 nennt Christus sich den Weinstock und erklärt dort mit anderen ⌊Worten⌋, was es um die Erkenntnis Christi ist, ⌊nämlich daß⌋ wer in Ihm bleibt und Er in ihm, ⌊viel Frucht bringt⌋. Wir wissen gleichsam durch ein Zeichen, daß wir in dem sind, der ewige Heiligkeit, Güte und Macht ist. Wir sind also in Ihn eingeschlossen und lustwandeln in dem, der ewige Gerechtigkeit ist, wie in einem Garten. Ist's also nicht eine große Sache, daß ein Sünder in ewiger Gerechtigkeit wohnen solle! Wenn ein anderer gern im Paradies wäre, – ich gebe Christus nicht für hunderttausend Paradiese! Wer in seinem Wort ist, kann sich trösten, denn er hat Ihn als seine Versöhnung. ⌊Wer⌋ niemand weiß, dem er übelwill, darf also glauben, daß er in Ihm ist.

V. 6: »Wer da saget, daß er in ihm bleibe, der soll auch wandeln, wie er gewandelt hat.« Diese ⌊Anmerkung⌋ macht Johannes auch im Blick auf das Liebesgebot, und zwar gegen die angeblichen

27 *Luther denkt daran, daß die Universität aus Angst vor der Pest nach Jena verlegt wurde. Nachher gibt Luther die Zahl der Studenten an, die Wittenberg verlassen haben.*

28 *Matthäus 7,16.*

Christen. Denn viele sind, die sagen, sie seien in Christus, und wandeln nicht wie Christus. Hat er früher den ganzen Christus für sich in Anspruch genommen,[29] ⌊so hier,⌋ nicht bloß den, der in Liebe ⌊auf Erden⌋ gewandelt hat, sondern auch den, der für uns zum Tod dahingegeben ist. Darum soll jeder Christ so wandeln wie Christus. Denn wo Christus wohnt, den macht er sich gleichförmig. Wie Satan die Seinen voll alles Bösen macht, so macht Christus die Seinen gelinde und bereit, für den Nächsten zu leiden und zu sterben, wie Christus selbst getan hat. Darum sterben alle, die für das Wort ⌊Christi⌋ sterben, für ⌊andere⌋ Christen, damit diese gestärkt werden. *Das* heißt: wandeln wie Christus gewandelt hat. Weil er so spricht: ›Wer da sagt, daß er in ihm bleibe, der ist verpflichtet ...‹ – wenn er so spricht, zielt er auf die angeblichen Christen. Das ist zunächst ganz allgemein geredet, nachher wird er gezielt sagen:[30] ›Hat Christus sein Leben für uns eingesetzt, so sind auch wir schuldig, unser Leben für die Brüder einzusetzen.‹ ...

Die Einheit von alt und neu im Evangelium.

V. 7: »Brüder, ich schreibe euch nicht ein neu Gebot, sondern das alte Gebot, das ihr habt von Anfang gehabt.« Hier benützt ⌊Johannes⌋ das Stilmittel der Vorwegnahme ⌊eines Einwands⌋. Denn Johannes schreibt gegen neue Lehrer und auf die spielt er an, als ob er sagen wollte: ›Erwartet von mir nichts von Geboten, denn viele sind, die neue Gebote lehren.‹ So ⌊warnt⌋ Jakobus:[31] »Unterwindet euch nicht, Lehrer sein zu wollen«; denn der Grund der Lehre ist gelegt. Dennoch will's jeder besser machen. Der Teufel äfft immer dieses Licht nach und erweckt seine eigenen Lehrer. ›Ich schreibe euch also dazu, um euch in der Lehre, die ihr angenommen habt, zu bewahren.‹ Ebenso war Paulus von der Sorge umgetrieben, daß die Gemeinden bei der Lehre des Evangeliums bleiben. Das ist auch unser Kampf, ⌊will Johannes sagen,⌋ daß die Lehre bei ihnen bleibe. Gelegt ist der Grund, d. h. die Sonne der Gerechtigkeit *ist* aufgegangen.[32] Jetzt stehen so viele neue Lehrer auf, daß wir damit ge-

29 *Vgl. oben Luthers Auslegung von V. 1 (Seite 115 ff).*

30 *Kapitel 3,16.*

31 *Jakobus 3,1; vgl. Matthäus 23,8 und 1 Johannes 2,27 und 1 Korinther 3,5–11.*

32 *Vgl. Maleachi 4,2.*

nung zu tun haben, daß das Dogma[33] erhalten bleibe. Das heißt: macht euch nicht viel Gedanken, was ich denn Neues wolle, sondern ⌊mein Thema ist das alte:⌋ ›Glaube und Liebe‹. Darum schreibe ich euch, was ⌊ich⌋ früher ⌊geschrieben habe⌋, um euch vor neuen ⌊Lehren⌋ zu behüten. Ebenso ist's uns heute nur darum zu tun, das, was wir früher gelehrt haben, für uns zu wiederholen. Jetzt schwärmen sie gegen das Sakrament und die Taufe, aber danach werden sie gegen den Glauben ⌊und die Liebe streiten⌋.

»Ich schreibe euch das alte Gebot«, d. h. ich will euch bei der Einfalt in Christus erhalten gegen die neuen ⌊Lehrer⌋, damit ihr nicht mutmaßt, ich wolle auf neue Dogmen hinaus. Sondern bleibt ⌊bei dem alten⌋! Satan schläft nicht, so behüte uns Gott vor dem eitlen Ruhm theologischer Autorschaft.[34] Denn niemand darf sich dieser Lehre rühmen als Gott. Rühmt ⌊einer⌋ sich ⌊dessen⌋, so ist das teuflische Versuchung. Aus hohem und göttlichem Rat hat's Gott so eingerichtet, daß das Evangelium »das Wort vom Kreuz«[35] ist, um die Bestie eitlen Sichrühmens niederzuhalten. Er unterwirft uns den Verfolgungen Satans, damit wir erfahren, daß ⌊das Wort vom Kreuz⌋ kein leeres ⌊Wort⌋, ⌊sondern daß es *Gottes* Kraft ist⌋. Sektierer dagegen sehen darauf, daß *sie* den Ruhm kriegen.

V. 7b: »Ich schreibe euch das alte Gebot, das ihr habt von Anfang gehabt.« Das ist das Gebot des Evangeliums, das von uns verkündigt und ⌊von euch⌋ gehört worden ist. Dieser Brief ist kurz vor dem Lebensende des Johannes geschrieben worden. Ich darf mich nicht wundern, daß es noch zu meinen Lebzeiten dazu kam, daß Sekten sich erhoben, da selbst die Apostel zu ihren Lebzeiten dem nicht wehren konnten. Das ist das alte Gebot: Das was ich euch früher, »von Anfang an«, ⌊gepredigt habe⌋. Um es kurz zu sagen: Hütet euch vor neuer Lehre und behaltet das alte ⌊Dogma⌋.

V. 8: »Wiederum schreibe ich euch ein neu Gebot.« Er zertritt den giftigen Lehren ⌊ihren Kopf⌋. Wollen sie eine neue ⌊Lehre⌋ haben, warum greifen sie nicht nach jener ⌊›alten‹⌋? Und ⌊dann⌋ werden sie sehen, daß gerade die neu ist. Denn sie ist für die Welt nie

33 *Luther spricht bewußt von* dem *Dogma, nicht von Dogmen, wie Johannes von* dem *Gebot. Dem entspricht unsere heutige Rede von* dem *Kerygma.*

34 *Text: vana gloria in doctrina.*

35 *1 Korinther 1,18 ff.*

etwas, das sie schon weiß. Denn das Evangelium bleibt eine neue Weisheit,[36] weil der alte Mensch sie nicht versteht. Der Zeit nach ist sie ⌊nicht⌋ neu, aber sofern wir von ihr betroffen sind,[37] und der Sache nach ist sie immer neu, weil wir ⌊durch sie⌋ immer erneuert werden. Auch für die Rottengeister[38] und die Welt ist sie immer ⌊noch⌋ neu. Die Rottengeister schreiben wohl vom Glauben, aber im Herzen haben sie ihn nicht, sonst würden sie nicht neue Lehren einführen. Warum ist sie neu?

Weil sie »in Ihm wahr ist und in euch«. ⌊D. h.⌋ aber: nur bei euch wird sie als neu erkannt. Ihr habt erkannt: Gott ist Christus. Ihr wißt, daß er der wahre Christus[39] ist, auch wenn die andern, ⌊weil sie das⌋ nicht wissen, es als Finsternis und Irrtum verdammen und ihre eigenen Träume aufrichten. Und zwar beweist er's so:

V. 8 b: »Denn die Finsternis ist vergangen und das wahre Licht scheint jetzt.« Also vor diesem neuen Gebot war Finsternis und kein Licht da. Also ist das neue Gebot das Licht, das »in der Finsternis leuchtet und das die Finsternis nicht begriffen hat« (Joh 1,5). ⌊D. h.⌋ ihnen ist's verborgen, sie sehen's nicht. Mit einem Wort: Hütet euch vor den neuen Lehren! Was ich euch früher geschrieben habe, *das* ist neu ⌊und⌋ genügt. »Laßt euch nicht von jedem Wind der Lehre umwerfen«![40] ⌊Aber⌋ das ist unsere Natur: Wo der Geist nicht ist, glaubt einer, sobald er eine Sache ein Jahr lang gehört hat, er wisse sie. So macht's unsere Natur: schnell kriegt sie etwas satt. Weil sie einmal erfaßt hat, daß Jesus Christus unsere Gerechtigkeit ist, ⌊so denkt sie:⌋ das kann ich. Kommt eine andere Meinung, plumps hinein! Alle Satten verachten die Lehre von der Rechtfertigung und die Frucht des Geistes. Es schmeckt aber, daß im Sakrament ⌊bloß⌋ Brot sei. Auf diese Meinung wird eine andere folgen. Käme nun ein neuer Prediger zu uns, hinge ihm alles an.

V. 8 b: »Das wahre Licht scheint jetzt«, das ist: Christus leuchtet durch sein Wort in euch. Wieder verdammt er die Lehrer ⌊seiner⌋

36 *Vgl. Anmerkung 4 auf Seite 127.*

37 *Text: secundum affectum. Der »Affekt«-Begriff ist im Deutschen nur schwer wiederzugeben.*

38 *Vgl. Anmerkung 24 auf Seite 139.*

39 *D. h. daß der historische Jesus der von der Predigt (dem Kerygma) gemeinte Christus ist.*

40 *Epheser 4,14.*

Gegner, ⌊als ob er sagen wollte⌋: In euch scheint das Licht, in ihnen ist die Finsternis noch nicht vergangen. Sie rühmen sich zwar, daß die Finsternis vergangen sei, sie haben zwar ein Licht, aber ein falsches, und verwandeln sich in Engel des Lichts.[41] Es ist ein schrecklich Ding, daß sie den Namen haben, Lehrer Christi zu sein. Satan redet nicht als Satan, sondern er schmeichelt sich unseren Sinnen so ein, daß er Gottes Majestät selbst oder Gabriel zu sein scheint. Ebenso verhält sich's mit seinen Engeln, so daß Paulus ⌊ihnen zugestehen muß⌋:[42] »Sie sind Diener Christi wie ich auch«. Und sind doch »trügerische Arbeiter«. Wer kann also sicher sein, wenn er mit denen zu streiten hat, die sich rühmen, es gehe ihnen um Gottes Ehre und um das Amt Christi?[43] Ich dürfte zwar wagen, mich einen ›Knecht Gottes‹ zu nennen,[44] aber ⌊ich darf's⌋ nicht ⌊tun⌋, um nicht diesen Namen zu einem Schanddeckel zu machen. »Das Licht scheint jetzt«. Wo? In Ihm ⌊und in euch⌋. In jenen scheint auch ⌊ein Licht⌋, aber ein falsches unter Christi und Gottes Namen.

Die Einheit von Glaube und Liebe.

V. 9: »Wer da saget, er sei im Licht, und hasset seinen Bruder, der ist noch in der Finsternis.« Diesen Haß können die Irrlehrer nicht unterlassen, denn wie ihr Geist ist, so ⌊ist ihr⌋ Leben. Mit erbittertstem Haß verfolgen sie die Christen, die in der Einfalt ⌊des Glaubens⌋ geblieben sind und das wahre Licht haben. Wir sind gehalten, ihre Lehre leidenschaftlich anzugreifen. »Ich hasse sie in rechtem Ernst.«[45] Es ist nicht genug ⌊sie⌋ zu hassen, sondern man ⌊muß es⌋ von ganzem Herzen ⌊tun⌋. Aber dennoch lieben wir ⌊sie und wünschen von Herzen⌋, daß sie doch zurückkehren möchten. Sollte uns denn

41 *Vgl. 2 Korinther 11,14.*

42 *2 Korinther 11,23; dagegen 2 Korinther 11,13 und Philipper 3,2.*

43 *Auf diesen Ton war der Brief Zwinglis (vgl. oben Anm. 9 auf Seite 116) an Luther vom 28. Februar 1527 gestimmt, mit dem er ihm seine Schrift »Amica exegesis ...« (1527) widmete.*

44 *So hatte sich Thomas Münzer genannt, der mit dem Anspruch eines Propheten auftretende schwärmerische Sozialrevolutionär, der im Bauernkrieg umkam (um 1490–1525).*

45 *Vgl. Psalm 139, 20–22. Am Schluß der Einleitung seiner Schrift »Daß diese Worte ›Das ist mein Leib‹ noch feststehen« (1527) hatte Luther geschrieben: »Und will sie freundlich gebeten haben, wollet nicht drum zürnen, daß ich ihre Lehre verdamme und dem Teufel zuschreibe: Ich kann's nicht anders machen noch nennen, als wie ich's im Herzen glaube.«*

dieses »significat« gefallen?[46] Ist noch ein gutes Tröpflein Blut in mir, – ich kann's nicht leiden um Christi willen. Sagen wir dann, sie seien blind, dann schilt man uns, wir seien maßlos. Wer ist hier Richter? Das Gericht ist dessen, dessen das Wort ist. Da sieht's so aus, als ob sie maßvoll und lauter Liebe wären: aber sie kranken an wütendstem Haß. Wer also nicht einfältig im Licht ist, kann nicht ohne Haß sein. Denn ein Irrlehrer möchte lieber die Christenheit als seine Lehre und die Werke des Fleisches ausgelöscht haben (Gal 5,19 ff). Diesen ihren Haß schmücken sie, sagt Johannes, und sagen, sie seien im Licht. Und die, die uns hassen, heißen das ›Eifer ⌊für Gottes Ehre‹⌋ und sagen, daß sie alles für Gottes Ehre tun, wie auch der Papst ⌊es zu Gottes Ehre tut⌋, wenn er ⌊unsere Schriften⌋ verbrennt. So kann sie niemand zu Sündern machen. Ihr angebliches Eifern für Gottes Ehre ist in Wirklichkeit ihr eigener Zorn, aber sie heißen es brennenden Eifer für die Wahrheit.[47] Darum läßt sich ein Irrlehrer nicht bekehren. Johannes ⌊sagt⌋: Wer nicht im Licht bleibt, ⌊bleibt⌋ auch nicht in der Liebe. ⌊Denn nur wo man im Licht bleibt⌋, sind gewiß dann auch Früchte des Geistes da. Wer aber vom Licht sich trennt, dessen Werke sind ⌊voll⌋ Heuchelei und Bitterkeit. Denn es ist nicht der Geist, sondern der Teufel da; denn die Frucht des Geistes wächst nur im Geist. »Ein schlechter Baum ⌊kann⌋ nicht gute Früchte bringen.«[48] Er haßt, wie die neuen Geister und Lehrer gezwungen sind zu hassen.

Denn (V. 9 b) »sie sind noch in der Finsternis.« Das sagt er, weil sie sich den Anschein geben, sie hätten sich ⌊zum Licht⌋ bekehrt. Aber, mein lieber Johannes, das glaubt man dir nur bei denen, die im Licht sind, wie ⌊das ›Gebot‹ nur wahr ist⌋ bei Christus und den Christen. ⌊Denn jene⌋ »sagen«, d. h. rühmen sich, daß sie im Licht sind. Aber Johannes hat auch ein Schandfleck, ein Spott ⌊der Leute⌋ und Finsternis sein müssen, sie aber sind der Ruhm und das Licht ⌊der Welt⌋. Die im Irrtum sind, die müssen den Titel haben, daß sie die wahren ⌊Christen⌋ seien; dagegen die treuen Lehrer sind Ver-

46 *So wollte Zwingli die Worte des Abendmahls verstehen: »Das bedeutet meinen Leib«.*

47 *So Zwingli in dem oben (Anmerkung 43 auf Seite 145) genannten Brief an Luther.*

48 *Lukas 6,43.*

führer. Haben die Apostel solches ertragen, werden's auch wir ⌞ertragen müssen⌟. Es folgt die Antithese:

V. 10: »Wer seinen Bruder liebt, der bleibet im Licht.« Die Liebe ist das sichere Kennzeichen dafür, daß einer im Licht ist. Dennoch sind, wie gesagt, die Rottengeister sowohl die Maßvollen wie auch die Christen! Ein wahrer Christ möchte nicht, daß solche Widersacher zugrunde gehen, aber er haßt ihre Lehre und Wort, weil sie damit andere verführen. Dagegen die Widersacher möchten das ganze Geschlecht ihrer Gegner mit Stumpf und Stiel ausgemerzt haben. Es gibt einen heiligen und einen bösartigen Haß: den heiligen bei den Christen, den bösartigen bei den Rotten.

»Und ist kein Ärgernis in ihm.« Was heißt das? Diese Aussage ist zweideutig: sie kann sowohl passivisch als aktivisch verstanden werden. Ich verstehe sie in passivischem Sinn; das heißt: die im Licht wandeln, die werden durch das großartige, prunkvolle und überhebliche Auftreten der neuen Lehrer nicht geärgert; es ist ihnen kein Anstoß, sondern sie bleiben treulich bei der Lehre. Denn »sie lieben dein Gesetz«;[49] dem hangen sie einfältig an. Ärgernisse sind zwar da (Matth 18,7), doch sie lassen sich dadurch nicht drausbringen. Die aktive Bedeutung ⌞wäre⌟: man soll bei niemand Anstoß erregen. ⌞Aber⌟ Christus hat in seinem Reich vieles, was Anstoß erregt; dazu ist auch er selbst den Juden und den Heiden ein Ärgernis.[50] Doch glaube ich nicht, daß Johannes davon redet, sondern ⌞er meint⌟: die Widersacher sind voll Ärgernis; sie stoßen sich an einzelnen unhöflichen Worten. Ein Christ dagegen läßt sich weder durch die Lehre der Gottlosen anfechten, ⌞noch⌟ läßt er sich ⌞die Liebe⌟ verderben durch die Schwachheit oder durch die Gottlosigkeit ⌞der andern⌟; er ändert sich nicht, sondern bleibt einfältig in der Liebe. Lies genau das 13. Kapitel des 1 Korintherbriefs! Mag ⌞einer⌟ ihn verachten oder übel über ihn reden, er läßt sich's nicht anfechten; so völlig ist er in der Erkenntnis des Lichtes, das ihn bewahrt. Mit tauben Ohren geht er an der neuen Lehre vorüber; durch die Bosheit seiner Widersacher läßt er sich nicht bewegen, verfolgen sie ihn, er hört's nicht usw.; denn er hat das Licht und ist eingewurzelt durch die Liebe. Dagegen die Widersacher sind ausgewurzelt und werden von jedem Wind

49 *Vgl. Psalm 119 öfters.*
50 *Vgl. 1 Korinther 1,23.*

der Lehre ⌊umgeworfen⌋ und durch die besten Worte beleidigt. Ob man sie liebe Brüder oder beste ⌊Herren⌋ nennt, auch wenn wir sie anbeten wollten, so begegnet einem nichts als Argwohn. Schilt man sie, so rühmen sie sich des Kreuzes, Christus (oder: ein Christ) ⌊aber⌋ erträgt geduldig beides, Böses und Gutes. Das siehst du in ihren Schriften. Unsere Höflichkeiten verwandeln sie in doppeltes Gift, unser Schelten in die Glorie des Martyriums. So ist Satan: er ist argwöhnisch und macht argwöhnisch. Das hat auch Johannes erfahren, und ⌊daher hat⌋ Paulus ⌊geraten⌋,[51] einen ketzerischen Menschen zu meiden, nachdem er ein oder zwei Mal gewarnt worden ist; denn er läßt sich weder durch gute noch durch böse Worte von seinem Wege abbringen. ⌊So heißt's auch in den⌋ Sprüchen:[51] »Wenn ein Frommer mit einem Narren zu tun hat, er weine oder lache, wie man's mit ihm macht, so findet man keine Ruhe.« Die heiligen Leute haben's erfahren. Es ist, als ob er sagen wollte: in allen andern ist nur Ärgernis und nichts als Ärgernis.

V. 11: »Wer aber seinen Bruder hasset, der ist in der Finsternis und wandelt in der Finsternis.« Er, der doch sonst so wenig Worte macht, wird hier beredt. Denn er redet hier gegen den Augenschein. Denn die des Satans sind, die gleißen. Und eben die so gleißen, die stecken in der Finsternis, das ist: ihr Herz ist nichts als Finsternis, das heißt: erstens ist ihr Glauben und Fühlen finster, zweitens wandeln sie auch in Finsternis. Ihr Aufenthalt ist in der Finsternis, darum ist auch, was sie tun und leiden, Verirrung, ist ein Wandel in der Finsternis; denn es ist keine Frucht der Liebe da, und das ⌊um so mehr,⌋ je weniger sie das glauben. »Denn er weiß nicht, wo er hingehet.« Glaube und Liebe sind ⌊für sie⌋ ganz in Finsternis gehüllt. Und dann meinen sie, sie seien unterwegs zur Ehre Gottes und ins Reich Gottes. Aber sie wissen nicht, wo sie hingehen. Und überdies wissen sie nicht, daß sie nicht wissen, wohin sie gehen. Wenn sie's wenigstens wüßten!

V. 11 b: »Wer in der Finsternis wandelt, weiß nicht, wo er hingeht«, ist ein Vergleich, der der übertragenen Bedeutung von ›Licht‹ entnommen ist. »Denn die Finsternis hat seine Augen verblendet.« Immer ⌊spricht Johannes⌋ gegen den Augenschein. Denn sie rühmen sich, mitten im Licht zu wandeln. Aber daß sie das nicht glauben,

51 *Titus 3,10; Sprüche 29,9.*

⌊daß sie in der Finsternis wandeln,⌋ das macht die Verblendung ihrer Augen.

Damit sind jene neuen Lehrer als die, die nicht bei dem einmal überlieferten Gebot bleiben, von vornherein entlarvt. Darum laßt uns beten, daß wir in jenem Licht erhalten werden. Es ist nicht auszureden, mit was für Mitteln Satan versucht, Christus aus dem Herzen zu nehmen (1 Petr 5,8); denn viele, die er unvorbereitet findet, bringt er ab. Lehren ist keine müßige Sache! ...

3 Die Kennzeichnung der Irrlehrer als Antichristen.

Kapitel 2,18.19: **Kinder, es ist die letzte Stunde, und wie ihr gehört habt, daß der Widerchrist kommt —. Und nun sind viel Widerchristen worden, daher erkennen wir, daß die letzte Stunde ist. Sie sind von uns ausgegangen, aber sie waren nicht von uns. Denn wo sie von uns gewesen wären, so wären sie ja bei uns geblieben; aber auf daß sie offenbar würden, daß sie nicht alle von uns sind.**

Warum die letzte Stunde ist.

Hier fängt Johannes an, das Motiv zu seinem Brief und gegen wen er ihn geschrieben hat aufzudecken. Denn erzwungen haben ihn vor allem die falschen Lehrer, die die Reinheit der christlichen Lehre verdarben. Um ihre Gläubigen vor ihnen zu bewahren, sah er sich getrieben, sowohl den Brief als das Evangelium zu schreiben. Hier nennt er sie vor aller Welt Antichristen.

V. 18: »Es ist die letzte Stunde.« So reden alle, wenn sie sehen, wie die Kirche so zerrissen wird und Sekten aufkommen. Seit 1500 Jahren hat man immer wieder gesagt: ›Er wird ⌊bald⌋ kommen‹, und das Evangelium heißt ⌊darum⌋ ›Abendmahl‹.[52] Auch mich hat das umgetrieben, und ich habe mir manche Gedanken über diese Stelle gemacht, warum die letzte Stunde da sei, da ⌊indessen⌋ Christi Reich nicht viel weniger lang als das des Mose gedauert hat.[53] Aber sie

52 *Vgl. Markus 13,29 f; Philipper 4,5; Offenbarung 1,3 und 22,10.12. Das Gleichnis vom großen Abendmahl (Lukas 16 ff) verstand Luther als Warnung an die Verächter des Evangeliums. Wer dieses letzte Angebot Gottes ausschlägt, hat nichts mehr zu erwarten, wie das Abendmahl das letzte Mahl am Tag ist.*

53 *Luther rechnete die Zeit von Mose bis Christus auf rund 1500 Jahre.*

heißt die letzte Stunde nicht von der Kürze der Zeit, sondern vom Charakter der Lehre. Weil diese Lehre die letzte ist, so ist ⌊ihre Zeit⌋ die letzte. Es ist nun keine andere Lehre mehr zu erwarten als die, die durch Christus und die Apostel mitgeteilt worden ist. Danach wird nur noch Christi Offenbarung folgen. Das konnte man von der Zeit, da Mose mit seinem Gesetz regierte, nicht sagen; denn da predigte man noch von einer andern Stunde, einem zukünftigen Tag, nämlich Christi Tag. Ist's nun so, dann werden wir alsbald gezwungen zu schließen, daß die letzte Stunde da ist, wenn jene Lehre ihre Zeit gehabt hat. Aber wenn man sich auflöst in alle möglichen Menschenmeinungen, würden wir ebenso schließen, daß jetzt die Stunde da ist, weil sich gegen die Lehre Sekten erhoben haben, nachdem die entschlafen sind, die das Wort hatten. Kein ⌊Gottloser⌋ hat das Wort der Wahrheit, und ⌊darum⌋ wissen die Gottlosen nicht, wer aus ihren Lehren nachwachsen noch was nach ihnen kommen wird. Denn die Gottlosen glauben nicht, daß die letzte Stunde da ist; uns aber, d. h. den Christen, ist's als ob heute oder morgen der Jüngste Tag kommen müsse. Also redet Johannes vom Charakter der Lehre. Denn mit ihrem Ende ist die Ernte und der Sommer vor der Tür.[54] Daher ist's erschrecklich zu sehen, daß da, wo die reine Lehre ist, sich Sekten erheben.

Warum der Papst der wahre Antichrist ist.

»Und wie ihr gehört habt, daß der Widerchrist kommt, und nun sind viele Widerchristen geworden.« ... Ein Teil des Satzes ist ausgefallen. Er will sagen: ⌊Wie ihr gehört habt, daß es kommen wird,⌋ so ist's wahr, so ist's geschehen. Du siehst, daß bei den ersten Gläubigen das Wort ›Antichrist‹ geläufig gewesen ist, und sie den Irrlehrern dies schöne Wörtlein ›Erzfeind Christi‹ angehängt haben. In diesen Anfängen regte sich, wie Paulus sagte,[55] »das Geheimnis der Bosheit«, auf Grund dessen Johannes prophezeit, daß so etwas wie ein neues Reich kommen werde, das sich Christus entgegen stellen werde. Kein ⌊Irrlehrer⌋ ist aber so lang und fest geblieben wie der Papst; die andern ⌊blieben bloß⌋ eine Zeit lang. Die Arianer[56]

54 Ernte und Sommer sind Umschreibungen des »Jüngsten Tages«; vgl. Matthäus 13,24 ff und Matthäus 24,32 f.

55 2 Thessalonicher 2,7.

56 Die Lehre des Arius, eines alexandrinischen Presbyters (gest. 336), wurde auf der Synode von Nicäa (325) als Irrlehre verworfen. Er wollte bestritten die Gottheit, die Manichäer[57] dagegen die Menschheit Christi, wie unsere Irrlehrer gegen das Fleisch Christi streiten, und das mündliche Wort für unnütz halten. Das sind halbe Antichristen. Keiner bisher griff das Hauptstück evangelischer Lehre an, nämlich die Unterscheidung zwischen menschlicher und göttlicher Gerechtigkeit, deretwegen Christus kam, um sie zu stiften d. h. um Gerechtigkeit und ewiges Leben zu schenken und so ein neues Menschengeschlecht zu machen. Die dieses Hauptstück angreifen, die sind die wahren Antichristen. Jene Arianer usw., die greifen Christus nur bei *einem* Stück an, diese aber den ganzen Christus; das geschieht da, wo der Papst regiert. Der hält zwar die Teilstücke fest, nämlich daß Jesus Christus Gott und Mensch sei, er behält auch die Schrift für sich; aber ⌊daneben⌋ stiften sie Orden, Religionen[58] und neue Lebensordnungen, womit man sich einen Weg zum Himmel bahnen könne. Das sind zwiefache Sünden. Denn meine Gerechtigkeit ist nicht Christi Gerechtigkeit; Christus muß besser sein als ich. Wo Christus regiert, da lehrt man, daß man sich nicht auf unsere, sondern auf Christi Gerechtigkeit gründen müsse und wir in seine Gerechtigkeit verpflanzt werden sollen. »Umsonst werden wir gerechtfertigt« (Römer 3,24). Ich bin zwar ein Sünder, aber ich bin in Christus hineingetauft, damit ich in Ihm gerecht sei, »der uns von Gott gemacht ist zur Weisheit und zur Gerechtigkeit und zur Heiligung und zur Erlösung« (1 Kor 1,30). Diese Gerechtigkeit liegt unter dem Papst brach. Denn wenn der Papst und ⌊seine⌋ Bischöfe lehren würden, man habe Christi Gerechtigkeit zu suchen, so würde folgen, daß es mit den Messen usw. nichts, ja daß ⌊das⌋ alles verdammt ist und man also nicht die Leute durch ⌊die Rede von⌋ unseren Werken und Verdiensten täuschen dürfte. Aber dann würde das ganze Reich des Papstes untergehen. Wer von ihnen würde dann noch so großtun? Und doch sagt er, Christus sei ⌊für uns⌋ gestorben; auch tauft er

Jesus nicht göttlichen Charakter absprechen, aber leugnete die »Wesensgleichheit« des Sohnes mit dem Vater.

57 *Mani (etwa 216–276), der Stifter der manichäischen Sekte, die sich als Heilsgemeinde der Endzeit verstand, vertrat eine doketische Christologie. Nach seiner Lehre war Jesus ein über die Erde wandelnder Gott, der einen materiellen Scheinleib hatte. Daher sagt Luther, daß die Manichäer das ›Fleisch‹ Christi bestreiten.*

58 *Vgl. oben Anmerkung 28 auf Seite 123.*

recht.[59] Und dennoch geht er über diese Worte hinaus und stiftet seine eigene Gerechtigkeit, z. B. daß der Gehorsam gegen die römische Kirche selig macht usw. Darum ist das Reich des Papstes in Wahrheit das Reich des Antichrist. Denn Christus sagt: ›Glaub an mich!‹ Der Papst dagegen: ›Glaub an dich!‹ Christus: ›Gründe dich auf meine Werke‹; der Papst: ›auf deine Werke!‹ und ⌊so heißt er die Leute auf⌋ Sand ⌊bauen⌋.[60] Pelagius[61] ist der Eckstein aller Irrlehrer, denn unsere Natur schaut alsbald auf das Werk. Daher folgten sie den Vätern und erwählten Werke, die nachher der Papst sanktionierte. Niemand hat gesagt: ›Hast du gesündigt, so glaub an Christus‹, sondern man hat uns einfach in unsere Werke geworfen. Folgerichtig ist daraus die Religion der Kartäuser[62] entstanden. Du kannst nicht Sünde, Tod und Satan mit deinen Werken überwinden. Hast du gesündigt, flieh unter die Flügel von Gottes Barmherzigkeit! »Euch, die ihr seinen Namen fürchtet, soll aufgehen die Sonne der Gerechtigkeit und Heil unter seinen Flügeln.« »Seine Wahrheit ist Schirm und Schild.«[63] ⌊Darum sprich:⌋ ›Ich verlasse mich auf Dein Blut, Deine Gerechtigkeit und Dein Werk.‹ Dann sagen sie: ›Wozu bin ich dann in der Kartause?‹ So streiten sie mit solchen Werken gegen Gottes Barmherzigkeit und treten Christi Blut mit Füßen und rechnen Christus unter die Übeltäter; das heißt: Christus mit seinem Blut ist nicht genug, ich muß auf einem besseren Weg zum Himmel

59 *Weil auch nach römisch-katholischem Ritus die Taufe auf den Namen des Vaters und des Sohnes und des Heiligen Geistes vollzogen wird.*

60 *Vgl. Matthäus 7,26.*

61 *Der Brite Pelagius (gest. etwa 420) hatte eine streng gesetzliche Auffassung vom Christentum. Für ihn unterschied sich Christus von Mose allein dadurch, daß er noch vollkommenere Gebote gab, die der Mensch erfüllen kann und darum auch soll. Luther hat recht, Pelagius den Eckstein der (abendländischen) Irrlehrer zu nennen, weil dessen Auffassung vom Christentum im christlichen Abendland die herrschende geworden ist. Augustin erkannte als erster, daß damit wieder – gegen Paulus und Johannes! – die eigene Gerechtigkeit aufgerichtet wird.*

62 *Die Kartäuser gelten bei Luther und auch sonst als der strengste asketische Orden. Gegen Ende des 11. Jahrhunderts in der Einsiedelei Kartause (Chartreuse) als Reformorden gegründet, versuchen die Kartäuser durch gesteigerte Buß- und Enthaltsamkeitsübungen zu einem heiligen Leben zu kommen.*

63 *Maleachi 4,2 und Psalm 91,5.*

gehen. Darum hat Paulus gesagt:[64] »Wenn wir, die wir suchen in Christus gerechtfertigt zu werden, selber noch als Sünder erfunden würden, dann ist Christus ein Sündendiener und selbst ein Sünder« und wird mit Recht als der zwischen zwei Mördern Gekreuzigte abgemalt. Dahin mußte es kommen, weil unsere Natur stürmisch nur dahin sich dreht; aber es ist ein fürchterlicher Fall. So hätte man sagen sollen: ›Hast du gesündigt, so haß es, auch nur daran zu denken, daß du es wiedergutmachen könntest!‹ Was dann? ⌊Denk daran,⌋ daß Christus für dich gelitten hat, und dann tu deinem Bruder den gleichen Dienst und vergieß für ihn dein Blut und rühme dich in ⌊deiner⌋ Trübsal! Predigst du solches, so hast du das Papsttum mit allen Klöstern, die die Reiche des Antichrists sind, umgestoßen. Sie berufen sich darauf⌋, daß der Glaube ohne Werke tot sei.[65] ⌊Aber hüte dich, daß du auf diesem⌋ Weg ⌊nicht bei⌋ der Verfluchung ⌊Christi endest⌋!

Als die Kinder Israel von Schlangen heimgesucht waren,[66] half es den Juden nichts, da sie eine Schlange am Hals hängen hatten, wenn sie vor den Schlangen, die sie verfolgten, flohen, bis Gott die eherne Schlange aufrichtete. Sobald sie nun sich von sich selbst abwandten und ihr Angesicht auf die angeheftete Schlange richteten, ⌊war ihnen geholfen⌋. So heften wir, wenn die Sünde da ist, unseren Blick auf unser Werk und Vermögen; aber davon soll man seinen Blick gerade abwenden und ihn auf Christus richten, der ⌊ans Kreuz erhöht ist⌋. Wer Christus so verstehen könnte, könnte sich immer freuen. Käme die Sünde, würde er seinen Blick auf Christus heften. Aber dem wehrt Satan und das Fleisch, daß wir nicht zu diesem Anblick kommen. Daher kommt der Antichrist. Einst pflegte ich weiß nicht was zu sagen; jetzt sage ich: ›Du, ⌊o Jesus,⌋ bist meine Gerechtigkeit, und ich bin deine Sünde‹. So kann ich die Sünde aus meinem Gewissen hinauswerfen, anders niemals. Denke ich: ›Dürfte ich doch nur noch ein Jahr leben, ⌊um besser zu werden,⌋ so hat Satan sogleich einen Nebel gemacht, daß du Christus nicht mehr sehen kannst. ⌊Denn⌋ Satan ist's, der einem solche Werke einbläst. Die wahren Werke sind, daß ich von Herzen meinem Nächsten diene. Von den

64 *Vgl. Galater 2,17.*
65 *Vgl. Jakobus 2,14 f.*
66 *Vgl. 4 Mose 21.*

Sünden, die trotzdem noch da sind, werde ich entlastet werden, weil ich Christus als das Lamm Gottes kenne, und ⌊darum⌋ von keiner Sünde weiß. Habe ich sie, so hat sie Christus. Wer also gegen diese Lehre streitet, ist der Antichrist. Keiner hat's mit einem solchen Ansehen betrieben wie der Papst; darum ist er das Haupt der Antichristen. Er erlaubt, das Evangelium zu predigen, aber nur unter der Voraussetzung, daß es ihm nichts schadet und auf den Schulen und in den Klöstern die Dekretalen des Papstes gelesen werden.[67] Und ein Mönch verwickelt sich ⌊schließlich⌋ in ein Dilemma: weil er entweder seine Regel nicht gehalten hat, oder wenn du sie auch vollkommen gehalten hättest, du doch Gott bitten mußt: ›Erlaß mir die Sünde, daß ich, während ich in meinem Orden lebte, meine Nächsten versäumt und nicht gepredigt habe.‹ Solang Bernhard[68] lebte und gesund war, bestand er auf der Ordensregel; als er im Sterben lag, ⌊bekannte er⌋: »Ich habe meine Zeit unnütz vertan: mein Trost ist, daß Christus nach zweierlei Recht richtet.« Das heißt: »Daß auch die Auserwählten in Irrtum verführt werden«,[69] denn der Irrtum des Antichrists blendet, und ⌊darum⌋ wird in der evangelischen Lehre nichts intensiver getrieben als wie ⌊wir⌋ durch Werke ⌊fromm werden⌋.[70]

Luthers Warnung und Trost.

Johannes sagt ⌊also⌋: Die halben Antichristen sind schon gekommen, aber der wahre Antichrist wird noch kommen. Der wird unter dem Namen der christlichen Kirche die ganze Lehre Christi mit Fü-

67 Das ganz Mittelalter hindurch war auf den Universitäten das Studium des kanonischen Rechts vorgeschrieben. Die päpstlichen Dekretalen waren praktisch sein wichtigster Teil; sicherten sie doch die Privilegien des Papstes und der Kurie, letzte Instanz in Glaubens- und Lebensfragen zu sein.

68 Bernhard von Clairvaux (1091–1153), der große Zisterzienserabt und Kreuzzugsprediger, übte mit seiner mystischen Frömmigkeit einen großen Einfluß auf die Kirche aus. In seiner von Alanus verfaßten Lebensbeschreibung findet sich sein Bekenntnis: »Mein Trost ist, daß unser Herr das Himmelreich nach doppeltem Recht verwaltet, erstens kraft dessen, daß er das Reich vom Vater geerbt hat, und zweitens kraft des Verdienstes seines Leidens. Das erste nützt ihm allein, das andere schenkt er uns; kraft dieses Geschenks, das er mir übereignet, werde ich nicht zuschanden.«

69 Vgl. Markus 13,22.

70 D. h., daß man gewöhnlich das Evangelium gesetzlich versteht. Vgl. Anmerkung 61 auf Seite 152.

ßen treten. Ich war, ohne zu klagen, Mönch und habe die drei Gelübde hingebend gehalten Tag und Nacht, und dennoch hatte ich deswegen keine Ruhe, ob ich die Regel rein gehalten hätte; denn es war kein Wort Gottes da, sondern nur die Auslassungen der Lehrer.[71] Da habe ich mein Leben vertan und übler verbracht, als wenn ich in einem Bordell gewesen wäre. Der ⌊wahre⌋ Antichrist ist der, der den ganzen Christus angreift. Sie leugnen Gottes Werk, wie immer sie auch glauben mögen, daß Christus Gottes Sohn ist. Da der Papst Gottes Werk leugnet, ist er der Hauptantichrist. Unsere Schwärmer leugnen nur einen Teil und sind darum nur in einem Stück Irrlehrer. Daher sind die Schwärmer, die jetzt das Wort führen, nicht die, die Satan eigentlich will. Er will auf eine andere Irrlehre hinaus. So pflegt Satan zunächst nur Stücke anzugreifen, damit man Schritt für Schritt in die Werkerei hineinschlittere.

V. 18 b: »Ihr habt gehört, daß der Antichrist kommt«, d. h. die Lehre ⌊des Glaubens⌋ wird untergehen. Darum ist letzte Stunde, dann ist nichts ⌊Gutes mehr⌋ in der Welt. In Rom ging das Evangelium unter, bevor Deutschland bekehrt wurde.[72] Bonifatius brachte ⌊zwar⌋ die Dekretalen des Papstes nach Deutschland,[73] doch ⌊auch⌋ die Schrift, die sagt, daß wir am höchsten Haupt, Christus, unserem Herrn, hangen sollen. Weil nun viele Antichristen, wie die Ebioniten und die Cerinther[74] gekommen sind, darum ist Johannes in Sorge. Er will sagen: Nimmt man die Lehre weg, dann ist auch Christus

71 Text: doctorum sententiae, d. h. die Interpretation der kirchlichen Lehre durch die Theologen, die eben ›gesetzlich‹ war und in den Spuren des Pelagius ging. Vgl. Anmerkung 61 auf Seite 152.

72 Nach Luther begann der verhängnisvolle Abfall der römischen Kirche unter Papst Bonifatius VI. (um 600), der den Titel »Haupt aller Kirchen« beanspruchte.

73 Die kirchengeschichtliche Bedeutung des Iren Bonifatius (675–754), des großen Missionars, besteht darin, daß er die Unterstellung des schon christianisierten deutschen Volkes unter den römischen Stuhl einleitete und organisierte. Luthers Urteil ist historisch zutreffend.

74 Einen Mann namens Ebion hat es zwar nicht gegeben, gemeint sind aber die sogenannten Ebioniten (die Armen), der Rest der untergehenden judenchristlichen Gemeinden. Sie lehnten die Christologie der heidenchristlichen Mehrheit als hellenistisch ab, weil sie sich wie die jüdische Synagoge völlig gegen den Hellenismus und damit auch gegen die griechische Kirche abgeschlossen hatten. Zu Cerinth vgl. Anmerkung 6 auf Seite 114.

hinweg. Wie in der Religion des Türken kein Licht ist, sondern nur Träume, kein Leben, sondern Tod, so ist, wenn diese letzte Lehre dahin ist, die letzte Stunde da. So ⌊ist meine Sorge⌋, was aus Deutschland werden soll, weil jetzt Sekten aufgekommen sind. Es ist um Deutschland geschehen, wenn es sich in einen Haufen von Sekten auflösen wird. Dann werden sie sich zusammentun und aus ⌊menschlichem⌋ Rat und Vernunft eine neue Kirche machen, wie der Papst eine gemacht hat.

V. 19: »Sie sind von uns ausgegangen, aber sie waren nicht von uns.« Das ist zwar zum Heulen und doch ist's tröstlich. Denn uns gibt man Schuld an allem, was Übles geschieht in der Welt, am Bauernaufstand, an den Spaltungen usw.; man wirft uns die schwersten Sünden vor. Denn es ist wahr, wäre der Papst in seinem Regiment geblieben, so wären gewiß die Bauern nicht getötet worden. Nachdem wir ⌊in sein Reich⌋ eingebrochen sind und einen Weg der Freiheit usw. gemacht hatten, fallen die Schwärmer drein. Es ist wahr. Aber sollen wir uns deswegen fürchten? Nein. Besser ist's, daß einige erleuchtet und aus dem Papsttum ⌊errettet wurden⌋, als ⌊wir wären im Frieden unter dem Papsttum verdorben⌋. Woher kam's, daß Christus gekreuzigt wurde? Aus seinem Häuflein. Denn wäre Judas nicht darin gewesen, er wäre nicht gekreuzigt worden. So haben wir Judas unter uns, der uns zerstreut. Daher kommt's, daß man uns Schuld gibt. Wir können's also nicht leugnen, daß sie aus uns hervorgegangen sind; doch das ist unser Trost: »aber sie waren nicht von uns.« »Die sind's, die den ganzen Erdkreis verwirren«, das haben schon die Apostel zu hören bekommen.[75] Sobald es zu Rottereien kam, mußten's die Apostel hören: ›Vorher war das römische Reich in Ruhe und Frieden, jetzt richten diese Schurken mit dem Evangelium ⌊nichts als Verwirrung⌋ an.‹ So hören wir heute: ›Was kommt denn Gutes draus? Mönche heiraten, und der Bauernaufruhr ist entstanden‹. So sind auch die Juden geärgert worden, daß Heiden durch den Glauben ⌊gerechtfertigt wurden⌋. So ist's heute der größte Skandal, und mir selber tut's am ärgsten weh, daß wir unter uns selbst uneins sind. Wer hat's angefangen? Nicht wir. Das ist unser Ruhm: wir haben nicht das Unsre gesucht. Aus uns sind sie zwar hervorgegangen, aber sie waren nicht von uns. Daß sie geärgert werden,

75 *Apostelgeschichte 17,6.*

sollen sie selbst entschuldigen und verantworten! So tröstet sich auch Johannes: »Aber sie waren nicht von uns«, sie gehörten uns nicht an. *»Sonst wären sie bei uns geblieben.«* So sagen wir zu uns: hätten sie dieselbe Meinung, denselben Geist, dasselbe Dogma, sie wären bei uns geblieben. Aber, sagt Johannes, ⌞das ist geschehen,⌟ (V. 19 b) »damit sie offenbar würden« und die Heiden wissen, daß nicht alle zu uns gehören. Hätte ich solchen Tumult vor Augen gehabt, wahrlich, ich hätte die Sache nicht angefangen. Aber Gott hat mich geführt und mir's verborgen, so daß ich nicht ⌞anders⌟ glaubte, als daß alles ruhig ⌞und stille⌟ vor sich gehen werde usw....

ZWEITER TEIL

Der Nächste als unser Bruder

Kapitel 2,29 – 3,9: **So ihr wisset, daß er gerecht ist, so erkennet auch, daß wer recht tut, der ist von ihm geboren. Sehet, welch eine Liebe hat uns der Vater erzeiget, daß wir Gottes Kinder sollen heißen. Darum kennet euch die Welt nicht, denn sie kennet ihn nicht. Meine Lieben, wir sind nun Gottes Kinder, und ist noch nicht erschienen, was wir sein werden. Wir wissen aber wenn es erscheinen wird, daß wir ihm gleich sein werden, denn wir werden ihn sehen, wie er ist. Und ein jeglicher, der solche Hoffnung hat zu ihm, der reiniget sich, gleich wie er auch rein ist. Wer Sünde tut, der tut auch unrecht, und die Sünde ist das Unrecht. Und ihr wisset, daß er ist erschienen, auf daß er unsere Sünde wegnehme, und ist keine Sünde an ihm. Wer in ihm bleibet, der sündiget nicht; wer da sündiget, der hat ihn nicht gesehen noch erkannt. Kindlein, lasset euch niemand verführen. Wer recht tut, der ist gerecht, gleichwie er gerecht ist. Wer Sünde tut, der ist vom Teufel, denn der Teufel sündiget von Anfang. Dazu ist erschienen der Sohn Gottes, daß er die Werke des Teufels zerstöre. Wer aus Gott geboren ist, der tut nicht Sünde, denn sein Name bleibet bei ihm, und kann nicht sündigen, denn er ist von Gott geboren.**

1 Die Begründung der Bruderliebe in der Gotteskindschaft.

Das Wesen der Gotteskindschaft.

V. 29: »So ihr wisset, daß er gerecht ist, so erkennet auch, daß wer recht tut, der ist von ihm geboren.« Immer neue Gründe bringt

Johannes hervor, um uns zum Rechttun zu verlocken. Ein Baum ist nicht müßig, zumal wenn Christus ihn gut macht. Darnach zwingt er durch Anfechtung, daß er ⌊mehr⌋ Frucht bringe, damit ich Christus angehöre. Christen sollen keine Heuchler sein. Denn das Wort Gottes steht nicht im Reden.[1] Sonst ist einer ein Christ nur in Worten. ⌊Daher⌋ sagt ⌊Johannes⌋: ›Wir predigen euch zwar eine gesunde Lehre, ⌊jedoch⌋ sehet zu, daß ihr euch selbst nicht täuscht.‹ ⌊Denn⌋, das wissen wir, daß nur wer recht tut, aus ihm geboren ist‹, d. h. an den Früchten erkennen wir's. Die Lehre ist gesund; aber sehet zu, daß ihr ⌊ihrer⌋ gewiß seid! ... ›Ihr wißt‹, sagt er, ›daß in Gott kein Unrecht ist, sondern Gerechtigkeit, und daß ihr durch seine Gnade gerecht gemacht seid. Darum könnt ihr wissen, wer Christen sind und wer nicht. In ihm ist keine Sünde, weil er uns ja von aller Sünde frei macht. Darum wißt ihr auch dies, daß wer die gesunde Lehre hat und aus ihm geboren ist, auch verpflichtet ist, ⌊recht zu tun⌋. Johannes unterscheidet das ›Aus-Gott-geboren-sein‹ vom Von-Gott-gehört-haben. Aus Gott geboren werden heißt, Gottes Natur kriegen. Laßt uns also nicht etwas vormachen durch einen ⌊bloßen⌋ Schein, sondern als Christen *geboren* werden, so daß wir jetzt von Natur gut sind, wie wir vorher ⌊von Natur⌋ böse waren. Darum wer wirklich aus Gott geboren ist, der tut recht, der dient seinen Nächsten. Wer seinen Nächsten nicht liebt, der kann ein gemachter Christ sein, der von ferne hat etwas läuten hören, aber er ist kein geborener Christ. Gott will also nicht Christen, die nicht das Rechte tun. Denn die wirklich aus ihm geboren sind, die tun das Rechte. Das ist der erste Weg, um träge und schnarchende Christen aufzurütteln, damit sie daran denken, daß sie sich täuschen, wenn sie wissen, daß Gott das Rechte will, und wenn ⌊sie dennoch nicht das Rechte tun⌋. Ein Sohn muß die Art des Vaters haben.

Das Wunder der Gotteskindschaft.

Zweitens (Kap 3, V. 1): »Sehet, welch eine Liebe hat uns der Vater erzeiget, daß wir Gottes Kinder sollen heißen.« Ein weiterer Grund, den er aus dem ersten »wer aus ihm geboren ist«, entwikkelt. Aus diesem Geborensein formt er einen weiteren Grund. Um euch also zur Liebe zu locken, habe ich gesagt: »Wer recht tut, der ist aus Gott geboren.« Und ⌊nun⌋ siehe! wie hat er uns geliebt, daß

1 *1 Korinther 4,20.*

wir Gottes Kinder heißen sollen! Wo ist ein Christ, der das verstanden hat und der nicht den Bruder liebe? ⌊Gottes Liebe ist ein⌋ glühender Ofen. Denn also hat er uns geliebt, daß er, der Vater, Christus in die Gewalt des Teufels gab. »Wie sollte er uns mit ihm nicht alles schenken?«[2] Also alles, was sein ist, das ist unser. Und dazu gab er ⌊seinen⌋ Sohn, damit ⌊wir erkennen, daß⌋ er unser Vater, ⌊und wir seine lieben Kinder seien⌋. Wer das versteht, der bricht heraus und liebt seinen Nächsten. ›Verlaß dich drauf‹, sagt er, ›ich habe den Tod überwunden; ich will den vom Tod erlösen, der liebt, ja »du wirst auf Löwen und Ottern gehen«.‹ Und »wie soll nun ich dem Herrn vergelten alle seine Wohltat, die er mir getan hat«?[3] Ich will mein Leben, mein Leib und Seele und was ich habe, für meinen Nächsten hergeben! Darum »sehet, welch eine Liebe hat uns der Vater erzeigt«, damit auch ihr euch zur Liebe verlocken lasset! Das sind feurige Worte. Denn er sagt nicht, Gott sei das höchste Gut,[4] sondern er sei die Liebe. Was für ein großer, feierlicher Gruß ist das, rief Maria aus.[5] So ⌊ruft⌋ hier ⌊Johannes aus⌋: Was für eine Liebe hat uns der Vater erzeigt! Und diese unermeßliche Liebe hat er uns nicht für unsere Werke verkauft, sondern umsonst uns geschenkt, die wir zum Tod verdammt waren, uns den Sklaven Satans, uns seinen Feinden, die wir als Priester mit Gotteslästerungen gegen ihn streiten, wie auch Paulus ⌊von sich bekannte, daß er sein Verfolger war⌋.[6] Denn als Geistliche verfolgen wir erbittert mit aller unsrer Kraft die Gnade und Barmherzigkeit Gottes. Statt solche Gottesempörer zu strafen, schenkte Gott ihnen seine Liebe – nein! nicht Gott, sondern der Vater, weil ⌊dieser⌋ Name süßer ist. Damit will er alle Christen entflammen, damit sie keine schnarchenden und vergeßlichen Christen seien, sondern Liebe erzeigen.

»... daß wir Gottes Kinder sollen heißen.« Das ist auch groß, daß wir nicht nur seine Freunde, frei von Tod und Sünde sein sollen, sondern Gottes Kinder genannt werden sollen! Mit stärkeren Worten konnte er's nicht ausdrücken. Nimm jedes einzelne Wort davon für dich in Anspruch! Denn er will sagen, daß wir alle bei

2 *Römer 8,32.*
3 *Psalm 91,13 und 116,12.*
4 *Das ist die philosophische (platonische) Definition Gottes.*
5 *Vgl. Lukas 1,29.*
6 *1 Timotheus 1,13.*

allen, bei Gott, bei Christus und allen Kreaturen so heißen sollen, weil so in der Schrift geschrieben steht:[7] »Ich will deinen Namen erzählen meinen Brüdern!« Und Matthäus im letzten (28,10): »Sag meinen Brüdern!« Sind wir denn Christi Brüder, so ist gewiß Gott unser Vater und sind wir Erben Gottes und Miterben Christi.[8] Darum beginnt er mit einem Wort des Staunens: ›Seht!‹ Also auch selbst von Satans Engeln sollen wir so genannt werden. Darum gebraucht er auch lieber die Wendung: ›Wir sollen so heißen‹, ⌊als ›wir sind's⌋‹.[9] Und es ist auch wahr, daß wir so heißen, denn wir sind durch seine Gnade geborene Kinder Gottes. Darum sehet zu, daß ihr recht tut!

Das Ärgernis an der Gotteskindschaft.

V. 1 b: »Darum kennt euch die Welt nicht.« ›Euch‹ heißt's im griechischen Text, nicht ›uns‹! Denn Johannes redet von Christen, die in einem großen Kampf stehen. ⌊Darum⌋ behandelt er diesen Grund ausführlicher, weil wir durch die Liebe Gottes dazu entflammt werden sollen, ⌊trotz allem in der Liebe zu den Brüdern zu bleiben⌋. Denn daß wir Gottes Kinder genannt werden und Gottes Liebe haben, das ist ein so hohes Ding, daß es die Vernunft nicht versteht und die Welt nicht begreift, nämlich daß ich armes Aschenbrödel dahin kommen soll zu glauben, ich sei Gottes Kind. Und dennoch müssen wir's glauben. »Küsset den Sohn!« heißt's, ⌊d. h.⌋ Ihn müssen wir ehren. Alle Gebote der Schrift lassen sich auf dieses ›Gebot‹ zurückführen: »Ich habe meinen Sohn zum König eingesetzt.«[10] Denn ihm wird der ganze Erdkreis zum Gehorsam überstellt, wie der ganze Psalm sagt. Also ist's ein ›Gebot‹ und steht nicht in meiner Willkür, sondern ›du mußt mein Bruder und Gottes Sohn sein‹. Darum »fürchte dich nicht, du kleine Herde«![11] Er will also, wir sollen seine unermeßliche Barmherzigkeit vor jedermann sagen, und nimmt dieses Hindernis weg, daß das doch niemand versteht.

7 *Hebräer 2,12.*

8 *Römer 8,17.*

9 *Das Sätzchen »und wir sind's auch« stand in den damaligen griechischen Textausgaben nicht.*

10 *Psalm 2,6. Wo Luther in Psalm 2,7 übersetzt hat: »Ich will von einer solchen* Weise *predigen«, hat die Vulgata das hebräische Wort choq mit praeceptum = Gebot wiedergegeben.*

11 *Lukas 12,32.*

Ihr sollt nicht darauf sehen, was die Welt und die Vernunft über euch urteilt, sonst möchte euch wieder davon abbringen, daß ihrer so viele, der Papst, die weisen Männer der Hochschule, unsere Lehre lästern. »Wir reden von der Weisheit, die im Verborgenen liegt, von dem Gott, der, was töricht ist in der Welt und was schwach und verachtet ist, erwählt.«[12] Wahrlich, die Welt müßte uns auf Händen tragen; aber sie tut das Gegenteil. Darum redet Johannes so gegen dieses Ärgernis, zumal die Welt das Gegenteil tut und uns lästert. Laß es gehen, daß die Welt glaubt, wir seien Kinder des Teufels; bleib du in der Erkenntnis Christi und trau du jenen Worten der göttlichen Liebe! Die Welt hält Weise und Gerechte für Gottes Kinder. Laßt uns vor ihr verborgen sein; denn wir sind Gottes Kinder auf Grund seiner Liebe!

V. 1 c: »Denn sie kennt ihn nicht.« Sollten denn solche heiligen, gelehrten und einflußreichen Leute Gott nicht kennen? Auch nicht die Schwärmer, die viel über ihn schreiben? Und die Papisten lesen doch diesen Brief des Johannes auch! Sie kennen Gott, aber daß er uns Unwürdigen solche Liebe geschenkt hat, ⌊daß wir Gottes Kinder sollen heißen,⌋ das wissen sie nicht. Sie reden die Worte, aber sie verstehen sie nicht; denn die Natur faßt sie nicht. Verstünden sie dies, daß sie Christi Brüder sind, so würden sie ihre Versuche, ⌊fromm zu werden,⌋ lassen und sich in Christus rühmen und freuen. ⌊Sie würden sagen⌋: ›Jetzt sehe ich, daß mein Leben ⌊jenes⌋ ›Joch‹ ist, von dem es Apostelgesch 15,10 f heißt, ›weder unsere Väter noch wir konnten's tragen‹. Und so würden sie mit uns zusammen alle ⌊diese Versuche⌋ verdammen. Aber verbissen halten sie daran fest und wütend verteidigen sie ihre Orden: denn sie kennen nicht den Vater, der sagt: ›Durch die Gnade meines Sohnes will ich helfen und ich habe alles verschlossen unter die Sünde, weil ich mich aller erbarmen will.‹[13] Ist ›alles‹ unter die Sünde verschlossen, dann auch die Messe und die Kapuze und jegliche Werke, ⌊wodurch wir fromm sein möchten⌋. Es heißt: »Nicht die aus dem Willen des Fleisches, sondern die aus Gott geboren sind, die sind Gottes Kinder.«[14] Alles was nicht ⌊Gottes⌋ Barmherzigkeit und des Vaters Liebe ist, ist, frei heraus gesagt, Sünde. Würde Gott von uns verlangen, anzugeben,

12 *1 Korinther 1,27; 2,9.*
13 *Römer 11,32.*
14 *Johannes 1,13 f.*

was Er der Herr, wirklich ⌊sei und⌋ wolle, so stellt man sich vor, daß er im Himmel sitze und unsere Werke registriere und den sich aufschreibe, der gute Werke tut. Und dann heißt Gott kennen ⌊natürlich⌋: Mönchsregeln halten. ⌊Dagegen Gott selber sagt dir:⌋ ›Willst du von Sünden frei werden, das könnt ihr allein durch diesen meinen Sohn und die von mir ⌊euch in ihm⌋ erzeigte Gnade.‹ Wer nicht den Vater kennt, kennt auch nicht den Sohn, und ⌊umgekehrt;⌋ es gibt keine Erkenntnis Gottes ohne die seines Sohnes. Eins hängt hier am andern. ⌊Aber⌋ sie lassen's nicht zu, daß wir *ohne* Werke Kinder Gottes sind, ja sie verdammen uns als Kinder des Teufels, weil wir ⌊nach ihrer Meinung⌋ alles auf den Kopf stellen. ⌊Es geht uns,⌋ wie es Christus gegangen ist, ⌊als die Juden sagten⌋: »Wir wissen, daß dieser Mensch ein Sünder ist.«[15] »Haben sie den Hausvater Beelzebub geheißen, wieviel mehr werden sie seine Hausgenossen so heißen.«[16] Sind wir Christi Brüder, so heißt's: »die Welt kennt euch nicht«; denn sie glaubt nicht, daß Gott so gesonnen sei, sondern sie machen sich selber einen Gott.

V. 2: »Es ist noch nicht erschienen, was wir sein werden.« Johannes ist immer noch dabei zu begründen, ⌊daß wir doch in der Liebe bleiben sollen⌋. ⌊Darum redet er nun⌋ gegen unseren Kleinglauben. Er argumentiert so: ⌊Gott⌋ der Herr liebt euch; darum liebt auch ihr! Und weil ein Christ lieben muß, darum tut er ⌊alles⌋, daß du auf diesem Argument bestehen könnest. Kehr dich nicht dran, daß die Leute anders denken! Es ist, sagt er, freilich ärgerlich. ⌊Denn⌋ du hörst, daß du ein Kind Gottes und ein Bruder Christi seist, und bist doch ein Sünder und Gotteslästerer von deiner Jugend an! Lieber Johannes, man kann's ja nicht begreifen, was du sagst. Aber laß es dich nicht anfechten! Es widerfährt deinem Gewissen Anfechtung erstens von der Welt, zum andern von deiner Vernunft. Aber wie immer du angefochten wirst, dennoch lügt die Schrift nicht. Und Christus hat nicht umsonst gesagt:[17] »Fürchte dich nicht, du kleine Herde!« Und (Joh 14,1 f): »Euer Herz erschrecke nicht! In meines Vaters Hause sind viele Wohnungen. Ich habe Raum genug.« Haben wir solche Liebe begriffen, so werden wir gewiß die Brüder lieben.

15 *Johannes 9,24.*
16 *Matthäus 10,25.*
17 *Lukas 12,32.*

Denn fühlen wir sie, so kriegen wir ein Herz voll Süßigkeit füreinander, ⌊gleich einem⌋ überfließenden Bach, daß wir einander lieben müssen. Darum beharrt Johannes so fest auf dieser Stelle: wir sind Gottes Kinder, weil wir so in der Heiligen Schrift genannt werden. »Es ist aber noch nicht erschienen, was wir sein werden.« Wir sind's schon jetzt; aber daß wir es sind und bleiben werden, ist noch nicht am Tag. Ich kann dir's nicht mit dem Finger zeigen, es ist verborgen und noch nicht offenbar. Daß ich Gottes Kind und Christi Bruder sein soll, das ist von allem möglichen Ärgerlichen und Gegenteiligen, ⌊nämlich⌋ durch mein eigenes Leben zugedeckt, weil ich schwach bin wegen meiner Sünden, weil ich sterben muß, weil meine Sünde abgründig ist wie das Meer, und weil ich von der ganzen Welt verdammt werde. Der Teufel, der Tod, die Welt, sie alle sind die Dekkel, durch die ich durchbrechen soll, und glauben, daß ich Gottes Kind bin. Alles, was gegen uns spricht, ist vor aller Augen, denn wir bestehen allein durch das Wort. Gab uns Gott wirklich solche Liebe? Die in Sünden sind, die schwanken und irren und getötet werden, die sollten Kinder Gottes sein? Wie soll ich das verstehen? Häng dich ans Wort! Christus hatte nicht, wo er sein Haupt hinlege (Matth 8,20). Die Apostel besaßen keinen Fußbreit Boden, und die Welt will Gott fassen ⌊und greifen können⌋!

»Es ist noch nicht erschienen, was wir sein werden.« Ja, wir sind's schon, fügt Johannes hinzu; denn die Schrift lügt nicht. Aus dieser Stelle schließe, was ein Kind Gottes tun soll! Wir sind zu Kindern Gottes geworden durch Gnade; ⌊also⌋ tun es keineswegs ⌊unsere⌋ Werke, daß ⌊wir⌋ Kinder Gottes werden. Oder soll ein Kind von einem gütigen Vater denken: ›Ich habe einen gar harten Vater, ich will versuchen, sein Herz zu gewinnen‹? Ein Kind ⌊Gottes⌋ sagt: ›Ich freue mich und frohlocke im Herzen, daß ich einen so gnädigen Gott habe; jetzt will ich in kindlicher Freiheit und bereitwilligst tun, was dem Vater gefällt.‹ Darum kann es nicht Sache der Werke der Christen sein, ⌊die Kindschaft⌋ zu verdienen, ⌊sondern⌋ damit ⌊mir⌋ die Kindschaft noch gewisser und fester werde. So ist's ein Widerspruch in sich selbst: Kind Gottes sein und Gottes Gnade durch Werke erlangen ⌊wollen⌋. Ist einer Gottes Kind, so hat er alles.[18] Was sollte er noch dazu tun müssen? Nicht daß ⌊eure Gotteskindschaft⌋

18 *Vgl. Römer 8,31 f und Lukas 15,31.*

durch Werke zustande kommt, aber eure Berufung soll gewiß werden, und ich soll in der Erkenntnis Christi gestärkt werden.

V. 2 b: »Wir wissen aber, wenn es erscheinen wird am Jüngsten Tage, daß wir ihm gleich sein werden«, nicht daß wir dasselbe wie Gott sein werden, aber ähnlich dem, der Leben und Gerechtigkeit, d. h. alles ist. Wir werden an allem teil haben, was in Gott ist, und erfahren, wie er ist. Es wird kein Deckel mehr darüber sein, sondern es wird offenbar sein, daß wir heilig sind. Jetzt werden wir dem Tod übergeben und sehen von allem nur das Widerspiel; nichts ist in uns außer den Ärgernissen der Welt und unser eigener Ärger mit Fleisch und Teufel. Dann aber wird kein Ärgernis, keine Verfolgung und kein Kleinglaube mehr sein.

An diese Stelle schließt er nun an (V. 3): »Wer solche Hoffnung hat, der reiniget sich gleich wie jener rein ist.« Wer solches wirklich glaubt, den entzündet Gottes Liebe, daß er Früchte, die jener Liebe entsprechen, bringt. Denn liebt uns der Vater, so sollen auch wir lieben. Wenn ⌊wir aber nicht lieben, so glauben wir auch nicht, daß uns der Vater liebt⌋. ...

2 Die Begründung der Bruderliebe in der Sendung des Sohnes. Die Entlarvung der angeblichen Christen.

V. 5: »Ihr wisset, daß Er erschienen ist, auf daß Er unsere Sünde wegnehme.« Rühmt euch also nicht, Christen zu sein, wenn ihr euch selbst täuscht! Jener Christus erschien im Fleisch. ⌊Etwa⌋ um sich uns als Vorbild zu erzeigen? ⌊Nein,⌋ wozu? Um unsere Sünde wegzunehmen! Stellt ihr euch vor, als hätte er Freude an Sünden? Christus ist gestorben und hat sein Blut vergossen, damit er seine Gemeinde reinige (Eph 5,25 ff). Ihr wollt Christen sein und sät und begießt die Sünde, die Er wegnimmt! Das wäre mir eine feine Christenheit, wenn ihr sein Widerpart wäret! Das ist der dritte Grund, womit Er seine Ermahnung begründet: Wer Sünde tut, streitet gegen Christus. Will einer nicht gegen seine Sünden kämpfen, kämpft er gegen Christus. Darum müßte euch dieses Argument erschüttern (Römer 2,17 ff). Wir heißen Christen und sind nichts weniger, sondern wir suchen nur das Unsre. Das ist die Klage, daß die Hörer des Wortes Gottes nur noch lauer werden: früher ⌊hüteten sie sich vor Sünden, weil⌋ man sie dazu zwang, jetzt, weil man lehrt, ⌊Gott wolle einen⌋ freien Gehorsam, ⌊tut jeder, was er will⌋. Das heißt:

die Sünde *tun*. Diese Sünden trug Christus weg, und wir säen sie! Ist das nicht ein starker Grund, um die Lauen aufzurütteln, ⌊wenn gilt⌋: »Wer nicht mit mir ist, ist wider mich.«[19] Ihr werdet die Sünden wegnehmen, wenn ihr euch reiniget und mit eurem Nächsten handelt, wie es recht ist.

V. 5 b: »In Ihm ist keine Sünde.« Er suchte nur, was uns frommt. Er sah uns im Tod der Sünde und stieg herab, um sie wegzunehmen. So tut auch ihr! Und ihr werdet's nicht tun, außer ihr reinigt euch. Darum habt ihr keine Zeit zu sündigen, sondern jetzt ist's Zeit, das Rechte zu tun. V. 6: »Wer in Ihm bleibet, sündigt nicht.« Ihr sagt, ihr kennt ihn, aber »mit den Werken verleugnen sie ihn«, »einige haben keine Ahnung von Gott«,[20] denn sie kennen ihn nur mit der Zunge. Aber ⌊solche Erkenntnis⌋ muß dasein als Ereignis unseres natürlichen Wesens. Denn die zwei sind widereinander: »In-Christus-bleiben« und »Sündigen«. Warum? wo Christus ist, da *nimmt* er die Sünde weg. Er ist also noch ständig bei diesem Geschäft, das heißt: »Er nimmt die Sünde weg.« Darum tötet ein Christ das Fleisch.[21] Er läßt die Sünde nicht herrschen, sondern wehrt ihr. Er beißt sich geistlich mit ihr, sobald sie da ist. Sehen wir also zu, daß wir zu denen gehören, die Sünden wegnehmen und unseren Nächsten dienen! Aufrichtigen Herzens predigen, das heißt dem Nächsten dienen.[22] Unser Vermögen ist nicht so groß, aber der Reichtum des Wortes soll unserem Nächsten gegeben werden. Es ist freilich gefährlich, Gottes Wort zu lehren: ⌊denn⌋ geschieht's nicht rein, dann nützt es gar nichts. Gott hat's so verfügt, daß es keinen Stand geben soll, der sich allein dienen könnte. Ein Ehemann ist dazu da, daß er im Schweiß seines Angesichts schaffe, sein Weib, daß sie dem Haus vorstehe. Will sie es tyrannisieren, versäumt er Weib ⌊und Kind, so sündigen sie⌋. Wer als Obrigkeit ein Gemeinwesen zu regieren hat, der soll den öffentlichen Frieden erhalten und den Schuldigen strafen. Befindet er sich im Stand der Liebe, wohl ihm! sucht er seine Ehre, so tut er Sünde und Unrecht. Verflucht ein Leben, das sich selber dient, ja es ist des Teufels!

V. 6 b: »Jeder, der sündigt«, d. h. der der Sünde Raum gibt, »hat

19 *Lukas 11,23.*
20 *Vgl. Titus 1,16; 1 Korinther 15,34.*
21 *Vgl. Galater 5,24.*
22 *Vgl. Anmerkung 45 auf Seite 145.*

ihn nicht gesehen noch ihn erkannt«. V. 7: »Kindlein, laßt euch niemand verführen!« Ebenso warnt Paulus davor, sich durch leere Worte verführen zu lassen,[23] wie diejenigen, die Freiheit predigen, oder wenn sie von der Freiheit des Geistes predigen hören, und eine Freiheit des Fleisches daraus machen wie heute. Als ob wir befreit wären von guten Werken (Eph 2,10), ⌊und nicht vielmehr⌋ damit wir frei seien von Neid und Bitterkeit und dann auf das bedacht seien, was unserem Nächsten fehlen möchte. Ich sehe, daß viele unter euch sind, die sich durch Worte, die uns schmeicheln, verführen lassen; »um solcher willen, sagt Paulus, kommt der Zorn über die Kinder des Unglaubens«.[23]

Der Kampf des Christen gegen die Sünde.

V. 7b: »Wer recht tut, der ist gerecht, gleichwie jener gerecht ist.« Da siehst du, was sündigen heißt. Niemand täusche sich noch andere! Siehst du einen, der krank ist vor Neid oder der sein Weib betrügt, so sollst du ihn nicht einen Christen heißen. Verzeiht einer aber leicht seinem irrenden Nächsten, so siehst du eine notwendige Frucht ⌊des Glaubens⌋. Von dem saget: ›der tut recht‹; aber nicht durch sein eignes Werk, sondern durch den Glauben. Sieh den Textzusammenhang an! ⌊Johannes⌋ will ja die Gerechtigkeit des Glaubens, die sich durch das Werk erweist. Ihr könnt sagen: ›der ist gerecht‹, weil er sich tötet und seinem Nächsten nützlich ist; denn es muß die Frucht des Heiligen Geistes dem Glauben folgen. Denn der, an den wir glauben und auf den wir hoffen, ist nicht müßig, sondern geschäftig, ⌊Sünden wegzunehmen⌋. Umgekehrt (V. 8): »Wer Sünde tut, in dem bleibt der Teufel.« Denn Sünde tun d. h.: der Sünde Raum geben und nicht gegen sie kämpfen. Denn die Sünde ist das Werk des Teufels, der nie aufgehört hat, Sünde zu tun. Wie sündigt der Teufel? Auf die gleiche Weise, wie er »von Anfang an gesündigt hat«. D. h. nie denkt er an etwas anderes, sondern ist immer nur darauf aus zu sündigen. Ein Christ kann zu Fall kommen (Gal 6,1 ff), er kann eine Wunde kriegen und im Glauben unsicher werden. Aber wenn das geschieht, fühlt er ⌊es⌋ alsbald und beißt sich mit der Sünde und kehrt zu sich zurück; er ist nicht ohne jedes Gefühl wie der Teufel, den nichts reut, sondern der immer bloß an Sünde denkt.

23 *Epheser 5,6.*

Hatte Johannes solche Hörer, so werden wir keine besseren haben. Also war die Urkirche nicht so heilig, wie wir meinen; es gab auch in ihr Heuchler und falsche Christen. Darum kann auch nie unser Amt aufhören, sondern man muß fortwährend lehren, predigen und ermahnen, ⌊wie auch⌋ für Christus ⌊sein Amt nicht aufhört⌋. Denn läßt er uns auch zu Fall kommen, so ist er alsbald da, um ⌊sich mit der Sünde⌋ zu beißen und den alten Menschen zu töten; denn »Meine Strafe ist alle Morgen da und ich bin geplagt täglich.«[24] Der Teufel macht's umgekehrt. Ein Christ hat daher immer acht auf sein Fleisch; weil er sieht, daß das Fleisch nichts leiden will, sagt er zu ihm: ›Du mußt herhalten!‹ Dagegen Satan sündigt von Anfang an, d. h. er beißt sich nicht mit der Sünde; er kennt keine Reue.

V. 8 b: »Dazu ist erschienen der Sohn Gottes, daß er die Werke des Teufels zerstöre.« Christus und Teufel sind widereinander; wer vom Teufel ist, ⌊zerstört⌋ nicht ⌊dessen Werke⌋. Christus und Teufel zerstören sich gegenseitig: Christus zerstört des Teufels Werke, umgekehrt was Christus baut, reißt der Teufel nieder. Christus baut in uns Früchte des Glaubens; dessen ⌊Früchte⌋ sind Christi Werke, die zerstört der Teufel und setzt an deren Stelle die Werke des Fleisches. Darum kann man einen Christen leicht erkennen. Denn »offenbar sind die Werke des Fleisches«.[25] Fühlst du dich gezwungen, daß du nicht huren willst, dann ist da Christi Werk, das des Teufels Werk zerstört. Umgekehrt, fühlst du, daß du am liebsten huren möchtest, wenn Ort und Gelegenheit ⌊dazu da wäre⌋, ist der Teufel da und reißt Christi Werk nieder. Gehst du an deinem Nächsten, dessen Not du siehst, vorüber, da zerstört der Teufel in dir dein Betroffensein durch Christus und sein Werk in dir.[26] Jeder sehe also zu, ob er vom Teufel oder von Christus ist. So gehen diese zwei Fürsten widereinander; es gibt nichts dazwischen: entweder sind wir unter Christus oder unter dem Teufel. Es ist ein tröstlicher Spruch, daß Christus gekommen ist, die Werke des Teufels zu zerstören. Denn ⌊Johannes⌋ versteht darunter den nie endenden Streit Christi mit dem Teufel: einmal hat er die Sünde weggetragen, aber er liegt immer mit ihr im Streit.

24 *Psalm 73,14.*
25 *Galater 5,19 ff.*
26 *Text: adfectum et opus Christi in te (vgl. oben Anm. 37 auf Seite 144).*

V. 9: »Jeder, der aus Gott geboren ist, tut nicht Sünde; denn sein Same bleibt bei ihm.« Es ist ein Johannesbrief; denn es ist dieselbe Sprache wie im Evangelium. ⌊Dort redet er von dem Glaubenden als einem, der⌋ »nicht aus dem Geblüt noch von dem Willen eines Mannes, sondern von Gott geboren ist«.[27] ⌊Hier sagt er⌋: Wer nicht sich selbst zu einem Christen gemacht hat, bei dem steht das Christentum »nicht in Worten, sondern in Kraft«.[28] Das ist eine Bekräftigung oder Wiederholung des Vorhergehenden.[29] Was soll ich viel sagen? Kurzum: Sind wir zu Christen geboren, so ist nicht eine fromme Schminke oder Gestalt da, sondern das Wesen und die Sache selbst. Ist einer also ein geborener Christ, so tut er nicht Sünde. Denn das Geborensein-aus-Gott treibt die Sünde aus, beißt und kreuzigt sie. Sie steckt am Spieß und kann darum nicht zum Zug kommen. Braucht das Haus des Nächsten ⌊unsere⌋ Hilfe und Dienst, so sagt der Geist: ›Also heraus mit dem Geld! Du bist dazu in meinem Beutel, lieber Mammon, daß du ausgegeben wirst.‹ Warum? weil der Same Gottes, d. h. sein Wort ⌊in dir ist⌋. Petrus sagt:[30] »Ihr seid nicht aus vergänglichem Samen, sondern aus unvergänglichem Samen geboren. ⌊Denn⌋ Gottes Wort bleibt, es ist ein ewiger Same.« ⌊Wo⌋ es steht, kann es nicht mehr verjagt werden.

V. 9b: »Er kann nicht sündigen.« Warum, mein lieber Johannes? Ist doch nichts leichter als sündigen zu können! Weil die beiden widereinander sind: Sünder-sein und Aus-Gott-geboren-sein. Es kann einer das Aus-Gott-geboren-sein verlieren; dann kann er sündigen. Aber solange ⌊Gottes Wort⌋ steht und sein Same in ihm bleibt, kann er es nicht. Solche Sätze sind bei uns in Vergessenheit geraten, wir haben sie nicht verstanden. Und doch gibt's keine einfachere These als die, daß Gottes Same in uns keine Sünde bei uns leidet. Denn Christus ist der, der von Sünden reinigt. Der sitzt im Herzen durch den Glauben und sagt: ›Lieber Bruder, da hast du angefangen, dich nach Ehre gelüsten zu lassen, und bist darüber entrüstet, daß dein Name mit Schmach besudelt ist. ⌊Laß das!⌋‹ So bewahrt er uns, daß die Sünde nicht Herr wird. Die Sünde knurrt zwar, aber Christus tötet sie mit seinen Zähnen. Christ sein steht darin,

27 *Johannes 1,13.*
28 *Vgl. 1 Korinther 4,20.*
29 *Vgl. Luther zu 2,29.*
30 *1 Petrus 1,23 ff.*

daß der Haß gegen die Sünde und die Liebe zum Recht-tun von Tag zu Tag größer wird. Darum ⌊gilt auch⌋ das Gegenteil: Sündigt einer, d. h. vollbringt er die Sünde, kann er nicht aus Gott geboren sein. Denn Aus-Gott-geboren-sein und Sündigen-können widersprechen sich gegenseitig. Unter dem Nicht-sündigen-können versteht aber Johannes das Nicht-vollbringen der Sünde, damit wir den Trost nicht verlieren. Denn die Sünde macht uns Unruhe, sie knurrt gegen uns: aber wir sind unter der Gnade. Ficht mich der Neid an, soll man ihn unterdrücken. Denn es kann nicht geschehen, daß wir ohne Kampf leben...

DRITTER TEIL

Die notwendige Prüfung der Geister

Kapitel 3,24b – 4,6: **Und daran erkennen wir, daß er in uns bleibet, an dem Geist, den er uns gegeben hat. Ihr Lieben, glaubet nicht einem jeglichen Geist, sondern prüfet die Geister, ob sie von Gott sind, denn es sind viel falscher Propheten ausgegangen in die Welt. Daran sollt ihr den Geist Gottes erkennen: ein jeglicher Geist, der da bekennet, daß Jesus Christus ist in das Fleisch kommen, der ist von Gott. Und ein jeglicher Geist, der da nicht bekennet, daß Jesus Christus ist in das Fleisch kommen, der ist nicht von Gott. Und das ist der Geist des Widerchrists, von welchem ihr habt gehöret, daß er kommen werde, und ist jetzt schon in der Welt.**

Kindlein, ihr seid von Gott, und habt jene überwunden. Denn der in euch ist, ist größer, denn der in der Welt ist. Sie sind von der Welt, darum reden sie von der Welt, und die Welt höret sie. Wir sind von Gott, und wer Gott erkennet, der höret uns. Welcher nicht von Gott ist, der höret uns nicht. Daran erkennen wir den Geist der Wahrheit und den Geist des Irrtums.

1 Es geht um die Reinheit der Lehre gegen ihre Verderber.

Kap. 3, V. 24 b: »Und daran erkennen wir, daß er in uns bleibet, an dem Geist, den er uns gegeben hat.« Jetzt fängt er eine neue Ermahnung an, um die Reinheit der Lehre zu erhalten gegen die Geister, die sie verderben. Denn sobald das Evangelium aufgegangen ist, will Satan dieses Licht auslöschen. Darum muß man bei dieser Lehre ständig auf dem Posten sein. In sich ist jene Lehre voller Tat ⌊(d. h.

sie tut, was sie sagt)⌋, nach außen hin ist sie wirksam;[1] das ist jener Geist, den er uns gegeben hat. Denn die das Wort nicht verachten, sondern lieben und gerne hören, denen bringt das Wort die Erstlinge des Geistes mit, durch den sie Gott in sich und sich in Gott erkennen. Denn ⌊ein solcher⌋ wird dessen inne, daß er zu einem andern verwandelt worden ist und hat ein anderes Urteil, er kann nicht mehr anders.[2] Als wir unter den Greueln des Papstes waren, hielten wir das alles für heilig und Gott gefällig und waren darin ersoffen; jedem gefiel seine ›Sekte‹,[3] und ⌊jeder⌋ war davon überzeugt:[4] mein Weg ist der richtige. Das Evangelium lehrt aber: *Christi* Gerechtigkeit wird euch vom Tod frei machen. Nimmt man dieses Licht an, ist ⌊jene⌋ fromme Maskerade, die Mönchskapuzen usw. erledigt, und wir gefallen uns allein in Christi Gerechtigkeit. Das ist der Geist, ⌊den Gott uns gegeben hat⌋, da haben wir eine neue, andere Empfindung als früher; jetzt hungert ein Mensch nach nichts, als so vollkommen wie möglich in Christi Gerechtigkeit zu sein, und mit Paulus[5] ⌊sagt er⌋: ›Die Kapuze, die ich für heilig hielt, die hol der Teufel, und halte sie für lauter Dreck gegen die Gerechtigkeit, die in Christus ist.‹ Und diese Meinung[6] ist nicht aus uns, sondern ⌊das ist⌋ der Geist, den uns der Vater gegeben hat, durch den wir mit Sicherheit urteilen und etwas bekennen und behaupten können. Das ist der Beweis dafür, daß Gott in uns ist, weil wir denken, was Gott denkt. Dagegen bei denen diese Lehre stinkt, weil sie in ihre eigenen Ziele und Werke vernarrt sind und nicht leiden können, daß Mönchswesen verachtet wird, dort herrscht noch die fleischliche und eigene Meinung.[6] Solchen gefällt nichts, was von Gottes Gerechtigkeit gesagt wird, sondern sie richten ihre eigene auf (Römer 10,3). Unser Werk und Christi Blut sind schlechthin widereinander. ⌊Das⌋ lesen und hören sie, aber was daraus zwingend folgt, können sie nicht glauben. Denn tut's Christi Blut, kann's also meine Gerechtigkeit nicht ⌊tun⌋. Entweder wird Christus ganz geleugnet oder ganz be-

1 *Text: in se actuosa, extra se efficax.*

2 *Text: alium affectum.*

3 *Luther charakterisiert mit dem Begriff ›Sekte‹ die vielerlei Mönchsorden und religiöse Sozietäten, deren »Regeln« Heilswege sein wollen.*

4 *Text: affectus erat.*

5 *Philipper 3,7 ff.*

6 *Text: adfectus.*

kannt. Wir können wohl versucht werden, daß uns Satan einmal traurig macht, als habe uns Gott verlassen; dennoch bleibt ⌊jene⌋ Erkenntnis unversehrt. Ich weiß, daß die mönchische ⌊Gerechtigkeit⌋ in Wahrheit gottlos und Christi Gerechtigkeit rein und heilig ist. Darum ist's Gabe des Heiligen Geistes, die dieses Licht und Urteil in uns macht, daß wir ⌊menschliche Gerechtigkeit und Christi Gerechtigkeit⌋ unterscheiden können. Darum redet ⌊Johannes⌋ von dem Geist, der mir das Zeugnis gibt, ⌊daß Gott in mir ist,⌋ weil ich nicht bloß heimlich, sondern öffentlich bekenne, ⌊was ich glaube⌋. »Ich glaube, darum rede ich.«[7] Aber es folgt das Kreuz: denn wir werden innerlich gedemütigt, Ruhm und Ehre treibt uns nicht, ⌊vielmehr⌋ werden wir verlästert, wir sind Gewürm und keine Menschen.[8] Stolz können wir nur auf diese Lehre sein; darum ist Christus in uns, der Heilige Geist ist uns geschenkt, weil wir das nicht durch menschliche Spekulation haben. Erasmus[9] und Oekolampadius[10] sind die allergelehrtesten Leute auf Erden; man bleut's ihnen ein, aber sie fassen's nicht; Brenz glaubt.[11] Usw.

Darum fügt Johannes jetzt sachgemäß eine Ermahnung und Warnung an, die man sehr genau beachten muß, und die wörtlich lautet (Kap. 4, V. 1): »Man soll nicht jedem *Geist* glauben.« Und das ist deutlicher und kräftiger als »man soll nicht jeder Lehre glauben«. Denn alle ⌊Irrlehrer⌋ kommen und rühmen sich des Geistes.[12] Und ⌊darum⌋ muß diese Stelle in der Schrift besonders genau beachtet werden. Alle rühmen sich des Geistes; wegen ihres maßlosen Gei-

7 *Vgl. 2 Korinther 4,13.*

8 *Vgl. Psalm 22,7.*

9 *Erasmus (1467–1536), der um die humanistische Bildung hochverdiente Basler Gelehrte, stand am entscheidenden Punkt im Gegensatz zum reformatorischen Evangelium von der freien Gnade Gottes, die den Sünder ohne alles eigene Verdienst, allein durch den Glauben rechtfertigt.*

10 *Ökolampad (1482–1531), ursprünglich humanistischer Gelehrter, wurde zum Vorkämpfer der evangelischen Sache in Basel und der Schweiz; im Abendmahlsstreit stand er auf Zwinglis Seite gegen Luther, gehörte also für diesen zu den »Sakramentierern«.*

11 *Johannes Brenz (1499–1570), damals noch Prediger in Schwäb. Hall, später Reformator Württembergs, war überzeugter Anhänger Luthers; er war einer der wenigen, die damals in Oberdeutschland noch zu Luther hielten.*

12 *Die Losung der von Luther als Schwärmer charakterisierten Geister war: »Der Geist muß es tun!«*

stesdünkels ist ihnen die Taufe, Christi Leib und das mündliche Wort zum Spott. Denn die sich zum Lehren vordrängen und etwas Neues herbringen, die weise hinweg! Denn kommt der Heilige Geist, so will er lieber hören, was ein Bruder sage; jene aber kommen, um zu lehren. Halt das für eine unfehlbare Regel, daß das der Satan ist! Sie lassen sich zwar zunächst dazu herab, daß sie lernen wollten. Aber sie sind's, von denen es heißt: »Sie liefen, aber ich habe sie nicht gesandt« und »alle die vor mir gekommen sind, sind Diebe und Räuber«.[13] Denn wer einen andern lehrt, der tut's mit großer Furcht und tut's nicht, außer er sei dazu entweder durch Gott oder durch Menschen verordnet; keiner sagt: ›Der Geist treibt mich!‹ ⌊Kommt einer aber⌋ so, glaubt ihm nicht, sondern weg mit ihm! Es liegt ein starker Ton auf dem Wort: Glaubt nicht einem jeglichen Geist! Messerscharf trifft er damit den Anspruch der hochfahrenden Geister.

2 Das Kriterium der reinen Lehre.

Die notwendige Prüfung der Geister.

V. 1 b: »Sondern prüfet die Geister, ob sie aus Gott sind!« Sieh, was er zu seiner Zeit hat leiden müssen! Daß er, solange er noch lebte, sehen mußte, wie die Welt mit vielen betrügerischen Schriften überschwemmt wurde, ⌊nachdem⌋ kaum zehn Jahre das Evangelium im Lauf gewesen war! Dies, ⌊was hier in seinem⌋ Brief ⌊steht,⌋ hat er vierzig oder fünfzig Jahre danach geschrieben.[14] Ich will nicht, sagt er, daß ihr die Geister einfach verwerft, aber daß ihr ihnen nicht kopflos glaubt, sondern sie prüft. Aber wo soll ich das Kriterium hernehmen? Denn (V. 1 c) viele sind in die Welt ausgegangen, die doch nicht gesandt waren, und sie tun's ⌊trotzdem⌋, so wie von Karlstadt bei jener akademischen ⌊Doktorpromotion nach seinem eigenen Geständnis gegen sein Gewissen⌋ gehandelt worden ist.[15] Was soll die Probe sein, daß wir die Geister erkennen?

13 Jeremia 23,21 und Johannes 10,8.

14 Diese Daten hat Luther aus den Angaben des Hieronymus erschlossen. Vgl. Anmerkung 6 auf Seite 114.

15 Karlstadt (um 1480–1541) war Luthers Kollege, dem dieser seinen Galaterkommentar 1519 gewidmet hatte. Seit seinem eigenmächtigen Vorgehen in kirchlichen Neuerungen 1522 kam es zum Bruch zwischen Karlstadt und Luther. Das oben erwähnte Ereignis aus dem Jahr 1522/23 berührt Luther auch einmal bei Tisch und fügt dort hinzu: »Seit dem Wort ist Karlstadt gefallen.« Karlstadt hatte bei einer Doktorpromotion, die er vorzunehmen

Redlich gibt er Auskunft, wie man sie erkennen kann. V. 2: »Als Geist aus Gott erkennt den, der bekennt, daß Jesus Christus ins Fleisch[16] gekommen ist, und jeder Geist, der Jesus auflöst, ist nicht aus Gott.« (Im griechischen Text ⌊heißt es⌋ anders.)[17] »Und das ist der Geist des Antichrists.« Behalt als Regel: was jene auch lehren, vergleich's mit dieser Lehre: ›Jesus Christus, Gottes Sohn, ist in diese Welt gekommen und kam ins Fleisch!‹ Diesen Jesus predigt der Heilige Geist. Alles, was sich mit dieser Lehre reimt, das nehmt an, was nicht, das weist ab! Zuerst, zur Zeit des Johannes, war dieser Geist plump. Wie die Juden, die unentwegt gegen Christus predigten und leugneten, daß er Gottes Sohn sei, und Cerinth,[18] ⌊der lehrte⌋, vor ⌊seiner Geburt aus⌋ Maria sei Christus nicht gewesen. Das war eine plumpe Leugnung der Gottheit Christi. Daß Christus ins Fleisch gekommen ist, ⌊ist ein Beweis für die Rede von den⌋ zwei Naturen ⌊Christi⌋. Er ist Gottes Sohn gewesen vor seiner Menschwerdung, ja vor allen Zeiten, das heißt, daß der ins Fleisch gekommen ist, der Gott und Mensch ist, und ⌊wer die Behauptung aufstellt, daß der, der Gottes Sohn von Ewigkeit her ist,⌋ nicht im Fleisch erschienen sei, der ist gewißlich nicht aus Gott. Das haben die Cerinther getan. Allen war Christus ein Stein des Anstoßes usw. Danach ⌊kam⌋ der Papst, der bekennt beides, ⌊sowohl Christi Menschheit wie seine Gottheit,⌋ aber er leugnet sein Werk und die Frucht ⌊seines Kommens⌋.

Kritik des Geistes des Papsttums.

Was ist er denn, wenn ich das wegschneide? Dann ist's gleichviel, als leugnete ich ⌊ihn selbst⌋. Man muß ja sehen, warum er ins Fleisch gekommen ist. Nicht darum ist sein Advent geschehen, damit er Mensch würde, sondern damit er der Heiland der Welt wäre

hatte, gesagt, er vollziehe diesen Akt gegen sein Gewissen nur wegen der zwei Gulden, die er dafür kriege.

16 *Sowohl der griechische als auch der lateinische Text dieser Stelle sagen, Jesus Christus sei* im *Fleisch (»in carne«) gekommen. Da aber Rörer in seiner Nachschrift von Luthers Vorlesung ständig* »ins *Fleisch« (»in carnem«) schreibt, muß man daraus schließen, daß Luther auch in seiner Vorlesung (wie noch in seiner Übersetzung von 1546) mit Bedacht* »in das *Fleisch« gesagt hat.*

17 *Wortlaut des griechischen Textes: »und jeder Geist, der nicht Jesus bekennt, ist nicht von Gott«.*

18 *Vgl. oben Anmerkung 6 auf Seite 114.*

und gäbe sein Fleisch für die Welt. Sonst könnt er's heimlich tun. Aber darum ist's geschehen, damit er der Welt erscheine und tue, was zu tun war. Darum leugnet auch der Papst Christus, denn er leugnet die Frucht dieses Advents, weil er leugnet, daß Christus gekommen ist, um alle anderen Gerechtigkeiten zu verdammen und uns die seine zu geben. War's nicht ein großer Schurkenstreich Satans: die Wortgestalt und leeren Schalen »Jesus Christus ist ins Fleisch gekommen« hat er bewahrt; aber wenn du die Wirkung des Advents Christi haben willst, daß er seine Gerechtigkeit in uns aufgerichtet und gepflanzt hat, damit unser Herz auf seine Gerechtigkeit und nicht auf unsere Werke sich verlasse, – das hat Leo in seiner Bulle verdammt.[19] Da steht der klare Text (Röm 3,28): »Wir halten dafür, daß der Mensch gerecht werde durch den Glauben an den, der um unserer Sünden willen gestorben und um unserer Gerechtigkeit willen auferweckt ist (Röm 4,25), und daß wir ohne Verdienst gerecht werden aus Gottes Gnade durch das Blut Jesu« (Röm 3,25 f). Der Papst aber erklärt: Unsere Klöster tun's, ja die Mönche sind die Gerechten; darum löst der Papst mit aller Macht und Erfolg Christus auf, während er ihn zum Schein und dem Wortlaut nach bewahrt, wie wenn er für sich in die Welt gekommen wäre. »Sie haben den Schein der Frömmigkeit, ihre Kraft aber und den Herrn, der sie erkauft hat, verleugnen sie.«[20] Sie leugnen nicht, daß Christus Gott ist – zum Schein bleiben die Worte unverändert –; aber sie leugnen ihre Kraft – denn er heißt »unser Herr, der uns erkauft hat« –, weil sie ihre Gerechtigkeiten, Regeln und Weisheit aufrichten. Aus diesem Text schließe ich, daß der Geist des Papstes, daß ihre Klöster aus dem Geist des Teufels sind; denn sie leugnen die Wirkung von Christi Ankunft.

Kritik der Schwarmgeister.

Desgleichen hatte ich es mit Geistern zu tun, deren Bekenntnis zu Christus so täuschend echt war, wie ich's kaum von einem gehört habe, daß Christus für uns gestorben sei usw., – genau wie wir's sagen: sie schienen nicht zu irren. Aber was taten sie? ⌊Sie erzähl-

19 In der Bulle »Exsurge Domine« (1520) mit der Papst Leo X. Luther mit dem Bann bedrohte, wurden einige Spitzensätze Luthers als ketzerisch verdammt.

20 2 Timotheus 3,5; 2 Petrus 2,1.

ten⌋, sie hätten sich zuerst mit »Gelassenheit«[21] dazu bereitet, daß ihnen die Wahrheit offenbart würde; danach erscheine nichts als Gott und man höre so etwas wie Stimmen von Gott her. Sobald ich sie so reden hörte, da hatt ich's. Denn wenn ein Mensch sich einen Zugang zu Gott verschaffen will, das ist der Satan, denn sie kommen im Geist zu Gott. Und ist ⌊doch⌋ der ganze Christus im Fleisch. Wir halten daran fest, daß es keinen Gott gibt außer dem, der in jenem Menschen ist, der ⌊ins Fleisch⌋ herabkam. Ich fange bei den Windeln an und nehme den an, der ⌊im Fleisch⌋ kam, und frage nicht nach dem, der im Himmel sitzt, denn mir steht keine Leiter zur Verfügung, um in den Himmel zu steigen. Nachher verfielen sie darauf, zu behaupten, Wasser und Wein sei nichts. Endlich sind sie so weit gegangen, daß Münzer auf unseren Christus scheißen wollte, denn der wäre nur ein äußerlich Ding. Darum sind's nicht wahre, sondern teuflische Geister, weil sie im Geist zu Gott kommen wollen. Aber wir können Gott nicht finden, außer ich höre aus dem Evangelium, daß der Sohn Gottes gekommen ist, der von einem Weib geboren ist, der nicht von uns erbeten oder gesucht worden ist, sondern der sich aus lauter Barmherzigkeit offenbart hat. So fange ich beim Advent Christi an; denn ich, der ich in Finsternis und Tod liege, habe nie zu ihm geseufzt. Ich wußte nichts von Christus, daß er für mich gekommen sei, um mich zu erlösen; denn ich suchte und bereitete mir einen Zugang zu Gott durch meine Kapuze. Das aber heißt nicht, sich an den anschließen, der kam, sondern an den, der im Himmel sitzt. »Siehe, ich, der ich sprach, bin's.«[22] Er muß zuvor sprechen und mich durchs Wort rufen. Aber jene Geister wandeln über sich im Wunderbaren. Wolle doch niemand zu Gott kommen ohne Mittler, sondern der Mensch werfe sich nieder vor dem fleischgewordenen Christus! Der ist der Versöhner. Philippus wollte auch einen Gott suchen, der über der Sonne ⌊einherfährt, als er Jesus bat:⌋ »Zeige uns den Vater!«[23] Jene Geister täuschen wunderwas vor, so daß die ganze Welt verführt

21 So Thomas Münzer (vgl. oben Anm. 44 auf S. 145) über die Stufen des mystischen Wegs. Die letzte Stufe sei tiefe ›Gelassenheit‹ bzw. äußerste Verzweiflung, wo man Gott alles anheimstelle. Auf dieser Stufe höre man dann die göttliche Stimme.

22 Vgl. Jesaja 52,6 (Vulgata).

23 Johannes 14,8 ff.

wird, was ja Münzer gelungen ist. Darum laßt uns bleiben bei dem, der ins Fleisch kam, der das verlorene Schaf sucht! Nicht wir suchen den Hirten, noch sucht der Groschen sich selbst[24] usw.

Kritik des Sakramentsverständnisses Zwinglis.

Der Sakramentierergeist ist derselbe Geist. Auch der leugnet plump, daß Christus ins Fleisch gekommen ist; denn dies, was er einwendet: »Das Fleisch ist nichts nütze«,[25] ist schier so plump geredet, wie die Irrlehrer zur Zeit des Johannes ⌊geredet haben⌋. Auch sie bringen das Fleisch Christi einfach zum Verschwinden, wenn sie sagen, daß das leibliche Wort nichts sei und die Sakramente nur äußerliche Zeichen, was nichts nütze, und daß man ⌊vielmehr⌋ einen listigen Geist haben müsse.[26] Daher werden sie noch gezwungen zu sagen: es wäre nicht nötig gewesen, daß Christus geboren worden ist. Auch für den Papst ist nach unserer Meinung Christi Advent ⌊eigentlich⌋ unnütz, weil Mose schon die allervollkommensten Gebote gegeben hat. Sofern sie Christus zu einem Gesetzgeber machen, ist das im Grunde ein Leugnen dessen, daß Christus ins Fleisch gekommen ist. So müssen wir auch dem Erasmus antworten: Weil wir im Tod unter Satan waren, kam Christus und setzte sich selbst für uns ein. Das ist der Grund seines Advents. Erasmus hat das Neue Testament übersetzt und hat nichts gemerkt.[27] Wo nicht die Gabe des Geistes ist, da erfaßt man's nicht. Darum wird dieser Punkt immer bleiben, daß man Christi Advent im Fleisch bestreitet, weil ⌊Satan⌋ mit aller List gegen diese Gerechtigkeit Christi streitet... Denn Satan will den Kern wegnehmen. Als er sah, daß ihm unter dem Papsttum die plumpe Leugnung Christi weggenommen war, nahm er dem Papst den Kern weg

24 *Vgl. Lukas 15,1 ff.*

25 *Das Wort Johannes 6,63 war das Hauptargument des »Sakramentieriens« Zwinglis und seiner Freunde.*

26 *Luther bezieht sich, so scheint es, auf eine Stelle im Brief Zwinglis vom 28. Februar 1527: »Wir trachten nach dem Genius der Minerva (gemeint ist der listenreiche Genius des Odysseus!), d. h. – wenn dich's nicht ärgert – nach dem Geist. Denn wo der nicht ist, da liegt alles brach und friert, was du auch getan haben magst.«*

27 *Zentrum der erasmianischen Lehre von Christus ist Christus als das göttliche Exempel der Frömmigkeit. Erasmus (vgl. oben Anm. 9 auf S. 171) stand mit seiner Lehre vom freien Willen in schärfstem Gegensatz zu Luther.*

und ließ ihm die Schale. Im Papsttum gilt die Schrift, aber der Saft und Kern ist herausgesogen... Immer geht also der Kampf gegen Christi Fleisch; ⌊sie sagen,⌋ daß das Fleisch nichts nütze sei, und daß durch ihren »Geist« der Weg zu Gott offen sei. Wir aber sagen wie Paulus (Römer 5,1 ff): Durch unseren Herrn Jesus Christus haben wir den Zugang zu Gott; denn ich empfange ihn als reines Geschenk voll ⌊göttlicher⌋ Gerechtigkeit und ergreife ihn in dem Sack, in den er sich hineingetan hat. Es ist das Geld im Sack, sie aber machen draus einen leeren Beutel. Wenn einmal jenen Geistern das Maul gestopft werden wird, wird's noch ärger werden: man wird Christi Gottheit leugnen, gehen lassen, daß Christus ins Fleisch gekommen ist, aber die Frucht leugnen, daß Christus in der Taufe, im Sakrament[28] und im mündlichen Wort ist usw. Ein guter Geist kämpft dafür, daß Christus alles ist: der Weg und die Gerechtigkeit und die Erlösung, weil »in ihm die ganze Fülle der Gottheit leibhaftig wohnt«.[29] Wenn das fällt, ist Christus ganz weggeschafft. Satan kann leiden, daß man von Christus alles sagt, unter der Bedingung, daß die Kraft weg ist... Ein guter Geist dankt dafür, daß Christus ins Fleisch gekommen ist, das heißt: daß Er mein sei und mir zugut gekommen ist, d. h. daß Er meine Gerechtigkeit sei. Satan sucht mit allen Irrlehren nur dies, daß er das wegbringe.

Darum redet Johannes betont vom Kommen Christi im Fleisch. Denn der, der schon vorher als Sohn Gottes da war, kam zu uns, um sich im Fleisch zu erzeigen, damit es ein wirksames Kommen sei. Und so rühmen wir uns, die wir arme Sünder sind, des Geistes Erstlinge zu haben. Denn wir haben's nicht aus uns. Denn ich war am leidenschaftlichsten darauf aus, ⌊mir selbst⌋ die Gerechtigkeit zu verschaffen. Darum hat es uns nicht Fleisch und Blut geoffenbart, sondern der Vater ⌊im Himmel⌋.[30] Gabe des Geistes ist's, was wir haben. Sind wir schwach, so haben wir ⌊einen, der für uns eintritt vor Gott, Jesus, den Sohn Gottes⌋ (Hebr 4,14 ff). Dem laßt uns Dank sagen, daß er uns ⌊seinen Geist⌋ gebe und bei ihm erhalte!

Einschärfung des Kriteriums der reinen Lehre.

V. 3: »Wer aber Jesus nicht bekennt, das ist der rechte Anti-

28 *Gemeint ist das Heilige Abendmahl (das ›Altarsakrament‹).*

29 *Kolosser 2,9.*

30 *Vgl. Matthäus 16,17.*

christ.« Viele Antichristen gibt's, hat er gesagt,[31] aber alle wollen darauf hinaus, daß sie den Advent im Fleisch abschaffen. Satan könnte dann leiden, daß man von Christi Advent redet, aber daß es unser Advent ist, (Johannes sagt ja, daß ⌊Christus uns zu gut⌋ gekommen ist), ⌊das kann er nicht ertragen⌋. Denn er sah, wie Papsttum, Messen und Mönche zusammenstürzen, und ⌊wir ohne sie⌋ zum Reich des Heils kommen; deshalb bietet er dagegen alle seine Macht, d. h. die allergelehrtesten und heiligsten Leute, auf. Keiner hat's so tückisch und listig fertiggebracht wie der Papst. Unsere Geister machen's allzu plump, ⌊wenn sie sich auf den Satz berufen, daß Fleisch nichts nütze sei⌋. Wie Marcion[32] haben sie sich daran gestoßen, daß unser Fleisch so schwach ist. Jener ließ den Advent Christi im Fleisch unangetastet stehen, ⌊er wahrt⌋ vollkommen den Schein ⌊und konnte schöner davon predigen⌋ als selbst die Apostel ⌊davon⌋ predigen konnten, und konnte dennoch daneben das verschlucken, auf was es ankommt. Wir haben Christi Passion gepredigt[33] – das ist ja die evangelische und apostolische Predigt – und das ⌊viele⌋ Tage hintereinander; auch sind durch die Predigt des Worts doch einige bewahrt worden –, ⌊aber⌋ sofort danach haben sie von ⌊ihren⌋ Werken geredet und dann waren sie viel, viel heiliger als die Laien. Ist das nicht ein Meisterstück, unter dem besten Schein alles zu besudeln: zu sagen, daß Christus für uns gelitten und uns vom Tod erlöst hat, und zugleich zu lehren, durch den Eintritt in einen Orden gewinne man das Heil, und das gar nicht zu sehen! Darum kein Irrlehrer tut's dem Papst nach; im Vergleich mit ihm sind die andern Irrlehrer nur halbe Irrlehrer...

Einzig darin besteht die Probe, daß wir darauf achten, daß Christus ins Fleisch gekommen ist. Denn auf diesen Punkt hat jeder Irrlehrer und böse Geist eine Wut. Unser Sakramentierergeist fürchtet gar sehr dieses Kriterium; darum ist er darauf aus, diese Probe aus der Welt zu schaffen, und sagt, daß Fleisch nichts nütze, sondern der Geist. ⌊Aber was für ein⌋ Geist ⌊das ist,⌋ das soll niemand prüfen.

31 1 Johannes 2,18 f.

32 Luther kannte Marcion aus Sinope am Schwarzen Meer, der sich 144 in Rom von der Großkirche trennte und eine eigene Kirche gründete, als Leugner der Menschheit Christi und stellte darum seine Christologie in die Nähe der manichäischen Lehre (s. Anmerkung 57 auf Seite 151).

33 Während der Karwoche wurde über die Passionsgeschichte gepredigt.

So gelang es unter dem Papst, daß wir vom Mund des Papstes und schließlich der Mönche abhingen. Denn wir waren gezwungen zu glauben, was die Predigermönche[34] sagten. Mellerstadt[35] ⌊sagte daher⌋: ›Wo kein Richter mehr ist, wer will da die Geister richten? Man muß auf die Kirche, das heißt auf die Prediger, hören.‹ Daher fürchtet ⌊ein böser Geist⌋ immer die Schrift, daß er sie am liebsten ausmerzen und ⌊an deren Stelle seine⌋ Flattergedanken ⌊setzen möchte⌋. So geht er fremd mit den Geistern des Ehebruchs und Mißglaubens und tut aus den Augen, daß Christus ins Fleisch gekommen ist. Darum fürchtet er überall diesen Text und schafft diese Probe, den Lapis Lydius[36] weg, durch den er sich ertappt fühlt. Er handelt so wie ein Mensch, der das Licht der Lampe haßt: er reißt's weg.

Nicht umsonst bleue ich das ein, denn ich hab's erfahren, ⌊wie das ist,⌋ wenn's ins Herz gedrungen ist, daß Christus ein Richter sei; das bringt auf Gedanken, die einem zutiefst einleuchten und doch eitler Wahn sind, daß man ein reines, ⌊heiliges Leben führen möchte⌋ usw. Solange das Herz von solchen Gedanken erfüllt ist, ist ⌊in ihm⌋ untergegangen, daß Christus ins Fleisch gekommen ist. Aber wenn das im Herzen bleibt, daß ⌊in Ihm die Liebe Gottes zu uns⌋ erschienen ist,[37] warum soll also ⌊ein Mensch noch daran⌋ zweifeln, ⌊daß er einen gnädigen Gott hat?⌋ Was ⌊braucht's dann noch eine⌋ Wallfahrt nach St. Jakob?[38] So kann nun das Herz lachen. Denn Christi Fleisch ist wahrlich nicht ›nichts nütze‹, vielmehr kam er in es, um ⌊mich⌋ zu erlösen. Darum ist's die Probe aller versucherischen Geister, und diese Probe wird bei Christen öffentlich und in ihnen selbst vollzogen. ...

34 *Der von Dominikus (1170–1221) gegründete Dominikaner- oder Predigerorden sollte vor allem die Irrlehre durch Seelsorge und Predigt überwinden; dieser theologischen Aufgabe wurden alle anderen mönchischen Leistungen untergeordnet. An der Spitze des Ordens steht ein General, der dem Papst verantwortlich ist.*

35 *Martin Mellerstadt war ein Mäzen der jungen Universität Wittenberg.*

36 *Der »lydische Stein« war ein schwarzer Kieselschiefer, mit dem man die Goldprobe machte.*

37 *1 Johannes 4,9.*

38 *Von einer Wallfahrt zum Hl. Jakob von Compostela in Spanien erhoffte man sich besondere Gnaden.*

V. 4: »Kindlein, ihr seid von Gott, und habt jene überwunden. Denn der in euch ist, ist größer als der in der Welt ist.« ›Welt‹ ist ein Begriff von weiter Bedeutung, womit Johannes die Menschen überhaupt faßt, ⌊in engerem Sinn⌋ sind darunter die Irrlehren und Sekten zu verstehen. Er sagt nicht, ⌊weil ihr⌋ mehr ⌊seid als sie, habt ihr sie überwunden,⌋ sondern ⌊weil der, der in euch ist, größer ist als der⌋ in der ›Welt‹ ist. D. h. unser sind wenige, die die Lehre rein ⌊bewahrt haben⌋. Aber (V. 4 b) »Ihr seid aus Gott, und darum habt ihr sie überwunden«. Das ist unser Trost. Bleibt ihr bei dieser Lehre, daß ihr recht glaubt, daß Christus ins Fleisch gekommen ist, dann »wandelt ihr in dem verkehrten ⌊und verderbten⌋ Geschlecht ⌊als solche, die⌋ das Wort des Lebens bewahren«,[39] und das lautere Wort wird's bei euch machen, weil es das Licht mitten in der Finsternis ist.[40] Mag auch jener Geist in der Welt sein, dennoch schadet er euch nicht. ⌊Denn⌋ euer Licht ist das wahre Licht. Ihr habt jene überwunden, ihr seid stärker als die Stärksten. Das sind große Worte; aber das wird einfach behauptet. Denn bei der christlichen Lehre bleibt nur der kleinste und am wenigsten geachtete Teil. ⌊Dagegen⌋ der Hurengeist hat ein solches Ansehen, daß er die Reichen, Mächtigen und Großen nach sich zieht. Gegen dieses Ärgernis wappnet sie Johannes hier. Es wäre ja kein großer Sieg, wenn wir an Zahl und Weisheit überlegen wären. Es ist aber nötig, daß ihr euch mit solchen Worten tröstet, weil offenbar das Gegenteil sich zeigt, daß sie als die Sieger und wir als die Besiegten erscheinen. Wenn auch begründet ist, was wir sagen, sie lachen darüber; so unbedingt sicher sind sie, daß sie es gewinnen, und dazu haben sie als Anhang die Masse der Reichen, der Berühmten und Mächtigen; wir dagegen sind die Allerverachtetsten. So war es schon zur Zeit des Johannes. Und immer wenn sich eine Irrlehre erhebt, ist die Partei der Irrlehrer größer als die der Christen. Zu Zeiten des Arius wuchs ⌊dessen Partei⌋ so an, daß kaum fünf Bischöfe katholisch[41] blieben. Johannes will sagen: Laßt euch nicht erschrecken durch ihre Masse,

39 *Vgl. Philipper 2,15.*

40 *Vgl. Johannes 1,5.*

41 *Zu Arius vgl. Anm. 56 auf S. 150 — »Katholisch bleiben« ist hier gerade nicht konfessionell gemeint, sondern heißt: bei der Christenheit auf Erden im einen rechten Glauben bleiben.*

auch wenn sie so groß ⌊wäre wie die ganze⌋ Welt; ihr seid dennoch stärker, und urteilt nicht nach dem, was wie Sieg aussieht! Scheinbar ist der Sieg bei ihnen, in Wahrheit ist er bei euch. Er ist nicht ⌊bei ihnen⌋, weil ⌊der in euch ist,⌋ größer ist als der in der Welt ist⌋. Er sagt nicht: ›weil ihr gelehrter und gescheiter seid und euch mehr Könige anhangen‹: so rechnen jene, so siegen sie, weil das, was vor Augen ist, die meisten umwirft und täuscht. Sondern ⌊er sagt⌋ (V. 4 b): weil der, der größer ist als die Welt, »Christus, der ins Fleisch ankam«, bei euch ist.‹ Ihr seid nicht größer und zahlreicher, ihr seid ihnen im Rang nicht gleich, sondern weit darunter; aber der in euch Armseligen ist, der ist's; und wenn sie vier Welten besäßen, – dennoch ist der, der unser ist, reicher ⌊und mächtiger⌋. Das ist unser Trost. Man nimmt uns Tausende und Abertausende weg, und »die Stolzen berauben mich allzusehr«,[42] und es scheint bei uns alles zu Boden zu gehen, während ihnen alles zu gelingen scheint.[43] Aber vergleicht nicht euch mit jenen, sondern den, der in euch ist, gegen den, der in ihnen ist! Der König von Syrien besaß den großen Haufen, der König Israels so viel wie zwei Geißenherden.[44] So wissen wir, daß Christi Fleisch Heil und Leben ist; wir lassen uns nicht täuschen. Unsre Zahl ist klein, aber Christus ist bei uns auf dem Plan, bei ihnen aber der Teufel. Nun laßt uns sehen, wer überwunden wird! Wir werden leicht durch ihre überlegene Zahl überwunden, aber der, der in uns ist, ⌊ist der Sieger⌋; um des willen, der in uns ist, sind wir eindeutig allen überlegen. Sonst nach dem äußeren Augenschein, sind die Sakramentierer obenauf; das ist wahr. Aber gemäß der Wahrheit ⌊des Evangeliums ist's anders⌋, und das wissen Christen.

V. 5: »Sie sind von der Welt, darum reden sie von der Welt, und die Welt höret sie.« ⌊Da ist⌋ wieder die Klage: Warum uns die Welt nicht hört, auch wenn wir die lauterste Wahrheit reden? Wie man im Papsttum nur die gehört hat, die blauen Dunst machten. Auch heute reden wir die Wahrheit gegen die Sakramentierer. ⌊Aber⌋ niemand hört. Satan stellt sich nicht, sondern daneben

42 *Psalm 119,61 (Vulgata).*

43 *Luther meint den plötzlichen Rückgang der Hörerzahl nach der Verlegung der Universität nach Jena, überhaupt die Rückschläge seit 1522 (s. Vorbemerkung).*

44 *Vgl. 2 Könige 6,24 ff.*

⌊schleicht er ein⌋. Wie sollten wir auf Erden oben sein, wenn Christus, des Reiches Haupt, nicht oben sein kann noch seine Apostel? Sie hören uns nicht, – dies ist das dritte[45] sichere Kennzeichen dafür, daß sie Glieder des Antichrists sind. Wir sind aus Gott, sie von der Welt, weil sie ihrer Vernunft folgen. Das, was nicht aus Gott ist, ⌊sondern⌋ von der Welt, hebt die Welt hoch. Sie reden aus dem Geist ⌊der Welt⌋, d. h.: sie reden, wie die Welt ⌊ihnen⌋ zugibt. Ihre Sprache ist die Sprache der Welt. Versteh ⌊also ›von der Welt reden‹⌋ nicht ⌊im Sinn von⌋ ›über die Welt disputieren‹. Wie unsere Sprache ist, so ist unser Geist. D. h. sie reden nur, soviel die Welt zugibt und zu sagen gewährt. Danach wie sie reden, finden sie die Hörer, die sie verstehen und auf sie hören. Je absurder ein Irrlehrer ist, um so mehr Hörer findet er. Wie konnte Absurderes in der Welt gelehrt werden, als daß Priapus ein Gott wäre (⌊vgl.⌋ Augustin).[46] Menschliche Vernunft kann dazu gebracht werden, daß sie so etwas Abgeschmacktes glaubt. So glaubten Heiden auch, Minerva sei aus dem Haupt Jupiters entsprungen und Venus aus dem Schaum des Meeres geboren. Solch seltsame Wunder hielt man bei den Heiden für die reine Wahrheit. So ist diese Welt des Teufels. Darum, was ihr dieser Gott einbläst, das nimmt die Welt an. Diesen Punkt gilt es wohl zu beachten, und es müßte einen aufschrecken, daß Satan menschlicher Vernunft überlegen ist; denn er kann sie von solch sinnlosem Zeug überzeugen, sie, deren Licht doch die Sonne noch weit mehr übertreffen soll, als das Licht ⌊des Tages das Licht des⌋ Dochtes über⌊trifft⌋. Die Philosophen haben sich Tag und Nacht um Weisheit bemüht, aber je mehr sie sich bemühten, um so dümmer wurden sie. Die Peripatetiker behaupteten, Gott kümmere sich nicht um das, was des Menschen ist, und die Epikurer, es gebe weder Gott noch Geist.[47] So fielen sie von kleinen Finsternissen in immer grö-

45 *Das erste: V. 3; das zweite: V. 4.*

46 *Gemeint ist der antike Kult der männlichen Zeugungskraft. Priapus wurde dargestellt als bärtiger Mann mit einem übergroßen Zeugungsglied. Augustin erwähnt in seinem ›Gottesstaat‹ diesen Kult öfter als Beweis für die Verdorbenheit der antiken Gesellschaft.*

47 *Griechische Philosophenschulen. Grob gesagt waren die Peripatetiker (oder Platoniker) die Idealisten, die Epikurer die Materialisten. Vgl. Anmerkung 3 auf Seite 127.*

48 *Vgl. Luthers Auseinandersetzung mit Erasmus in »De servo arbitrio« (1525), der Schrift »Vom verknechteten Willen« (s. oben Anm. 9 auf S. 171).*

ßere Finsternisse hinunter. Diese ⌊ihre⌋ Behauptungen geben einen Begriff von Satans Macht: was er in den Seinen wollte, davon überzeugte er sie. Darum wer nicht unter Christus ist, – je mehr er Satan widersteht, um so mehr irrt er. Wo ist nun der »freie Wille«?[48] Versteht sich, ⌊daß er⌋ eine Erfindung Satans ⌊ist⌋, der ihn doch⌋ reitet, wohin er will. Sie haben den Geist dieser Welt ⌊und⌋ sind dem Fürsten der Welt unterworfen; der Gott dieser Welt wirkt auf sie und hat ihre Sinne verblendet. »Darum – ⌊sagt Johannes⌋ (V. 5 b) zu unserem Trost – darum reden sie von der Welt.« Wie einer glaubt, so redet er, so versteht er, so lehrt er. Sie sind im Geist der Welt befangen, darum reden sie so, und dementsprechend finden sie ⌊auch⌋ Lippen, ⌊denen⌋ ihr Kraut ⌊schmeckt⌋. Die Welt hört sie, d. h. alle die, die nicht unter Christus ⌊und⌋ nicht der Finsternis entrissen sind... Aller Irrlehrer Meinungen sind sehr leicht zu verstehen. Aber daß Christus ins Fleisch kam, um uns zu rechtfertigen, dazu gehört ein anderer Geist, nicht der Geist der Welt. D. h. die ›weltlich‹ predigen, haben auch ›weltliche‹ Hörer; nichts ist hier göttlich und christlich.

V. 6: »Wir aber sind aus Gott, und wer Gott erkennet, der hört uns.« ⌊Das ist wieder uns zum⌋ Trost ⌊geschrieben⌋. ⌊Sie sagen:⌋ Verwerfen wir doch, was vor der Welt Torheit ist und was sie ⌊nur⌋ ärgert! Wahre Weisheit ist, daß Christus ein Mensch ist, aber daß der aus der Jungfrau Geborene Gott sei, das ist Torheit! Wer Gott kennt, hört uns. Er will nichts als uns trösten. ⌊Aber, lieber Johannes,⌋ du sagst: ›Die Welt hört sie.‹ Wer bleibt dann bei uns? ⌊Johannes antwortet⌋: ›Laß unsern Herrn drum sorgen! Laß sie viel sein, laß sie groß sein! Du aber mach weiter, halt an, es sei zu rechter Zeit oder zur Unzeit! Rufe getrost und schone nicht![49] Denn wer Gott kennt, hört dich. Auch du wirst deine Jünger, deine Schüler haben. Und Er wird auch zu seiner Zeit zeigen, wie Er siegt und sie unter die Füße tritt. D. h. die sich vom Geist Christi treiben lassen, denen wird er dann ins Herz sagen, daß das wahr ist, ⌊was du lehrst,⌋ wie töricht und ärgerlich auch ⌊deine⌋ Lehre sein mag. So werden uns die hören, die hören sollen, wer nicht ⌊uns hören soll, hört uns⌋ nicht. Es gibt nur diese beiden Möglichkeiten.‹ Das sind Worte, die treffen. Mögen sie immerhin gelehrt und weise sein, laßt's euch nicht

49 *Vgl. 2 Timotheus 4,2 und Jesaja 58,1.*

anfechten! Kurzum: Wer euch nicht hört, ist nicht von Gott (vgl. Joh 8,47!).

Nun zieht Johannes den Schluß (V. 6 b): »Daran erkennen wir den Geist der Wahrheit und den Geist des Irrtums.« ˻Wir können's erschließen˼ aus der oben (V. 2 f) gehörten Probe und den (V. 4–6) genannten Folgen, ob wir sehen, daß sie Christus als ins Fleisch gekommen predigen oder nicht, ˻und˼ ob sie uns, die solches lehren, hören oder nicht hören. So urteilt ˻Johannes˼ sowohl von der Lehre wie vom Hören aus, wer die wahren ˻Christen sind˼. Hören sie auf uns, wenn wir lehren, so wissen wir, daß sie ˻aus dem Geist der Wahrheit sind˼, hören sie aber nicht, so sind sie nicht aus der Wahrheit, sondern aus dem Geist des Irrtums.

Das ist nicht nur ein Rat, sondern zugleich die Aufforderung ˻an uns˼, dem Schächer zu folgen, der den Heiland am Kreuz nicht angesehen hat, ˻sondern allein auf sein Wort gehorcht hat˼. Wir sollen die Augen schließen, und allem, was sichtbar ist, den Rücken kehren und dem Worte Christi anhangen. Ein Christ sagt: Christus ist jetzt schwach ˻und˼ wird gekreuzigt, aber, ›am dritten Tage‹ wird er auferstehen. Wer also alle seine geistlichen und leiblichen Anfechtungen aushalten will, soll sich an den ins Fleisch gekommenen Christus erinnern.

Im folgenden wichtigen Abschnitt 4,7–21, der aus Raumgründen ausfallen mußte, wird auf Grund der Liebe Gottes zu uns die Pflicht zur Bruderliebe noch einmal eingeschärft (V. 7–16) und zugleich behauptet, daß Gottes Liebe alle Furcht austreibe (V. 17–21). Luther sagt dazu: »Es ist wie im Krieg, daß die eher siegen, die am allerverzweifeltsten waren, und die, die sich überheben, zunichte werden. Der Unglaube überhebt sich und wird besiegt; umgekehrt der Glaube zittert und siegt.«

VIERTER TEIL

Der wahre Glaube und sein Grund

Der wahre Glaube

Kapitel 5,1–5: **Wer da glaubet, daß Jesus sei der Christ, der ist von Gott geboren. Und wer da liebet den, der ihn geboren hat, der liebet auch den, der von ihm geboren ist. Daran erkennen wir, daß wir Gottes Kinder lieben, wenn (weil) wir Gott lieben und seine Gebote halten. Denn das ist die Liebe Gottes, daß wir** seine Gebote halten, und seine Gebote sind nicht schwer. Denn alles, was von Gott geboren ist, überwindet die Welt, und unser Glaube ist der Sieg, der die Welt überwunden hat. Wer ist aber, der die Welt überwindet, ohn der da glaubet, daß Jesus Gottes Sohn ist?

1 Das entscheidende Moment des Glaubens.

Kap. 5, V. 1: »Wer da glaubet, daß Jesus sei der Christ, der ist von Gott geboren. Und wer da liebet den, der ihn geboren hat, der liebet auch den, der von ihm geboren ist.« Der Apostel wiederholt und bleut immer dies beides ein: Glaube und Liebe. Es zwang ihn dazu die Not, daß er kommen sah, wie mancherlei Irrlehrer dagegen auftreten werden. Denn Satan kann alles leiden, nur nicht diese zwei; liegen die am Boden, regiert *er*, bleiben sie in Kraft, hat er sein Spiel verloren.

Einschärfung des Glaubens an Jesus.

Johannes verändert manchmal die Worte ⌊des Glaubens⌋. Oben ⌊hat er so formuliert, daß Christus⌋ ins Fleisch gekommen ist, hier: ⌊daß Jesus⌋ der Christus ⌊ist⌋. Denn die Irrlehrer sind verschieden, darum entgegnet er ihnen mit verschiedenen ⌊Worten⌋. Die Juden stießen sich daran, daß Christus der Sohn eines Zimmermanns war; ⌊sie sagen, Christus sei noch gar nicht gekommen, sondern man müsse erst auf ihn warten⌋. Dagegen redet er hier. Ähnlich war es bei Montanus:[1] er rühmte sich, der Heilige Geist sei noch gar nicht gekommen, die Apostel hätten nur die Erstlinge, den zehnten Teil, erfaßt. Er dagegen und die Seinen ⌊hätten die Fülle des Geistes⌋. Ebenso sagt man heute: was wir lehren, ist nicht aus dem Heiligen Geist hervorgegangen, sondern, was die Sakramentierer lehren. So ⌊aber⌋ haben gerade die, die sich der Fülle des Geistes rühmten, ⌊in Wirklichkeit⌋ nur billiges Zeug gelehrt, wie sie jetzt ⌊z. B. lehren⌋: ›Das Brot ist nicht der Leib ⌊Christi⌋.‹ Wer weiß das nicht? Auch dem Papst ist's wichtig, was man ißt, wie man sich kleidet und rasiert, während doch das Höchste ist, Jesus als den Christus

1 Montanus (Mitte des 2. Jahrhunderts) mit den Prophetinnen Prisca und Maximilla hielt sich selbst für den Parakleten, den von Christus in den Abschiedsreden verheißenen ›Tröster‹. Die nach ihm genannte enthusiastische Bewegung des Montanismus breitete sich vom Innern Kleinasiens bis nach Rom und Nordafrika aus.

und Heiland aller zu erkennen. Nach Tertullian[2] war die Kirche zur Zeit der Apostel noch ein Kind, er aber lehrt, daß schon die Jungfrauen den Schleier tragen sollen! So lehren immer gerade die, die sich des Geistes rühmen, Belanglosigkeiten. Solchen wird durch den heiligen Apostel widerstanden, um uns ⌊bei Jesus⌋ festzuhalten d. h. damit nicht einer auf einen andern Messias warte ⌊oder⌋ sich Gedanken mache über noch nicht erfüllte Weissagungen. Auch heute gibt's solche Christen, die nicht glauben, daß ⌊Jesus⌋ der Christus ist. Und auf das läuft's hinaus, ⌊wenn man sagt⌋, zur Zeit der Apostel sei noch nicht offenbart worden, was alle ›Figuren‹[3] ⌊des Alten Testaments⌋ bedeuten. Auch Karlstadt[4] hat behauptet, daß noch nicht alle Wahrheiten offenbart seien. Was soll man darauf antworten, daß die Apostel nicht verstanden haben, ⌊was⌋ der Tempel Salomos, die Kleider Aarons usw. ⌊bedeuten⌋? Paulus wäre der beste Allegorist gewesen, wenn er gewollt hätte. Siehe Galater 4! Jene aber halten sich für solche Leute, die der ganzen Welt die ganze Wahrheit offenbaren sollen und dazu den Heiligen Geist haben, ⌊um uns zu sagen,⌋ was der Tempel, was die Stiftshütte, was die Schaubrote seien. Selbst wenn's nicht ausgelegt wäre, wie es sich damit verhält, was ⌊schadet⌋ das uns? Weil ⌊daran⌋ am meisten liegt, zu wissen, daß Jesus der Christus ist ⌊und dies⌋ das Hauptstück unserer Religion ist. Daran siehst du, daß von ihnen ganz unwichtige Dinge versprochen werden im Vergleich mit den hochwichtigen Dingen, die die Apostel ⌊gelehrt haben, denen Jesus den Heiligen Geist verheißen hatte, indem er sagte⌋: »Jener wird zeugen ⌊von mir⌋ und er wird euch ⌊in alle Wahrheit⌋ führen.« ⌊Auch hat er zu ihnen gesagt:⌋ »Alles, was ich von meinem Vater gehört habe, ⌊habe ich

2 *Der Jurist Tertullian (um 200), aus Karthago gebürtig, einflußreicher kirchlicher Schriftsteller, wurde Montanist (vgl. Anm. 1 auf S. 184) und geißelte die Weltförmigkeit der Kirche; er forderte z. B. eine Verschärfung der Fastenpraxis und für den Gottesdienst die Verschleierung nicht bloß der verheirateten Frauen, sondern auch der jungen Mädchen (vgl. 1 Korinther 11,3 ff).*

3 *»Figur« bezeichnet in der Sprache der alten Ausleger einen Gegenstand oder einen Vorgang, der noch eine tiefere »geistliche« Bedeutung hat. Die Aufschlüsselung der alttestamentlichen »Figuren« nannte man »Allegorese«; es ist die Kunst, etwas anders, nämlich durch ein Bild auszudrücken oder als ein Bild zu verstehen; biblisches Beispiel ist Galater 4,24.*

4 *Vgl. Anmerkung 15 auf Seite 172.*

euch⸥ kund⸤getan⸥«. ⸤Und Paulus konnte zu den Ältesten von Ephesus sagen⸥: »Ich habe euch nichts verhalten, ⸤daß ich nicht verkündet hätte den ganzen Rat Gottes⸥.«[5] So rühmen sich die Apostel, und dennoch ⸤wagen⸥ jene ⸤zu sagen⸥: ›Es ist noch etwas übrig, das durch uns geoffenbart werden muß.‹

Dagegen erklärt Johannes: Wer da glaubt, daß Jesus – versteh: des Zimmermanns Sohn! – der Christus ist, der verheißen ist vom Gesetz ⸤und den Propheten⸥, der ist von Gott geboren. Der Glaube ist in sich selbst gewiß. Das weiß Satan wohl, aber es geht ihm darum, daß das nicht irgendwer glaube. ⸤Glauben⸥ – d. h. nicht im geringsten daran zweifeln und davon so überzeugt sein, daß einem die Tatsache, daß man lebt, nicht gewisser ist. Satan raubt sich die haltlosen Seelen, die sich von jedem Wind der Lehre treiben lassen (Eph 4,14). Die aber fest dran hangen, die sind aus Gott geboren. Ich weiß heute große Leute, die in Frage stellen lassen, ob Jesus der ⸤im Alten Testament verheißene⸥ Christus sei. Wenn einer wagen wird, ⸤so zu argumentieren,⸥ der wird eine Verwirrung anrichten, ⸤etwa so⸥: ›Christus‹ ist ⸤im Alten Testament⸥ ein Gattungsbegriff, alle Könige ⸤Israels⸥ sind ›Christusse‹ (Psalm 2), ⸤auch⸥ Abraham, ⸤Isaak und Jakob werden so genannt⸥.[6] So werden sie mit der ganzen Schrift spielen und Schriftbeweise fordern, daß Jesus der Christus ist. Sie werden Schüler haben. Ebion, Theodotion und Aquila[7] haben ihr Dogma aus dem Alten und Neuen Testament zusammengelesen, daß Jesus weder Gott noch der Christus sei, sondern daß er nur ein begnadeter Prophet war.

⸤Versteht also⸥ unsern Eifer ⸤an diesem Punkt, will Johannes sagen⸥. Denn Satan sucht, seitdem er hinausgeworfen ist,[8] einen Ruheort, um die Menschen in ihrer Blindheit fest in die Hand zu bekommen. Darum nimmt er auch noch sieben ⸤ärgere Geister dazu⸥, um ein Haus zu finden, wo man nicht wacht ⸤und die Augen offen

5 *Vgl. Johannes 15,26; 17,8 und Apostelgeschichte 20,27.*

6 *Vgl. Psalm 105,15.*

7 *Zu Ebion s. oben Anm. 74 auf S. 155. Aquila und Theodotion waren Juden und haben das Alte Testament ins Griechische übersetzt, weil ihnen die Septuaginta zu hellenistisch war. Luther meint offenbar, sie seien auch »Ebioniten«, also Judenchristen gewesen.*

8 *Vgl. Johannes 12,31; Lukas 10,18.*

hat⌋.[9] Darum will ⌊Johannes⌋, daß wir den Teufel mit seinen Werken im Auge haben. Er betreibt entweder das Geschäft des Mords oder der Lüge.[10] Wo er das erreicht, da sitzt er im Regiment, wo ihm aber darin widerstanden wird, ⌊hat man⌋ keine Ruhe ⌊vor ihm⌋. Darum wollen wir uns mit Schriftbeweisen wappnen, daß Jesus der wahre Christus ist! Und so sind wir aus Gott geboren, daß wir uns durch keine List noch Gewalt Satans von dem abwenden lassen, in dem alles erfüllt, geschenkt und vollendet ist, in dem alle Schätze der Weisheit und der Erkenntnis, des Lichts und des Heils und der Wahrheit ⌊verborgen liegen⌋.[11]

V. 1 b: »Und jeder, der da liebet den, der ihn geboren hat, der liebet auch den, der von ihm geboren ist.« Er redet jetzt mit anderen Worten vom »Sohn Gottes«, um denen entgegenzutreten, ⌊die wie⌋ die Arianer[12] ⌊sagen⌋: ›Wir lieben den Vater und suchen die Ehre Gottes allein‹. Johannes sagt: das ist Lüge; ihr liebt ihn nicht, denn es ist unmöglich, daß ihr den Vater liebt, wenn nicht auch den Sohn, den ihr doch verfolgt, weil ihr leugnet, daß er der Christus ist. Das ist der Wille des Vaters, daß »alle den Sohn ehren, wie sie den Vater ehren«.[13] Die Juden lieben und ehren Gott; dennoch ist's eine Lüge, weil sie den Christus, der aus Gott geboren ist, verfolgen. Jedesmal nimmt Johannes wieder den Kampf gegen die Widersacher ⌊der Wahrheit des Glaubens⌋ auf.

Auch unsere Geister sagen,[14] es gehe ihnen um Gottes ⌊bzw.⌋ Christi Ehre, als ob es uns darum ginge, Christus zu schänden, und zwar sagen sie, Gottes Ehre ⌊erfordere es⌋, daß Christus zur Rechten des Vaters sitze und im Brot nicht ⌊da sei⌋. Sie sagen zwar, ⌊es gehe ihnen um Gottes Ehre,⌋ aber es ist Lüge, weil sie die Ehre des Sohnes herabziehen, wenn ⌊Christus nur⌋ an einem ⌊Ort da sein kann⌋.

Erkennungszeichen eines Christen.

V. 2: »Daran erkennen wir, daß wir Gottes Kinder lieben, wenn (weil) wir Gott lieben und seine Gebote halten.« Da überträgt er jene Gottessohnschaft ⌊Jesu⌋ auch auf andere Söhne (Kinder) Gottes.

9 *Vgl. Lukas 11,24 ff.*
10 *Johannes 8,44.*
11 *Vgl. Kolosser 2,3.*
12 *Siehe oben Anmerkung 56 auf Seite 150.*
13 *Johannes 5,23.*
14 *So Zwingli im Streit um das Verständnis der Worte des Abendmahls.*

Gleichwie Christus ⌊von uns⌋ als der aus Gott Geborene geliebt wird, so auch alle andern Kinder Gottes. ⌊Das⌋ unterscheidet Irrlehrer und Christen. Die Welt haßt uns, weil wir glauben, daß Christus aus Gott geboren ist. Weil wir dies glauben, verfolgt sie uns mit Haß, und wie sie Christus mit Haß verfolgt, so auch uns, die wahren Christen, die wir ⌊sie⌋ nicht hassen wie sie ⌊uns⌋, sondern sie lieben, denn wir erkennen sie als Kinder Gottes in Christus. Denn wir lieben Gott und halten seine Gebote, daß wir an Christus glauben und einander lieben sollen. D. h. daß ich glauben soll, daß Jesus sei mein Christus, und niemand wissen soll, dem ich feind bin.

⌊Johannes⌋ sagt das nicht nur gegen Irrlehrer und Heuchler, die sagen, es gehe ihnen um Christi und der Christen Ehre, um deren Anmaßung zu erschüttern. Zugleich ⌊geht's ihm⌋ auch ⌊darum⌋, unseren Mut vor Gott zu stärken. Denn wenn ich bei mir fühle, daß ich seine Gebote halte, habe ich ein klares Zeichen, weil ich einfach nichts anderes glaube als daß Jesus mein Christus sei, und weil ich zum andern den Bruder liebe. Weil ich niemand hasse, niemand schmähe und mit dem, der mir feind ist, leide und mitfühle, – das ist das Zeichen, daß ich Gott liebe. Ein solches Zeichen haben wir darum nötig, weil Satan uns quält, äußerlich durch Heuchler, innerlich durch Mutlosigkeit, ⌊während⌋ ich doch sagen sollte: ›Ich glaub ja nicht ⌊mehr⌋, daß ich durch eine Kapuze selig werde, sondern ⌊halte sie⌋ mit Paulus[15] ⌊für einen Dreck gegenüber der Erkenntnis Jesu Christi,⌋ d. h. ⌊ich glaube, daß ich⌋ durch diesen Namen ⌊selig werde⌋, von dem Petrus[15] ⌊sagt, es sei in keinem andern Namen Heil⌋. ⌊Darum sage ich zu ihm:⌋ ›Du bist das Haupt, an dem man hangen muß, ⌊du bist's,⌋ in dem alle Schätze ⌊der Erkenntnis verborgen sind⌋‹.[16] Sobald ich das fühle, habe ich das gewisse Zeugnis, daß ich Gott liebe. Zum andern wünsche ich allen Menschen ⌊Gutes⌋ und habe Erbarmen ⌊mit ihnen⌋ und habe niemand, gegen den ich bitter wäre. Ein solcher hat das Zeugnis, daß er Gott und Gottes Kinder liebt. Dagegen kämpft Satan am meisten; denn er möchte diesen Mut uns gerne nehmen, um unser Herz feig zu machen, als glaubte es das nicht. Denn er ist ein Meister im Erfinden von Sünden, die keine sind. ›Ah, du glaubst nicht, du liebst nicht!‹ Er erdichtet Sünden und

15 *Philipper 3,8; Apostelgeschichte 4,12.*
16 *Vgl. Kolosser 2,3 und 19.*

macht aus den besten Werken ⸤die größten Sünden⸥, damit wir uns davor entsetzen sollen. So ist es mir geschehen. Wie wenn einer ein Almosen gibt, wie Christus lehrt, dann sagt er: ›Du gibst einem Faulenzer und unterstützest die Liederlichkeit.‹ Laß dich nicht auf ihn ein und disputier nicht mit ihm, denn das ist nicht der Weg, ihn zu überwinden! Sondern sag wie Christus: ›Heb dich weg!‹ und halt ihm die Stelle entgegen, ⸤wo⸥ Paulus sagt: »Christus ist gekommen, Sünder selig zu machen«[17] und »alle Schätze der Erkenntnis liegen in Ihm«.[16] Selbst wenn du Ihn für ⸤deinen⸥ Schatz hältst, weil du Christus und den Nächsten liebst, – wenn es ihm gelingt, mit dir ins Disputieren zu kommen, macht er einen Nebel drein. Darum gab der Vater den Geist ⸤in unsere Herzen⸥ und gab uns »Waffen, die mächtig sind vor Gott«.[18] Wenn du irgendeinen entscheidenden Spruch der Schrift hast ergreifen können, bist du unangreifbar. Das ist ein wunderbarer Schutz, so daß Paulus mit Recht gesagt hat, das seien ›Waffen, mächtig vor Gott‹, ⸤sie sind⸥ »ein starker Turm«.[19] Eine Nonne ⸤kann letzten Endes auch⸥ nichts anderes ⸤sagen als⸥: ›Ich bin Christin.‹ Oft tun mir die Schwärmer von ganzem Herzen leid, die vom ›mündlichen Wort‹[20] so verächtlich reden, weil sie es einen ›toten Buchstaben‹ heißen. Muß man darüber nicht maßlos erschrecken? Davor will ich euch gewarnt haben; ich weiß Bescheid, nicht bloß der Sache gewiß durch die Lehre vom Geist, sondern aus Erfahrung. Wenn du das sagst, daß das mündliche Wort ⸤toter⸥ Buchstabe sei, so hat Satan schon die Burg genommen und sitzt in seinem Regiment. »Alles, was geschrieben ist, ist uns zur Lehre geschrieben, damit wir durch Geduld und Trost der Schrift Hoffnung haben«, sagte ⸤Paulus⸥.[21] Es gibt für uns keinen Schutz, außer wir ergeben uns in die Worte, die wir lesen. »Alle Schrift ist nütze zur Lehre usw.«[22] Ich hab's oft ausprobiert. Denn wenn ich zwei oder drei Kapitel las, in dem Moment floh Satan ⸤von mir⸥, wie er von Saul floh, als David spielte. Darum laßt euch nie-

17 *1 Timotheus 1,15.*

18 *Vgl. 2 Korinther 10,4.*

19 *Psalm 61,4 (Vulgata).*

20 *So Thomas Münzer, der sich auf das »innere Wort« berief. Vgl. Anmerkung 21 auf Seite 175.*

21 *Römer 15,4.*

22 *2 Timotheus 3,16.*

mals bereden, das mündliche Wort sei unnütz! Es ist ein böser Geist, der sie führt.

V. 3: »Denn das ist die Liebe Gottes, daß wir seine Gebote halten.« Warum wird geliebt oder was gibt Gott? Ich glaube, daß ⌊Johannes hier⌋ so einfach redet wie vorher. ⌊Das gibt Gott, daß⌋ wir seine Gebote tun. Da hast du Gottes Liebe und ihr Zeichen. Glaubst du an Jesus Christus und liebst, so kannst du dich mit diesem Zeugnis trösten; ob du wohl ein Sünder bist, so hast du doch das Zeichen ⌊der Liebe Gottes⌋. Dieses Zeichen bestreitet Satan und will vernebeln, daß du niemand hast, den du nicht gerne sehen möchtest, zumal bei dem, der an Christus glaubt. Und dazu hast du noch das Zeugnis, daß du allein an Christus glaubst. Christus ist ›Gott mit dir‹, wen fürchtest du noch?[23] Hier hast du die Schrift, daß dies Zeugnis gültig ist. Daß wir zornig werden gegen ⌊unsere⌋ Widersacher, die Sakramentarier, ist nicht zu verwundern, denn sie verwirren die Christen. Aber indessen weint unser Herz Blutstropfen, nicht bloß Tränen, über sie, und wir beten ⌊für sie⌋. Das tun sie nicht.

Exkurs: Vom Unterschied des Alten und Neuen Testaments.

V. 3 b: »Und seine Gebote sind nicht schwer.« Eine besonders wichtige Stelle und die Ursache vielen Streits auf den Universitäten! Da hat man darüber disputiert: Ob Mose ein schwereres Gesetz gegeben habe oder Christus. Ich habe einmal zum Galaterbrief geschrieben[24]: »›Buchstabe‹ ist nach dem Verständnis des Paulus das Gesetz, das Werke fordert ohne die Gnade, das ⌊also⌋ ⌊nicht zum neuen Wesen des Geistes gehört,⌋ sondern im alten Wesen ⌊des Buchstabens bleibt⌋.« In der Zeit, als Christus in der Kirche nicht gepredigt war, ⌊lehrte man,⌋ daß Christus als ›der zweite Mose‹ kam. Weil Mose erlaubte, sich zu rächen, darum seien die Gesetze Moses leichter. Denn was im 5., 6. und 7. Kapitel des Matthäusevangeliums ⌊gefordert wird⌋ und ⌊was Jesus ein andermal[25] sagte:⌋ ›Wenn einer nicht verläßt sein Haus, Vater, Mutter usw., der kann nicht mein Jünger sein«, – das hat Mose ⌊freilich⌋ nirgends gesagt. So machten sie aus Christus

23 *Vgl. Matthäus 1,23 mit Römer 8,31 ff.*

24 *Im Galaterkommentar von 1519. (Vgl. Band 10 unserer Calwer Luther-Ausgabe.)*

25 *Matthäus 10,29.*

einen zweiten Mose und ⌊nannten das Evangelium⌋ ein schwereres Gesetz als das mosaische. Das wäre ⌊aber wiederum⌋ allzu belastend für unsere Religion oder den christlichen Glauben ⌊gewesen⌋ ... Ist das nicht eine schwere Zeit der Unwissenheit und Blindheit gewesen?

⌊Nun,⌋ was das Geben von Gesetz betrifft, ist gar kein Unterschied zwischen Mose und Christus. Denn Christus legte das Gesetz Moses aus. In diesem Gesetz ist alles begriffen, was ⌊als Gesetz⌋ gesagt werden kann. Sie kennen aber nicht den Unterschied zwischen dem Neuen und dem Alten Bund. Wir sagen: Im neuen Gesetz des Geistes ist gar kein Gesetz. So unterscheiden sich aber Gesetz und Geist: Christus ist der Geist, der Geist aber ist die Fähigkeit, das zu tun, was das Gesetz einst forderte. Mose befiehlt, aber er gab nicht die Möglichkeit, ⌊zu tun, was das Gesetz fordert⌋. ⌊Dazu⌋ ist ein anderes und neues Gesetz erfordert, das tut, was es sagt. Der Alte Bund schreibt die Buchstaben und Silben: ›Das und das tu! Dabei bleibt's ⌊stehen⌋.‹ Der Neue sagt: ›Da nimm den Heiligen Geist, da hab die Gabe, die Gnade, nimm das Evangelium, hör's nur, laß dir's geben!‹ Jetzt wirst du leicht verstehen, weshalb die Sophisten[26] sich nicht einig werden konnten. Daß Christus das Gesetz verstehen lehrt, ist nicht sein eigentliches Werk. Unter seine andern guten Werke, die er tat, gehörte es für ihn, daß er den Nebel vertrieb; das ist so ein Werk, wie wenn er einen Blinden sehend macht. Denn die Juden hatten ⌊das Gesetz⌋ vernebelt. Aber das eigentliche Werk Christi, um deswillen er kam, ist, daß er der Heiland der Welt sei, »der die Sünde der Welt trägt«.[27] ⌊Darum befahl er seinen Jüngern:⌋ »Nehmet hin den Heiligen Geist und geht hin und predigt ⌊in meinem Namen⌋ Buße ⌊und Vergebung der Sünden unter allen Völkern⌋!«[28] Das neue Testament reicht den Geist dar, der erfüllen soll, was das alte Gesetz vorschreibt. Das neue schenkt die Gnade, den Geist, der's tut. Dann geschieht's, daß seine Gebote nicht schwer sind. Hört ihr's; er redet vom *neuen* Testament! Denen, die nicht im neuen Testament sind, sind sie schwer, ja unmöglich (Römer 8,3). Die Sophisten sollten sagen: Das ganze Gesetz ist nicht nur schwer, sondern un-

26 Spottname für die mittelalterlichen Theologen, die vom ethischen Ansatz in der Gnadenlehre nicht loskamen und darum trotz allen Scharfsinns leeres Stroh droschen.

27 Johannes 1,29.

28 Johannes 20,22 und Lukas 24,27.

möglich. Den Glaubenden aber ist's nicht nur nicht schwer, sondern süß. Glaube ich an Jesus, so geht das Werk vonstatten, dann freue ich mich, daß er ⌊das Gesetz⌋ lehrt, und bin bereit, seine Lehre, ganz wie ich's weiß, zu reproduzieren. Begegnet mir ein Sünder, so ist's mir eine Lust, ihm zu helfen. Da ist lauter Freude, solches zu tun, natürlich nur im neuen Testament unter Christus. Welch süße Nachricht! So fühlt sich ein Christ nicht dadurch belastet, daß er Gottes Gebote erfüllen soll, sondern es paßt ihm, und er ist froh darüber. Der Gottlose aber ist traurig und hat's schwer und ist ihm angst vor dem nächsten Tag. Denn wo kein Glaube und keine Liebe ist, da sind Gottes Gebote nicht nur schwer, sondern unmöglich, aber wo diese beiden sind, sind sie leicht. ... ⌊Kurz:⌋ Warum sind sie nicht schwer? Weil wir im neuen Testament sind. Was ist das? Das ist, wenn man Christus hat! Was ist das? Wenn man den Heiland hat, der die Sünden wegschafft und den Menschen Gaben gibt.[29] Trägt der mich auf seinen Schultern,[30] so will ich's wohl tun. ...

Der siegreiche Streit des Glaubens.

V. 4: »Alles, was aus Gott geboren ist, überwindet die Welt, und unser Glaube ist der Sieg, der die Welt überwunden hat.« Hier beschreibt er den Streit, in dem unsere Lehre und der Glaube liegt, damit nicht einer meint, unsere Lehre tue nichts und schnarche und sei ein Gerede wie der Leute Gerede, das im Grunde nichts ändert. In den vergangenen 1 000 Jahren hat niemand, auch keine der religiösen Bewegungen,[31] das Papsttum grundsätzlich angegriffen, sondern die Päpste sind mit höchsten Ehren erhoben und wie Heilige verehrt worden. Wenn die römische Kirche etwas erlitten hat, so hat sie's wegen zeitlicher Güter erlitten. Denn die Kaiser stritten mit den Päpsten für weltliche Dinge; in Sachen der Lehre ist nichts geschehen. Das ist der stärkste Beweis dafür, daß die Universitäten, Schulen und Klöster vom Teufel sind, weil ihre Lehre eine Lehre war, die sie in Ruhe und Frieden leben ließ. »Das sind die Gottlo-

29 *Vgl. 1 Johannes 3,5 und Epheser 4,7 ff.*

30 *Vgl. Jesaja 9,6. Luther verstand die Stelle so, daß Christus sein Reich, d. h. uns, auf seinen Schultern trägt, während in den weltlichen Reichen die Untertanen ihre Könige tragen müssen.*

31 *Luther denkt an die mittelalterlichen Protestbewegungen gegen die Verweltlichung der Kirche, zumal ihrer Hierarchie; sie knüpfen sich vor allem an die Namen Franziskus und Petrus Waldus.*

sen, die sind glückselig in der Welt und werden reich. Aber meine Strafe ist alle Morgen da.«[32] Wo Fleisch und Satan die Herrschaft innehaben, da regiert er im Frieden. Dennoch hat Gott auch unter dem Papsttum einige durch diese Versuchungen Satans hindurchgerettet, sei es im Verborgenen, sei es, daß es offenkundig wurde.

Hier deckt Johannes auf, daß die Lehre ⸤des Glaubens⸥ diejenige Lehre ist, die im schärfsten Streit liegt. Ihr Gegner ist die Welt: d. h. alle Macht Satans, die Pforten der Hölle, der Oberste der Teufel samt allen seinen Engeln, streitet gegen das Evangelium mit aller Kraft und hetzt die Weisen, die Gelehrten und Heiligen in der Welt gegen uns auf; dazu unser eigenes Fleisch, unser Gewissen und unsere Vernunft, unser innerer Zwist, unsere Sünde – das sind Satans Hilfstruppen. Darum ist der Streit groß. Wir sehen, daß es heute so zugeht wie zur Zeit der Apostel, ⸤wir haben auch⸥ Sektierer und Irrlehrer ohne Zahl. Denn Satan kann's nicht ertragen, daß er vertrieben wird. Er sieht, daß man im Papsttum nicht nach Glauben, Seelen ⸤und Gewissen⸥ fragt, aber weil er sieht, daß ⸤jetzt⸥ Christus verklärt und seine eigene Finsternis aufgedeckt wird, werden wir Irrlehren ohne Zahl kriegen und dazu selber angefochten sein. »So müssen Christen durch viele Trübsale ins Reich Gottes eingehen.«[33]

⸤Aber⸥ hier ist eine Empfehlung für unseren Glauben: »Alles, was aus Gott geboren ist, überwindet die Welt.« Ist das nicht etwas Großes, daß der aus Gott geboren ist, Sieger ist? Das ist hoch gegriffen. ⸤Johannes⸥ ist nicht damit zufrieden zu sagen, daß ⸤der Glaube⸥ im Streit liegt, sondern ⸤er behauptet, daß⸥ er in diesem Streit durchkommt, daß er so streitet, daß er ⸤am Ende⸥ triumphiert. Also ist ein Christenmensch unbesiegbar, der allermächtigste König und glorreichste Sieger. Er wird fertig mit seiner Vernunft, mit den Irrlehren, mit der Weisheit ⸤der Welt⸥ und den Beweisen, die sie ⸤für sich⸥ daher bringt und predigt, ja er wird mit Satan selber samt seinen Engeln, mit Fleisch und Sünde fertig. »Gott sei Dank, der ⸤uns allezeit⸥ Sieg gibt ⸤in Christus⸥!«[34] Wir werden von Satan angegriffen. er spaßt nicht, es ist ihm ernst, unsere Seelen und Leiber zu rauben.

32 *Psalm 73,12 ff.*

33 *Apostelgeschichte 14,21.*

34 *2 Korinther 2,14.*

»⌊Er geht umher⌋ wie ein brüllender Löwe.«[35] Aber dennoch kann er das schwache Gefäß nicht überwinden, ja gerade ein solches bietet ihm Trotz. »Wir tragen solchen Schatz ⌊in irdenen Gefäßen⌋, auf daß die überschwengliche Kraft ⌊Gottes sei und nicht von uns⌋.«[36] Das ist eine hohe Kunst. Was ist ein einzelner Mensch vor dem Teufel, der 100 000 Menschen in einem Stündlein umbringen könnte! Ich bin für Satan so viel, wie wenn ein Glas voll Bier vor ihm stünde und er hätte großen Durst, und Gott setzt's ihm vor die Nase, dennoch soll er's nicht anrühren, weil Gott seine Gnade hineingegossen hat. Das heißt, sich der Kraft Gottes rühmen durch Christus. Aber ⌊nur⌋, wo das Wort da ist, ⌊da⌋ ist unser Ruhm da. Denn aus Gott geboren sein, das heißt: glauben dem Wort, das uns gepredigt ist, daß Christus Gottes Sohn ist, daß der, ⌊wie es⌋ anderswo ⌊heißt⌋, »den Tod nicht schmecken wird«, ⌊der sein Wort hält, weil er⌋ »die Auferstehung und das Leben, der Weg und die Wahrheit ist«.[37] Und ⌊wenn du⌋ davon im Ernst ⌊durchdrungen bist,⌋ daß du Christus mehr liebst und ihm mehr zutraust als aller Rüstung der Fürsten, das heißt im Ernst glauben. Durch solchen Glauben, der Gottes Geschenk ist, heißt ein solcher Mensch ›Kind Gottes‹ und ›aus Gott geboren‹. Denn vorher, als wir in der Finsternis saßen, dachten wir nicht so von Christus: wir wollten ihn ja durch unsere Gelübde und Fasten versöhnen, wir verschafften uns Heilige, die unsere Mittler waren, und das war noch das Beste, ⌊was wir tun konnten⌋. Ich dachte nicht daran, daß er mein Herr wäre, der für mich eintritt (Röm 8,34), sondern daß der Papst der Christus für meine Sünden wäre. ⌊Aber wo der Glaube an Christus ist,⌋ da denkt man anders. Da fliehe ich unter seine Flügel und freue mich, daß Er der Pontifex[38] ist. Und dieser Glaube ist mir vom Himmel geschenkt worden, d. h. durch das Wort, das uns offenbart ist. Und ein solcher aus Gott geborener Mensch ist der Überwinder ⌊der Welt⌋. Überwinden ist mehr als Kämpfen. Doch so ist er Überwinder, daß er sich an dem noch nicht fertigen Geschäft des Siegens beteiligt. »Denn wer überwindet (d. h. ⌊nur⌋

35 *1 Petrus 5,8.*

36 *2 Korinther 4,7.*

37 *Johannes 8,51; 11,25; 14,6.*

38 *Pontifex heißt bei den Römern der oberste Priester; es ist der offizielle Titel des Papstes geworden.*

den ›Überwindern‹), dem wird die Krone des Lebens gegeben.«[39] »Überwinden« will mehr ausdrücken als »kämpfen«, weil ⌊einer dabei⌋ am Geschäft des Siegens beteiligt ist. So steht christliches Leben immer im Kampf und in diesem Kämpfen selber siegt es. ⌊Daher sagt⌋ Christus: ›Seid tapfer im Streit und fürchtet euch nicht.‹[40] Wie nur Überwindern das Reich gegeben wird, so werdet ihr auch zu stehen haben mitten unter dem mächtigsten Feind, ⌊das ist⌋ nicht der Kaiser, sondern die alte Schlange, die uns mit Tod und Sünde überzog und heute mit Irrtümern und Lügen überzieht. Das heißt: ihr sollt kämpfen gegen Sünde und Mißglaube, gegen Irrlehrer, die Gottes Wort verfälschen, so daß ihr konsequent dabei seid, daß das Wort rein verantwortet und nicht verfälscht wird. Und wenn man euch bis aufs Blut bekämpft, – leidet's! ⌊Unser Gott⌋ hat uns mitten unter Wölfe und Teufel hingesetzt.[41] Also ist Er der Anführer dieses Streits, ⌊der verheißen hat⌋: »Ich will bei euch sein«;[42] denn er hat uns seine Waffen gegeben, das ist sein Wort und den Heiligen Geist. ⌊Darum⌋ kämpft, dem Tod und allen Sünden zum Trotz!

2 Der Weg zur Überwindung der Welt.

Der asketische Weg und der Weg des Glaubens.

V. 4 b: »Und das ist der Sieg, der die Welt überwunden hat: unser Glaube.« Das hat ⌊Johannes⌋ noch besonders hinzugefügt und vorzüglich darum, um uns ⌊den Glauben⌋ im Gegensatz zu ⌊den Empfehlungen⌋ der Heuchler und stolzen Werkheiligen zu empfehlen. Ihr habt viele Predigten gelesen, in denen Frömmler wie Bernhard uns Ratschläge gegen Laster gaben, oder wie des Erasmus »Handbüchlein eines christlichen Soldaten«, in dem er uns gegen die verschiedenen Arten der Laster wappnet und nie den Glauben zum Zug bringt. Sondern man solle seine Augen abwenden, daß du kein Weib ansiehst, man soll sich beim Essen zurückhalten, so wirst du dich am Zügel haben. Ich hab's damit versucht. Auch Hieronymus[43]

39 *Vgl. Offenbarung 2,10.*

40 *Vgl. Matthäus 10,26 ff.*

41 *Vgl. Matthäus 10,16.*

42 *Matthäus 28,20.*

43 *Die Frömmigkeit des Mittelalters war bestimmt durch das asketische Ideal. Hieronymus (4./5. Jahrhundert), ein gelehrter Kirchenvater, hatte in der östlichen Kirche asketisches Mönchstum kennengelernt und warb nachher dafür im Westen (s. nächste Anmerkung); Bernhard von Clairvaux (12.*

wappnet uns gegen die Sünden ⌊nur⌋ mit unseren Werken. Was hat aber dem Hieronymus seine Marterei geholfen? Ebenso ⌊war's bei mir;⌋ wenn ich am strengsten fastete, wütete das Fleisch am ärgsten, und es folgte eine Pollution. Weil wir mit solchen Regeln gegen unsere Laster kämpfen wollen, werden wir zur Strafe damit geplagt, daß das Laster absurd und die Sünde schmutzig wird. ⌊Um⌋ gegen die Welt ⌊zu kämpfen⌋, sollte man – ⌊so riet man uns⌋ – fliehen, ⌊also⌋ durch Flucht ⌊vor ihr sie überwinden⌋. In der Welt wird einer müde, ⌊sich gegen die Welt zu wehren⌋; im Kloster denkt man ⌊fortwährend⌋ ⌊an diese Aufgabe.⌋ Es gibt keine Stelle in den Lebensbeschreibungen der Väter,[44] die lehrt, was ⌊in Wahrheit⌋ zu Überwindern macht. Darum sollte man diesen Text mit goldenen Lettern schreiben: man muß aus Gott geboren sein, ⌊um die Welt zu überwinden⌋. »Und das ist der Sieg: unser Glaube.« Jedes Jahr lesen sie diesen Text,[45] aber ⌊sie verstehen's⌋ nicht, denn sie sind nicht angefochten. Willst du solches überwinden, brauchst du nicht eine Kapuze anzuziehen usw. ⌊Sondern⌋ ficht dich die sexuelle Begierde an und entbrennst du in heißem Begehren, ⌊wenn⌋ du ein Weib ansiehst, dann greif nach Christi Wort! Der Glaube an ihn siegt; dann wird ⌊dich⌋ das höchste Begehren anekeln. Paulus lehrt kein Fasten, das diesen Sieg bewirken sollte; aber wer sich betrinkt, kann nicht aufs Wort merken, sondern wer nüchtern ist, schlürft aus dem Wort den Glauben. Wenn der Geiz dich ⌊anficht⌋, glaub an unsern Herrn Christus; ⌊ficht dich⌋ Zorn und Neid auf deinen Nächsten ⌊an⌋, glaub an Jesus! Ich rede jetzt von Anfechtungen wie Zorn usw. Blick auf den Herrn Jesus und ruf: ›Erbarm dich meiner!‹, so wird der Neid getötet!

Die hohen Anfechtungen des Glaubens.

Die hohen Anfechtungen des Glaubens und der Hoffnung sind die, wenn der Tod einem vor Augen tritt, der alles erschreckt und Inneres und Äußeres erschüttert, so daß die Gebeine und der ganze Leib erzittern. Da gibt es keinen Sieg, außer du ergreifst Christi

Jahrhundert) galt als das asketische Gewissen seiner Zeit, und das Ideal des Erasmus, obwohl dem barbarischen Mönchstum abhold, war eben auch der Mensch, der seine Leidenschaften beherrscht.

44 *Eine im Mittelalter weit verbreitete Legendensammlung, die in ihrem Kern auf Hieronymus zurückgeht, mit der er für sein asketisches Ideal warb.*

45 *1 Johannes 5,4 ff ist die Epistellesung auf den Sonntag Quasimodogeniti nach dem römischen Meßbuch.*

Wort (Matth 11,28 ff): »Kommet her zu mir«, »Ich bin euer Heiland, der Weg und die Wahrheit und das Leben.«[46] An solchen Worten des Lebens ⌊liegt's, daß der Glaube⌋ die Angst vor dem Tod überwindet, ja auch der Tod selbst überwunden ist, denn die Angst macht den Tod so schrecklich. Also der Glaube, der am Wort hängt, siegt. So ist es eine Anfechtung des Glaubens und der Hoffnung, die aus ⌊unserem⌋ Fleisch ⌊kommt, wenn einer fragt⌋, ob denn Christus etwas sei. Das sind keine Anfechtungen Satans, sondern unseres Herzens Gedanken. Aber wenn Satan selbst uns ins Herz Gedanken der Gotteslästerung gibt, die wir nicht verwinden können, daß Gott nicht ⌊unser⌋ Gott sein wolle, sondern uns einen andern Gott einbildet, der auf uns zornig sei und sich für immer von uns abgewandt habe, und der uns Satan übergeben will, – solch ⌊ein Gedanke⌋ entsteht nicht in ⌊unserem⌋ Herzen, sondern wird uns ⌊vom Satan⌋ eingegeben. Und dazu benützt er die Schrift wie gegenüber Christus: »Laß dich hinab! ⌊Denn es steht geschrieben, daß er seinen Engeln befehlen wird, dich auf Händen zu tragen.⌋«[47] Er sollte erforschen, ob ihm Gott ⌊helfe⌋. Das heißt Gott in seiner Barmherzigkeit und väterlichem Willen versuchen, ⌊war Christi⌋ einfältige Antwort. Denn Satan ist's, ⌊der mir ins Herz gibt, daß⌋ ich mir nichts anderes als ⌊Gottes⌋ Zorn vorstelle, während er mir doch geboten hat: ›Hoff auf meine Barmherzigkeit!‹ Darum verzweifeln, das heißt: Gott lästern. Ich kenne einige, die diesen Geist der Lästerung hatten, ⌊darunter ist⌋ ein Mädchen von 15 Jahren. Der einzige Trotz ist ⌊dann⌋ der, daß nicht Gott ihn ins Herz schickt, sondern daß er vom Teufel ist, und doch Gott es zuläßt, damit erscheine, was der Glaube vermag. Darum weil solche Gedanken vom Satan in uns hineinkommen, erleiden wir sie mehr als wir sie uns machen. So hat Gerson[48] mit Recht gesagt. Denn sie gehören mehr zu dem, was wir leiden müssen als zu dem, was wir tun. Denn Satan nötigt sie uns auf. ⌊Aber Gott tröstet einen:⌋ ›Mein Sohn, wundere dich nicht, daß du nicht immer Gutes von mir denkst, denn solche bösen Gedanken sind mehr ein Leiden als ein Tun.‹

46 *Johannes 14,6.*

47 *Matthäus 4,6.*

48 *Der Franzose Johann Gerson (Anfang des 15. Jahrhunderts) war nach Luther der beste unter den großen Scholastikern, weil er die Gewissen tröstete.*

⸤Müssen⸥ wir sie erdulden, ohne daß wir etwas dagegen machen können, dann haben wir zu kämpfen und stehen in der Schlacht, und Satan sagt zu uns wie zu Christus: ⸤›Die Engel sollen⸥ dich doch auf Händen ⸤tragen⸥. Aber weil du nicht wagst, dich hinabzustürzen, hast du keinen gnädigen Gott. Weil er dir keinen Engel schickt, ⸤daran⸥ sieh, was für einen Gott du hast.‹ So giftig satanisch hat er's Christus vorgestellt. So denke ich heute: ›Wenn dich Gott lieb hätte, ⸤wärst du nicht so übel dran⸥.‹ Aber da soll man zu ihm sagen: ›Du sollst ⸤Gott, deinen Herrn,⸥ nicht versuchen! Da ist die Schrift dagegen. Christus ist der Heiland der Welt und hat ⸤also sein⸥ Blut ⸤auch für mich⸥ vergossen. Wollte ich nach ihm langen, wie du es ⸤mir⸥ vorstellst, das hieße ihn versuchen.‹ Das ist der Kampf ⸤des Glaubens⸥, da ruft Christus: ›Kommt zu mir, ich werde keinen hinausstoßen.‹[49] Immer hat er Barmherzigkeit erzeigt, keinem Menschen hat er je Barmherzigkeit verweigert. Ist auch der Glaube schwach, so soll er doch kämpfen; er siegt, auch wenn der Sieg unerreichbar ⸤zu sein scheint⸥. Diese Stelle sollte man ⸤mit goldenen Buchstaben⸥ schreiben, um den Glauben an Gottes Barmherzigkeit abzumalen. Glaub: Christus ist Barmherzigkeit, nicht Tod und Gift, sondern Leben, Gnade, Heil und Licht. Wer also glaubt, kann nicht verzweifeln. So nur kriegst du einen wohlgerüsteten christlichen Soldaten, der durch Glauben an Christus alles, Welt, Sünde, Tod usw., überwindet. ⸤Das findest du nicht in den Schriften des⸥ Heiligen Thomas und Scotus.[50] Satan ist's zufrieden, daß sie unzählige Bücher schreiben, in denen davon nichts steht...

Aber laßt uns kämpfen durch Christus, nicht durch uns selbst! Es gilt, Christi Worte zu ergreifen, auf sie und nichts anderes zu schauen. So hat Christus den Teufel überwunden, so ⸤wird ihn⸥ auch ein Christ ⸤überwinden⸥, nicht in Kraft seiner eigenen ⸤Gläubigkeit⸥, sondern in Kraft des Anführers ⸤des Kampfes des Glaubens⸥.

49 *Vgl. Johannes 6,37.*

50 *Thomas von Aquino (1225–1274), später zum ›ersten Lehrer‹ der katholischen Kirche erklärt, und Johannes Duns Scotus (1266–1308), gleichfalls Begründer einer theologischen Schule, sind die führenden Vertreter der Hochscholastik.*

3 Zusammenfassung

Dieser eine Text erledigt alle Bücher, alle die großmäuligen Prediger, welche Methoden und Regeln zur Überwindung ⌊der Welt⌋ gelehrt haben. Was ist Augustins Regel?[51] In keiner Regel habe ich je gefunden, daß der Glaube zum Zug gebracht wird. Darum soll man die Klöster ausmerzen oder sie reformieren, daß sie zu Schulen werden, in denen der Glaube gelehrt wird. Nur wenige von den Alten[52] ⌊haben⌋ vom Glauben ⌊gelehrt⌋. Hätte Augustin nicht seinen Pelagius[53] gehabt, ⌊stünde auch bei ihm⌋ nichts vom Glauben. Bei Hieronymus[54] findet man gar nichts vom Glauben, bei Bernhard[55] zweimal und dann, als es mit ihm zu Ende ging. Bei Paulus dagegen ⌊im Römerbrief handeln gleich⌋ die drei ersten Kapitel vom Glauben; von Moral nur eine Hälfte des ersten Kapitels. Als ich das las, meinte auch ich, das Vorhergehende sei nicht nötig. Auch ⌊für die Lesungen⌋[56] haben sie nur die Episteln, die Moralisches enthielten, herausgeschnitten, und wenn sie ⌊etwas⌋ über den Glauben lasen, haben sie nichts verstanden. Wir sollten dafür danken, ⌊daß wir's heute anders wissen⌋. Klammert man den Glauben aus, so rühme sich nur niemand wider den Tod noch wider die Sünde! Einige ⌊versuchten's⌋ mit der Verachtung des Todes und wollten auf Grund solcher Stellen ⌊wie dieser⌋ den Tod zu einer verächtlichen Sache machen. Sag ⌊denen⌋, daß das alles Lügen sind, es hält den Stich nicht. Um mit dem Tod zu kämpfen, gehört das Leben dazu, das Christus ist. Den hast du aber in seinem Wort, das ergreif! Unter »Welt« versteh alles: Sünde, Teufel und Tod. Der Sieg über die »Welt« ist aber unser Glaube. Such also, daß du ihn durchs Wort kriegst, und glaub ⌊daran⌋, so wird dir Satan nicht schaden ⌊können⌋.

V. 5: »Wer ist, der die Welt überwindet, wenn nicht der da glaubt, daß Jesus der Sohn Gottes ist?« Wie gern sagt ⌊Johannes⌋ dasselbe und bleut's ein und erklärt's mit immer anderen Worten. Er macht drei längere Ausführungen ⌊über den Glauben⌋[57] und hat doch nur

51 *Vgl. oben Anmerkung 12 auf Seite 129.*
52 *Luther meint die sogenannten Kirchenväter.*
53 *Vgl. oben Anmerkung 61 auf Seite 152.*
54 *Vgl. oben Anmerkung 43 und 44 auf Seite 196 und 197.*
55 *Vgl. oben Anmerkung 68 auf Seite 154.*
56 *Die liturgischen Lesungen der Epistelperikopen im römischen Meßbuch.*
57 *Vgl. 1 Johannes 2,22 ff; 4,2 ff und 5,1 ff.*

eine Meinung, damit niemand bloß Vermutungen ⌊darüber⌋ habe, was ⌊unter dem⌋ Sieg der Christen ⌊über die Welt zu verstehen ist⌋. Sie sollen sie nicht durch ihre eigenen Anstrengungen überwinden, und keiner soll ⌊sich selbst⌋ einen Glauben vormachen. Man muß glauben, daß Jesus ⌊Gottes Sohn ist⌋, damit wir auf jede Weise den wahren und reinen Glauben haben, der nicht verdorben ist durch irrige Meinungen. Er sagt nicht, ⌊der überwindet die Welt,⌋ wer sich vom Wein ⌊oder⌋ vom Anblick der Weiber enthält: es heißt ja, sich in den Anblick der Weiber durch ⌊solche⌋ Gedanken geradezu hineinstürzen, wie mir und anderen geschehen ist. ⌊Sondern er sagt:⌋ geh mit dem Wort und Glauben Jesu um! Es gibt sonst keine andere Waffe oder Arznei außer einzig und allein den Glauben. Ist der Sieg gewonnen, können wir uns auch an die anderen Methoden, die sie gefunden haben, halten.

Der Grund des Glaubens

Kapitel 5,6–12: **Dieser ist's, der da kommt mit Wasser und Blut, Jesus Christus, nicht mit Wasser alleine, sondern mit Wasser und Blut. Und der Geist ist's, der da zeuget, weil der Geist die Wahrheit ist. Denn drei sind, die da zeugen: der Geist und das Wasser und das Blut, und die drei sind eins. So wir der Menschen Zeugnis annehmen, so ist Gottes Zeugnis größer, denn Gottes Zeugnis ist das, das er gezeuget hat von seinem Sohn. Wer da glaubet an den Sohn Gottes, der hat solches Zeugnis bei ihm. Wer Gott nicht glaubt, der macht ihn zum Lügner, denn er glaubet nicht dem Zeugnis, das Gott zeuget von seinem Sohn. Und das ist das Zeugnis, daß uns Gott das ewige Leben hat gegeben, und solches Leben ist in seinem Sohn. Wer den Sohn Gottes hat, der hat das Leben, wer den Sohn Gottes nicht hat, der hat das Leben nicht.**

1 Wie es zum Glauben kommt.

Das Kommen Jesu zu uns.

V. 6: »Dieser ist's, der da kommt mit Wasser und Blut, Jesus Christus, nicht mit Wasser alleine, sondern mit Wasser und Blut. Und der Geist ist's, der da zeuget, weil der Geist die Wahrheit ist.« Diese Stelle scheint etwas dunkel zu sein. Johannes bringt diesen Text, um zu erklären, auf welchem Weg Christus zu uns komme, damit wir an ihn glauben können. Er sagte ja, der Glaube sei der

Sieg, der glaubt, daß Jesus Gottes Sohn sei. Er geht in folgenden Schritten vor, ⸤um zu erklären,⸥ woher jener Sieg komme. Weil er sagt: ⸤Wer aus Gott geboren ist,⸥ überwindet die Welt, ⸤fragt er zuerst⸥: Wodurch? ⸤Antwort:⸥ durch den Glauben. ⸤Nun fragt er:⸥ Woher ⸤kommt der Glaube⸥? Ähnlich ⸤geht Paulus⸥ im 10. Kapitel des Römerbriefs ⸤vor⸥.[58] ⸤Er geht aus von der Schriftstelle:⸥ »Wer den Namen des Herrn anrufen wird, der wird selig werden.« ⸤Und fragt nun:⸥ »Aber wie sollen sie den anrufen, an den sie nicht glauben?« Weiter: »Wie sollen sie aber glauben, von dem sie nichts gehört haben?« Und endlich: »Wie sollen sie aber hören ohne Prediger?« Ebenso macht Johannes sozusagen einen Schritt nach dem andern, weil es nötig ist zu wissen, woher ⸤man jenen Sieg und woher man den Glauben⸥ habe. Auch diese Stelle geht gegen unsere Propheten, die alles auf den Geist ziehen, den Dienst des Wortes verachten und sich geistlicher Offenbarungen rühmen, die sie ⸤unmittelbar⸥ aus Gott bekommen. Aber Jesus Christus, durch den der Sieg über die Welt vermittelt⸥ ist, kommt durch Wasser und Blut. Wir kommen nicht zuvor zu ihm, sondern er kommt zuvor zu uns. Das verlorene Schaf sucht der Hirte, nicht umgekehrt das Schaf den Hirten. Der Vernunft ist freilich diese Weise, den Teufel zu überwinden, zuwider. Wir reden, sagt Johannes, vom ⸤gepredigten⸥ Jesus Christus, den man nur hören kann, der zu uns herabsteigt und sich uns offenbart. ⸤Darum heißt es:⸥[59] »Ich bin gefunden von denen, die mich nicht suchten«, damit ⸤Gottes⸥ Barmherzigkeit frei umsonst geschenkt sei und niemand sich seines eigenen Suchens rühme: denn je mehr man Christus sucht, um so weniger findet man ihn. Er ist der, der kommt; das ist eine Gegenwartsaussage, d. h. er kommt zu uns. Durch Wasser und Blut – so kommt er zu uns. Da sitzt die Dunkelheit dieser Stelle. Die einen legen das so, andere anders aus. Einige beziehen's darauf, daß es am Ende der Passionsgeschichte des Johannesevangeliums heißt:[60] »da kam Wasser und Blut heraus«. Diese Auslegung mißfällt mir nicht. Dennoch legt man's richtig so aus, daß damit die Taufe und Besprengung Christi gemeint ist, die uns alle angeht. Denn zuerst mußte es in Wirklichkeit geschehen, wie er am Kreuz ⸤sein Blut vergoß⸥; das ist die

58 *Römer 10,13 ff.*

59 *Vgl. Römer 10,20.*

60 *Johannes 19,34.*

leibliche Ausgießung. Danach wird ⌊sein Blut⌋ geistlich ausgesprengt, so daß Petrus ⌊sagen konnte, er sei gesandt⌋ »zur Besprengung mit dem Blut Christi«,[61] d. h. um es uns⌋ zuzuwenden oder zuzueignen. Christi Blut ist zwar am Kreuz ausgegossen worden, wenn's aber nicht ausgesprengt würde, so käme der Nutzen dieses Blutes nicht zu mir. Es nützt aber, wenn es durch das Wort zu uns kommt und durch den Glauben angenommen wird. Und so reinigt mich der Geist. Wenn Christus nur gekreuzigt worden wäre, wem nützte das? Aber weil ⌊das Wort vom Kreuz⌋ unter die Leute auf dem ganzen Erdkreis gebracht wird, – diese Austeilung ist's, die den Nutzen dieses Blutes ⌊erst vermittelt⌋. So kann man auch die Meinung jener ⌊andern Ausleger⌋ gelten lassen, wenn man Wasser und Blut nur auf seinen Nutzen bezieht, d. h. sofern es in die Predigt vom Blut Christi gefaßt wird, durch die es ⌊erst⌋ ausgesprengt wird. Glaubst du an das für dich vergossene Blut Christi, so wirst du selig. Zweierlei muß man also beim Blut Christi beachten: ⌊seine⌋ leibliche Vergießung und ⌊seine⌋ Austeilung. Behältst du die Predigt im Auge, so gibt's keinen Streit ⌊um die Auslegung dieser Stelle⌋.

Ich verstehe unter Wasser das Wasser der Taufe ⌊Christi⌋ und unter dem Blut sein Blut. Er kommt durch seine Taufe zu uns und durch sein Blut. Denn Christus kommt nicht mehr anders in die Welt als durch Wasser und Blut, d. h. durch den geistlichen Advent der Predigt, d. h. so, daß die Taufe ⌊Christi⌋ in die Welt ausgesprengt wird. Johannes der Täufer ist mit Wasser allein gekommen, denn er hatte auf den kommenden Christus getauft. Aber Christus ⌊kommt⌋ nicht nur durch Wasser, sondern auch durch Blut, weil das Wasser der Taufe durch Christi Blut geheiligt wird. So ist's nicht bloßes Wasser, sondern ein durch das Wort mit rotem Blut durchblutetes Wasser, weil ⌊das Wort⌋ dir in der Taufe Christi Blut herzubringt und ⌊dir⌋ sagt: ›Durch Christi Blut wirst du von Sünden erlöst, und zwar indem du getauft wirst.‹ So verstehe ich diese Stelle am einfachsten. Siehst du nun, welches die Methode ist, zu dem Glauben, der die Welt überwindet, zu kommen? Erledigt sind also durch diese Stelle alle eigenen Versuche. Ein Mönch kommt mit seinen Gelübden, ⌊doch⌋ da ist keine Verheißung; er wird dadurch nicht Kind Gottes, sondern allein der Glaube überwindet die Welt.

61 *1 Petrus 1,1 f.*

Darum soll die Welt aufhören mit ihrem ›Kommen‹, sondern den aufnehmen, der kommt mit Wasser und Blut! »Die ihn aufnehmen – daran liegt's! –, denen gab er Macht, Gottes Kinder zu werden.«[62] Nur so verfolgen und verachten wir ihn nicht, sondern nehmen ihn auf, ⸤und⸥ hören's gerne. Gott sei Dank kommt Christus zu uns im Wasser und wir werden getauft in Blut und Wasser. Einfach Wasser und Blut würden nichts schaffen, wenn nicht das Wort ⸤beides⸥ austeilte. Denn das Wasser hat ⸤bei sich⸥ die Verheißung: »Wer da glaubt und getauft wird, der wird errettet werden.«[63] So hat er ⸤durch die Taufe⸥ ⸤sein Blut über uns⸥ gegossen und ⸤unsere⸥ Seelen gewaschen. So predigt das Wort zusammen mit dem Blut, so faßt man's durch den Glauben. Das heißt: in der Taufe wird Christus gepredigt, weil das Wasser das Wort ⸤bei sich⸥ hat, daß durch dieses Wasser sein Blut auf uns gegossen wird, und wir nehmen's an. Ich fasse zusammen: Christus kommt zu uns so, wenn das Evangelium gepredigt wird; dadurch wird das Wasser der Taufe und des Blutes Christi über uns gesprengt. Hört man dieses Wort, werden wir als Kinder Gottes geboren und kriegt man den Glauben, der die Welt überwindet. Also kriegt man den Glauben durch's Evangelium; das Evangelium kommt durch Christus, und ⸤Er⸥ sprengt Wasser und Blut durch sein Wort aus. Das heißt: Er kommt als gepredigter.

Das Zeugnis des Geistes.

V. 6 b: »Und der Geist ist's, der da zeuget, weil der Geist die Wahrheit ist.« Hier ist im Griechischen ein anderer Text.[64] Bisher sprach ⸤Johannes⸥ nur von *einem* Zeugnis, wodurch Christus kommt, nämlich so, daß er durch Wasser und Blut, das heißt durch die Predigt kommt; aber man muß dazu noch ⸤dieses⸥ Wort hinzufügen. Denn obwohl Christus gepredigt wird, nimmt man ihn doch nicht auf, wenn nicht der Geist da ist. Denn nicht alle glauben dem Evangelium, viele verfolgen es. Weil der Geist die Wahrheit ist, ist die Predigt nur da ⸤wahr, wo er in unserem Herzen ist⸥. Das Evangelium reicht uns Blut und Wasser dar, das heißt: die Taufe ist das Symbol unseres ganzen Lebens, durch das uns das Evangelium noch einmal gepredigt wird. Sofern wir uns immer drin üben, sind wir

62 *Johannes 1,12.*

63 *Vgl. Markus 16,16.*

64 *In der Vulgata steht: »Und der Geist ist's, der da zeugt, denn Christus ist die Wahrheit.« Luther hält sich an den griechischen Text.*

in der Taufe und dem Blut Christi; denn das Evangelium verkündigt nichts anderes, ⸤als was die Taufe uns verkündet⸥. Aber es würde nicht angenommen, wenn nicht der Geist auch da wäre. Das ist so besonders tröstlich: diese Predigt ist die einzige – und sonst keine! –, die den Ruhm hat, daß sie das Gefährt des Geistes sei; darum heißt sie auch das Wort des Lebens, des Heiles und der Gnade, weil der Heilige Geist in ihm ist, so daß, wo das gepredigt wird, der Geist auf die fällt, ⸤die dem Wort zuhören⸥. (Apostelgeschichte 10,44)

Es gibt nur *ein* Evangelium, aber es predigt zwei ⸤Dinge⸥, nämlich Wasser und Blut als unter uns ausgeteilt. Und in diesen beiden ist der Geist, weil er denen ins Herz gegeben wird, die ⸤es⸥ lehren und die ⸤es⸥ hören. Christus kommt in die Welt durch das Wort, das gepredigt wird, und der Geist glaubt. Unsere Geister ⸤spotten⸥: die Taufe sei ein Hundsbad, aber sie besteht nicht bloß in Wasser, sondern in Blut und Geist. Der Geist ist's, der Christus durch Wasser und Blut herbringt, »er ist's, der von ihm zeugt«,[65] weil der Geist die Wahrheit ist. ⸤Johannes⸥ redet gegen Heuchler. Von vielen wird das Wort verachtet: in ihren Augen ist die ganze Predigt lauter Lüge, weil sie ohne Geist sind, wie für die Sakramentierer der ganze Advent Christi durch Blut und Wasser nichts als Lüge ist. Die Christus nicht ⸤so⸥ annehmen, wie es hier beschrieben wird, die haben den Geist nicht, darum ist ⸤für sie⸥ das Ganze Lüge. Wo aber der Geist im Herzen ist, da hat es von ihm das Zeugnis, daß das wirklich wahr ist. Er ist der »Geist ⸤der Wahrheit⸥« oder des Glaubens,[66] d. h. wenn ich Christus durch Wasser und Blut annehme, habe ich in meinem Herzen das Gewissen ⸤und seine Stimme⸥,[67] das ist ⸤das Werk⸥ des Geistes, und ⸤der⸥ sagt, was wahr ist.

Glauben heißt an Christus glauben; das geschieht durch den Advent des Wortes, das die Taufe und das Blut Christi predigt; darauf folgt ⸤der Ruf des Geistes⸥: Nimm's an! Nimmt man den ⸤Ruf des⸥ Geistes an, ist man dessen ganz gewiß,[68] dann kriegt ⸤das Herz Mut⸥ und ruft ⸤den Herrn⸥ an.[69] ⸤Die Ausführung des Paulus in⸥

65 *Vgl. Johannes 15,26.*

66 *Vgl. Johannes 15,26; 2 Korinther 4,13; Galater 3,14.*

67 *Text: conscientia. Man könnte auch übersetzen: ein (neues) Selbstverständnis, das ist das Verständnis des Geistes. Vgl. Römer 8,15 f.*

68 *Text: certa est plane conscientia.*

69 *Vgl. Römer 10,9–12.*

Römer 10,8 ff hat fast denselben Sinn. Wir haben's mit einfacheren Worten gesagt. Sofern ˌwirklichˌ Jesus gepredigt wird, wird er so gepredigt, daß er uns durch seine Taufe und sein Blut erlöst hat, und daß ˌdasˌ während unseres ganzen Lebens durch das Wort ausgeteilt wird. Hört man das, so kommt der Glaube durch den Heiligen Geist; denn der Heilige Geist ist im Wasser. Nimmt man ihn an, so folgt, daß einer seiner Sache ganz gewiß sagt: dies Wort ist wahr. Wo das feststeht, da steht auch der Sieg über die Welt fest...

Wort und Geist.

V. 7 und 8: »Und die drei sind's, die zeugen: der Geist und das Wasser und das Blut; und diese drei sind eins.« Deutsch ˌsagenˌ wir: Und die drei Dinge gehören zuhauf. So heißt's Apostelgeschichte 2,1: »Die Jünger waren einmütig zuhauf«, »zusammen«, »in eins«. Denn in Wirklichkeit sind sie nicht *ein* Ding, sondern drei Dinge, aber sie gehören zuhauf. ˌOderˌ wie Paulus 1 Kor 3,8 sagt: »Der da pflanzt und der da begießt, sind eins.«

Ich habe gesagt, daß Christus durch das Evangelium zu uns komme, weil durch dieses das Blut und das Wasser gepredigt und auf uns ausgesprengt wird, und ˌdaßˌ das durch den Heiligen Geist geschieht. Darum müssen diese drei Dinge zusammen sein. Denn das Wasser kann nicht gepredigt werden ohne das Blut, weil es durch das Blut geheiligt ist; sodann wird das Blut nicht gegeben ohne die Taufe; danach kommen diese zwei nicht zu uns ohne den Heiligen Geist, den Schöpfer. ˌSo heißt'sˌ 1 Petr 1,12, ˌdaß die Apostel das Evangelium gepredigt habenˌ »in Kraft des vom Himmel gesandten Heiligen Geistes«, ˌund Johannes 15,26:ˌ »Dieser wird euch Zeugnis geben von mir.« Darum können diese drei nicht getrennt werden und machen diese drei ein einziges Zeugnis. Ich fasse zusammen: das Zeugnis Gottes in der Welt ist nichts anderes als das Evangelium und dies begreift ein Dreifaches. Es ist kein toter Buchstabe, sondern Geist und Leben, wenn der Heilige Geist mündlich redet von der Taufe und dem Blut Christi, das für uns vergossen und in der Taufe auf uns ausgesprengt worden ist. Das heißt: das Evangelium ist die mündliche Predigt des Heiligen Geistes, durch welche die Taufe und das Blut Christi gepredigt wird. Und diese drei geben Zeugnis von Christus; d. h. wir wüßten nichts von Christus; es war das Wort nötig, zu dem diese drei gehören und ˌdie dreiˌ sind ˌeinsˌ: Denn der Heilige Geist predigt das Evangelium, das die Predigt von

Christus ist, damit dieses Zeugnis bei uns zu seinem Ziel komme. Siehst du jetzt, wie sie diesen Text mißhandeln und diese drei trennen! Johannes verbindet sie. Oft genug habe ich geschrieben, daß, wie hier steht, in der Taufe nicht bloß Wasser sei. Doch sie hören nicht, sondern sagen, wir lehren, daß das Wasser rechtfertige. Aber ich sage, daß es das Wasser nicht allein ⌊tut⌋. So lehren wir nicht allein das Wort »Wasser«, sondern ich sage: ›Wasser an sich ist die eine Seite der Sache‹; jedoch wir sagten ja: ›nicht durch Wasser allein.‹ ⌊Denn⌋ in der Taufe ist das Blut Christi und ist der Geist.

Wie aber sind sie eins? Ich sehe nicht das Wasser an: sondern daß ich mit dem Blut ⌊Christi⌋ besprengt bin, nämlich durch das Wort; denn es wird gepredigt, daß ich, wenn ich im Wasser getauft werde, durch Christi Blut gerettet werde. Und der Heilige Geist ist's, der predigt und mir das Wort Christi und sich selbst zueignet. Darum verderben sie diesen Text jämmerlich. Sie sagen: ›Wasser und Blut müsse man hier geistlich verstehen.‹ Jedoch man soll's nicht trennen, sondern die drei wirken für mich zusammen und bringen das Zeugnis in meinem Herzen zu seinem Ziel. Man nimmt das Wasser durch den Heiligen Geist, und durch das Wort sprengt er Christi Blut in uns; denn der Heilige Geist sagt: was du siehst, ist nur, daß Wasser da ist, aber Christi Blut ist da, das unsichtbar ⌊mit dem Wasser⌋ verbunden ist. Wirst du in Wasser getauft, so ist's genauso, wie wenn du im Blut Christi getauft würdest, und umgekehrt. Werde ich mit Wasser gewaschen, so sieht man das, aber zugleich werde ich auch mit Christi Blut gewaschen; das sehe ich nicht, aber ich weiß es durch das Wort. Zugleich ist auch der Heilige Geist da, durch den ich gleichfalls gewaschen werde. Darum ist das Wasser nicht ein Symbol, weil der Heilige Geist nicht ein Symbol, sondern das Leben ⌊selbst⌋ ist...

Gottes Zeugnis der feste Grund des Glaubens.

⌊Nun⌋ ermahnt ⌊uns Johannes⌋, daß wir ja an diesem Zeugnis hangen und uns an ihm genügen lassen. Darum füllt er seine Ermahnung mit starken Gründen, damit wir's behalten. Den ersten Grund gewinnt er aus einem Vergleich oder vielmehr einem Beispiel, indem er sagt (V. 9): »Wenn wir der Menschen Zeugnis annehmen, so ist Gottes Zeugnis größer.« Er schließt vom Kleineren aufs Größere. Er will sagen: Seht, ich habe euch die Methode mitgeteilt, wie man zum Glauben kommt, nämlich durch das Wort, das ich ein Zeugnis heiße. Nun sorgt dafür, daß ihr dieses Zeugnis bewahrt, weil Satan gegen nichts so anstürmt wie gegen dieses Fundament. Denn ist das niedergelegt, so kann nichts mehr bleiben; dahin richtet er seine ganze Rüstung. Darum bestehen die Apostel auf diesem Zeugnis so fest. Wir glauben, wenn Menschen Zeugnis ablegen, nicht bloß das wahre und gute, sondern auch das falsche ⌊Zeugnis⌋, denn es steht geschrieben: »Auf zweier oder dreier Zeugen Mund« soll man sein Urteil gründen.[70] Das ist auch bei Heiden gültig. Ein solches ⌊Zeugnis⌋ nehmen wir an, sagt ⌊Johannes⌋. Wenn wir also der Menschen ⌊Zeugnis⌋ glauben, wieviel mehr sollten wir Gottes ⌊Zeugnis glauben⌋! Was sind alle ⌊Menschen⌋, wenn man sie mit Gott vergleicht? Eine Silbe von Gottes Zeugnis ⌊wiegt schwerer als alle Zeugnisse aller Menschen⌋. Und wir nehmen nicht nur unzureichende Zeugnisse an, sondern wir sind auch bereit, falsche anzunehmen, wie es die Zeugnisse der Ehrabschneider und Irrlehrer sind. Da wirst du zum Glauben herausgefordert! Wenn wir so leicht Verführern und Ehrabschneidern glauben, warum glauben wir nicht viel mehr dem Zeugnis Gottes? Was für ein Feuer bekommt diese Stelle aus diesem Beispiel! Wenn man ja ein Zeugnis annehmen muß, dann gewiß ein göttliches; aber wir nehmen das Gegenteil an. Darum geht in euch, sagt Johannes! Es ist ein ähnliches Beispiel wie im Brief an die Galater: »Verachtet doch niemand eines Menschen Testament usw.«[71]

V. 9 b: »Gottes Zeugnis ist größer«; darum sollte man's mit noch größerem Fleiß annehmen und noch größerer Treue bewahren. »Denn dies ist das Zeugnis Gottes, das er gezeuget hat von seinem Sohn.« Johannes redet nicht vom Zeugnis des Gesetzes, das durch Mose gegeben wurde, das vergangen ist, sondern das von Gott gegeben wurde, da er von seinem Sohn zeugte. Der ganze Auftrag unseres Amtes steht ⌊in diesem Zeugnis⌋, damit Christus aufgenommen werde. Es gibt keinen Irrlehrer, der nicht gegen dieses Zeugnis anginge. Auf tausend Arten täuscht Satan das Urteil der Irrlehrer, damit sie dieses Fundament wegschaffen. Unsere Schwärmer leugnen ⌊die Gegenwart Christi⌋ im Sakrament, weil seine Worte geleugnet werden; sie sollen also falsch sein. Es geht ⌊im Grund⌋ über das Zeug-

70 *5 Mose 17,6.*
71 *Galater 3,15 ff.*

nis Gottes her. Wenn wir ihn den Sohn Gottes bleiben lassen, glaube ich alsbald alle Worte, die er sagt. Ich glaube »die Taufe zur Vergebung der Sünden«,[72] weil ich glaube, daß der Sohn Gottes nicht lügt.

V. 10: »Wer da glaubet an den Sohn, der hat solches Zeugnis bei ihm.« Da erklärt er, was es um das Annehmen dieses Zeugnisses ist, indem er von da aus argumentiert, was es hilft oder nützt. Das heißt: wer es annimmt, ⌊der kriegt⌋ das Zeugnis Gottes von seinem Sohn ins Herz, d. h. also durch den Glauben. So, sagt er, kriegt man das Zeugnis. Glauben wir an den Sohn Gottes, haben wir das Zeugnis.

Warnung vor Schwarmgeisterei.

V. 10 b: »Wer aber Gott nicht glaubt, der macht ihn zum Lügner; denn er glaubt nicht dem Zeugnis, das Gott zeuget von seinem Sohn.« Johannes scheint zwecklos Worte zu verlieren: aber sie sind nötig. Nun argumentiert er vom Standpunkt der Gefahr aus. Denn es ist schrecklich gefährlich, ja ein Verbrechen, den Sohn nicht anzunehmen. »Der macht Gott zum Lügner.« Man kann's nur mit Schrecken und Zittern sagen, daß man Gott einen Lügner heißt. Und so groß ist die Leichtfertigkeit der Schwärmer, daß sie Gott zum Lügner machen, nur damit sie die Wahrhaftigen sind. Sie heißen uns abzutreten und abzulassen von den »Elementen der Welt« und sich zu bekehren zur Gottesfurcht,[73] und genau mit diesem Wort verraten sie sich, daß sie voller Teufel sind. Ich will nichts wissen von einer solchen Gottesfurcht, die sich auf Gotteslästerungen stützt. Das sind nicht »Elemente der Welt«, ⌊wenn es heißt⌋: »Nehmet, esset, ⌊das ist mein Leib⌋«, sondern da redet der Sohn Gottes. Entweder ist da der wahre Leib Christi, wie der Sohn sagt, ⌊oder nicht⌋. Entweder lügen wir oder sie: lügen sie, so machen sie Gott zum Lügner und – zum Teufel! Und indem sie den Teufel an die Stelle der göttlichen Majestät setzen und Gott an des Teufels Stelle, so berauben sie Gott seiner Gottheit, weil sie die Wahrheit ihm absprechen. Gott aber seine Gottheit nehmen, das heißt: ihn zum Teufel machen. Ja, umgekehrt! Ihr Irrtum ist der Teufel, und sie setzen ihre Lüge an

72 *Vgl. den Schluß des Nicänisch-konstantinopolitanischen Glaubensbekenntnisses.*

73 *Vgl. Galater 4,9, wo es wörtlich heißt: »Wie wendet ihr euch wieder*

die Stelle Gottes. Wollen wir das leichte Sünden heißen, wie wenn's nur eine Beleidigung unseres Nächsten wäre? Aber wenn göttliches Zeugnis in Frage steht, da soll man der Sache gewiß sein und nichts Ungewisses behaupten, wie die Schwärmer, die vorpreschen und ihre Lüge aufstellen. Wer nicht ganz sicher ist, daß er die Wahrheit sagt, der soll sich lieber von einem Turm herabstürzen. Darum ist's ein hochgefährlich Ding, dem Sohne Gottes nicht zu glauben; denn das ist dasselbe, wie wenn einer dem Vater ins Gesicht sagen würde: du lügst, du bist nicht wahrhaftig. Wer nicht dem Sohn glaubt, der glaubt auch nicht dem Vater. ⌊Wie⌋ Arius und Cerinth,[74] so haben's alle Ketzer gemacht. Denn sie glauben nicht dem Sohn, und das ist dasselbe wie dem Zeugnis des Vaters von seinem Sohn nicht zu glauben. »Das ist mein Leib usw.«, das sind eindeutige Worte ohne Zweideutigkeit,[75] oder sie sollen's durch helle Schriftzeugnisse beweisen. Aber sie können's nicht. Da redet Christus, Ihm, dem Sohn, glauben sie das nicht. Weil sie dem Sohn nicht in allen seinen Worten glauben, leugnen sie den Vater und das Zeugnis des Vaters, das er von seinem Sohn gegeben hat. Ach, sie heißen ihn eher einen Sohn des Teufels, der die Lüge in die Welt gebracht hat. So stürzen alle Irrlehrer gegen eines los, gegen dieses Zeugnis. Ist seine Aussage nicht wahr, dann hat der Teufel gesprochen. Bittet doch jeder für sich darum, daß wir lieber Ehebrecher und Mörder sein möchten, nur daß uns ⌊Gott⌋ wenigstens auf diesem Fundament erhalten wolle. Antichristen kehren nicht um, denn sie sind gefallen wie Luzifer,[76] und ihnen ist nicht mehr zu helfen, weil sie ⌊ihren Irrtum⌋ noch verteidigen. Ich muß Gott bitten, daß er die Sünde eitler Ehre von mir nehme und mich in dem reinen Wort bewahre. ›Dir allein sei die Ehre, martere uns recht wohl, nur daß wir nicht auf den Thron Gottes steigen, Gott zu meistern!‹

2 *Was beim Glauben auf dem Spiele steht.*

V. 11: »Und das ist das Zeugnis, daß uns Gott das ewige Leben hat gegeben, und solches Leben ist in seinem Sohn.« Wieder be-

um zu den schwachen und armen Elementen.« Vgl. auch Kolosser 2,20: »So ihr denn mit Christo abgestorben seid den Elementen der Welt ...«

74 *Vgl. Anmerkung 56 auf Seite 150 und Anmerkung 6 auf seine 114.*

75 *Wörtlich: ohne »Figur« (vgl. Anmerkung 3 auf Seite 186).*

76 *Luzifer heißt in der kirchlichen Tradition der aus dem Himmel gestürzte Engel des Lichtes nach Jesaja 14,12.*

gründet Johannes seine Ermahnung mit dem, was uns hilft, wie er vorher seine Warnung mit dem begründet hat, was droht oder schadet. Nehmt ihr Gott auf, so werdet ihr jedenfalls den Vorteil haben, daß ihr das ewige Leben habt. Denn Gott hat das, sagt er, bezeugt von seinem Sohne. Was bringt dieses Zeugnis? Denn es ist kein leeres Gerede, sondern Ernst. Nicht zeugt er von seinem Sohne, um seine eigene Ehre auszustellen und uns zu verspotten. Er hat nicht gesagt: ›Ich bin heilig, ihr seid Sünder‹; sondern die dem Zeugnis des Vaters von seinem Sohn glauben, die sollen das ewige Leben haben. Es geht hier um etwas Großes. Warum bestehen wir denn auf diesem Zeugnis? Weil so viel daran liegt, daß Gott wahrhaftig bleibe durch dieses Zeugnis, und ⌊weil's⌋ uns nützt, ⌊nämlich⌋ daß wir durch dieses Zeugnis das ewige Leben haben und dem ewigen Tod entrissen werden. Er redet eine einfache Sprache, aber seine Worte haben unermeßliches Gewicht. Jeder falsche Lehrer nimmt ⌊Gott seine⌋ Gottheit und macht ⌊daraus⌋ eine Teufelei, er schafft den wahren Gott weg und ist so daran schuld, daß der wahre Gott für einen Satan und Satan für den wahren Gott gehalten und angebetet wird. Hat er aber Gott abgeschafft, hat er auch das ewige Leben abgeschafft und bringt den Tod herein; er nimmt Gott aus den Herzen weg und stellt dort den Teufel auf. Das sind die schrecklichen Früchte falscher Lehre. Darum gibt's nichts Verheerenderes als einen falschen Lehrer. Daran denken sie selbst nicht, darum gehen sie ohne Furcht einher und reden so kühn, so daß Petrus mit Recht sagt: »Wir beten für euch, daß ihr mit Furcht wandelt.«[77] Wie will er uns ewiges Leben geben? Etwa unmittelbar, daß wir über die Wolken fahren? Nein! Sondern dieses Leben ist in seinem Sohne, den Sohn aber gibt er nur durch sein Zeugnis. Willst du also ewiges Leben haben, so mußt du den Sohn haben; willst du diesen haben, so mußt du Gottes Zeugnis haben. Also steht unser Leben darin, mit nichts anderem Umgang haben wollen als mit Gottes Zeugnis und dem zu glauben usw ...

V. 12: »Wer den Sohn Gottes hat, der hat das Leben, wer den Sohn Gottes nicht hat, der hat das Leben nicht.« Ein Mittleres gibt es nicht: Wer nicht den Sohn Gottes glaubt, wird verdammt, umgekehrt, wer ihn glaubt, wird errettet werden. Auch das ist vom Stand-

77 *1 Petrus 1,17.*

punkt unseres eigensten Interesses gesagt. Heißt glauben, dem Zeugnis des Vaters ⌊glauben⌋, so müssen wir uns in dieses Zeugnis legen, darin sterben und darin entschlafen. Gott ist zwar überall, dennoch läßt er sich nicht erkennen ohne diese Vermittlung. Versucht nicht über Gott zu spekulieren, ihn zu erfassen und zu begreifen! Kriech ins Zeugnis, durch das er uns hat bekannt werden wollen! Er will uns nicht sichtbar erscheinen wie den Aposteln. »Durch euer Wort«, sagte ⌊ihnen Jesus⌋, »werden sie an mich glauben«.[78] Nicht an diesem Zeugnis, durch das er zu uns kommt und bei uns wohnen will, sich genügen lassen wollen, das ist Gott versuchen, und der Teufel steckt darunter, weil du Gott anders suchst als durch sein Zeugnis, und alsbald hast du den Teufel. Wenn er mich auch Wunder schauen lassen würde, ich glaubte ihm nicht... Ich glaube keinem Traum oder Erscheinung...,[79] ich glaube einfach dem Text. Sie maßen sich den Geist an, und Satan wird ihnen genug Geist geben. Ihr ⌊aber⌋ ergreift das Zeugnis! Von diesem Wort wollen wir uns nicht reißen lassen, wenn auch der ganze Himmel Wunder regnete. Wie sie einst unter dem Papsttum den Erscheinungen teuflischer Geister glaubten, so ⌊tun⌋ jetzt auch die Schwärmer.

Den Sohn haben, heißt ihm glauben. Du siehst, wie sehr der treue Apostel für die unverletzte und unvermischte Bewahrung des Zeugnisses besorgt ist. Denn geht das verloren, so geht das Leben, der Sohn und der Vater verloren, aber dafür kriegt man den Teufel samt dem Tod. Gott bekehre die Schwärmer, die so verächtlich vom mündlichen Wort reden, da es doch keinen andern Weg ⌊zu Gott und zum Leben⌋ gibt!

78 *Johannes 17,20.*

79 *Luther verweist auf Hebräer 2,1 ff.*

Der Zweck des ganzen Schreibens

Kapitel 5,13: **Solches hab ich euch geschrieben, die ihr glaubet an den Namen des Sohnes Gottes, auf daß ihr wisset, daß ihr das ewige Leben habt, und daß ihr glaubet an den Namen des Sohnes Gottes.**

Es geht um das ewige Leben.

Darum ist's gegangen, sagt ⌊Johannes⌋, bei allen unseren Lehren und Ermahnungen, daß gewiß werde, daß ihr das ewige Leben habt. Denn das Herz ist zu eng und das Gut zu erhaben, als daß es ein Herz fassen könnte, wenn es nicht täglich durchs Wort und durchs Kreuz geübt wird, um dazu fähig zu werden. Im Brief an die Römer ⌊schreibt Paulus⌋:[80] »Wir wissen nicht, was wir beten sollen, darum hilft der Geist unserer Schwachheit auf.« Viel zu Großes ist uns geschenkt, als daß ein Mensch es fassen könnte. Wer begreift's wirklich, daß er ewiges Leben hat? Kaum begreifen wir das Vergängliche, geschweige das, was unvergänglich und ewig ist. Dazu ist uns der Geist gegeben, daß wir wissen, daß wir das ewige Leben haben. Zu kennen und zu wissen, wie Großes uns geschenkt ist, das ist des Heiligen Geistes Werk. Durch nichts kommt's dazu, daß wir das erlangen und erfassen, als durch das Wort und das Kreuz. Ich soll das ewige Leben glauben, und sehe und greife doch, daß ich sterbe, begraben und von Würmern gefressen werde. Trotz dieser Erfahrung aller Menschen soll ich davon überzeugt sein, daß ich ewig leben werde? Und dennoch ist's wahr. Denn wer an Christus glaubt, wird's nicht bloß haben, sondern hat's jetzt schon. »Er ist vom Tod ins Leben hinübergeschritten.«[81] Wenn auch jeder Christ das ewige Leben schon hat, so hat er's doch allein im Glauben, allem Fühlen und Erfahren zum Trotz. Das ist der Grund, sagt ⌊Johannes⌋, daß ich das schreiben und einbleuen mußte, damit diese allergewisseste Überzeugung vom ewigen Leben, das wir in Christus haben, wachse.

Warnung vor der Irrlehre vom »inneren Wort«.

Das ist eine so schwer zu verstehende Lehre, daß sie ständig geübt und erworben werden muß unter viel Kreuz und Qualen. ⌊So schreibt

80 *Römer 8,26.*
81 *Johannes 5,24.*

auch Paulus im⌋ Römer 15,4: »Was geschrieben ist, ist uns zur Lehre geschrieben, damit wir durch Geduld und Trost der Schrift Hoffnung haben.« Diese zwei ⌊Stellen⌋ reimen sich schön. Darum ist die Schrift geschrieben, damit man das Hoffen lerne. ⌊Denn⌋ wir haben Angst vor dem Tod, wir zittern und fliehen vor ihm, unser Herz zittert und ist finster, und dennoch sollen wir glauben, daß wir mitten in diesen ⌊Todesängsten⌋ leben. »Ihr sollt wissen, daß ihr das ewige Leben habt.« Dieses ›Wissen‹ will verstanden werden im Sinn der Mehrung des Glaubens, daß wir täglich wachsen in dem, was der Glaube gewiß weiß und wovon er überzeugt ist, so daß ihr nicht mehr zweifelt und zappelt, sondern die gewisse Erkenntnis habt, daß ihr lebt.

Und endlich sollt ihr euch für keinen andern Weg mehr interessieren, als ob ein anderer zum ewigen Leben führen könnte. Hier ⌊hört ihr's⌋ noch einmal, ⌊meine⌋ Schwärmer, hier sagt er, daß er schreibe. Schrift ist, was man auf Papier schreibt. Sie sagen: Der Geist muß es tun, der Buchstabe tötet.[82] Johannes sagt aber: Ich schreibe. Sicher redet er von Buchstaben, die er auf Papier gemalt hat, und zwar darum, damit sie's wissen und bewahren sollen. Der Brief ist das Mittel und Instrument, wodurch wir zu jenem Wissen und Glauben gelangen. Ebenso redet Paulus vom ›Trost der Schrift‹,[83] es heißt nicht: ›Trost des Geistes.‹ Wahr ist, daß der Geist der Tröster[84] ist, aber er tröstet durch Schriften. Sie verwerfen also das Instrument des Geistes, wenn sie das äußere Wort verwerfen wollen. Wenn Schrift das tut, wieviel mehr das lebendige Wort. Und am Ende des Johannesevangeliums[85] redet er auch von einem »Schreiben«, das dazu dient, »daß ihr glaubet an den Namen des Sohnes Gottes und durch den Glauben das Leben habt in seinem Namen«. Wir bleiben schlicht dabei, daß Christus kommt durch das Zeugnis, das kommt durch die Schrift und das mündliche Wort. »Alle Schrift, von Gott eingegeben, ist nütze zur Lehre usw.« »Sie kann dich unterweisen zur Seligkeit durch den Glauben an Jesus Christus.« Ebenso anderswo: »Halt an mit Lesen!«[86] Denk dran, daß du die Bibel lie-

82 *Vgl. Anmerkung 12 auf Seite 171.*
83 *Römer 15,4.*
84 *Vgl. Johannes 14,26.*
85 *Johannes 20,31.*
86 *2 Timotheus 3,15 f und 1 Timotheus 4,13.*

sest! Warum verlangt er das, wenn sie etwas Totes ist? Wenn sie den Heiligen Geist empfangen ohne das mündliche Wort, ohne Schrift, warum quälen sie andere mit der Mühe,[87] die sie doch bei sich selber verachten? ⌊Jesus sagte zu seinem Vater:⌋[88] »Ich bitte für die, die durch ihr Wort, nämlich der Apostel Wort, an mich glauben werden.« Und das ist ein mündliches, nicht ein »inneres Wort«[89] gewesen. Als erstes lehren wir ⌊darum⌋, daß man das Wort lesen und hören soll; liest man's, so kommt der Heilige Geist, wo er will. Gewiß, nicht alle nehmen's an, aber es verachten's auch nicht alle; darum ist's unmöglich, daß das Wort ohne Frucht gelehrt wird. Denn nicht alle verachten's. Um deretwillen, die es nicht verachten und die durch das Wort erbaut werden sollen, muß man predigen.

Vom rechten Gebrauch des geschriebenen Worts.

Daher muß man die Schrift immer neu schreiben, lesen und im Herzen bewegen. Wenn Satan das Wort Gottes lesen hört, bleibt er nicht da. Er führt zwar das Wort im Munde, aber in verkehrtem Sinn. Wenn man in legitimem Sinn damit umgeht, so flieht er. Es ist also göttliche ⌊Kraft⌋ in den Buchstaben: »Darum schreibe ich solches, damit es euch nützt zu ⌊eurem⌋ Heil, und sodann, daß ihr an keinen andern Namen glaubt als an den des Sohnes Gottes.« ...

Der Herr Jesus gebe uns, daß wir in ⌊seinem⌋ Geist und Sinn die apostolische und christliche Lehre erfassen![90]

87 *Mit der Mühe, die von ihnen verfaßten Schriften zu lesen.*
88 *Johannes 17,20.*
89 *Vgl. Anmerkung 20 auf Seite 190.*
90 *Mit diesem Gebetswunsch schloß Luther am 7. November 1527 seine Vorlesung ab.*

Nachbemerkung

Luther hatte sich seit 1522 für seine biblischen Vorlesungen das Alte Testament vorgenommen, weil dessen Auslegung und Übersetzung in Auseinandersetzung mit der jüdischen und vorreformatorischen Auslegung und Übersetzung als Riesenaufgabe vor ihm stand. Daher hat er bis zu seinem Tod fast ausschließlich über alttestamentliche Schriften gelesen. Zugleich sah er sich genötigt, seinen Einspruch gegen Erasmus, Karlstadt, Münzer, Zwingli und Ökolampad vor seinen Studenten zu begründen. Denn Luthers Haupteinwand gegen diese Lehrer war, daß sie leichtfertig oder listig mit der Heiligen Schrift umgehen und den Text nach ihrem Sinn umdeuten. Darum nahm er sich den 1. Johannesbrief vor, danach die Pastoralbriefe und 1531 noch einmal den Galaterbrief: alles neutestamentliche Schriften, die einen ausgesprochen polemischen Charakter haben.

Luther bemüht sich, einfach auf das zu hören, was der Text sagen will. Er bemerkt aber auch kritisch, wo etwa der Text durch einen späteren Einschub verdorben wurde (zwischen Vers 7 a und 8 b im Kap. 5) oder daß ein Text seinen Sinn nicht ohne weiteres hergibt, wie 1 Joh 5,6, wo er nach langem Ringen sagt: »Ich versteh das so.«

Deutlich erkennt er den Unterschied zwischen der Sprache der johanneischen Schriften und der Sprache der Paulusbriefe, zugleich aber erkennt er, daß sie in der Sache übereinstimmen. Und darum geht's ihm vor allem, die *Sache des Textes* so klar wie nur möglich herauszuarbeiten.

Weil die Sprache des ersten Johannesbriefs von geradezu kindlicher Einfalt sei und doch das Tiefste aussage, wolle er mehr auf die Sache als auf die Worte des Textes achten, sagt Luther am Anfang seiner Vorlesung. Er hat beobachtet, daß der Brief nur *ein* Thema hat: Glaube und Liebe. Insofern spricht Johannes als Vertreter der apostolischen Tradition, des »alten Dogmas«, das aber für die Welt ständig neu ist und darum immer wieder neu meditiert und geschrieben werden muß, damit wir bei der reinen Lehre, bei der Wahrheit des Glaubens bleiben.

Luther hatte in der »Glossa ordinaria«, der mittelalterlichen Studienbibel, gelesen, daß Johannes diesen Brief gegen den kleinasiatischen Gnostiker Cerinth am Ende seines Lebens geschrieben habe. Luther versteht nun den Brief aus dieser Situation, daß noch zu Lebzeiten der Apostel in der Christenheit Irrlehrer aufgetreten sind, und daß zugleich diejenigen Christen, die der Irrlehre nicht erlegen waren, herzensträge geworden waren, so daß Johannes genötigt war, einen Zweifrontenkampf zu führen, einerseits gegen die Verderbnis des Glaubens durch die Irrlehren, andererseits gegen eine Christenheit, deren Christlichkeit nur in Worten bestand. Daher bekommt der Brief seinen Charakter vor allem durch seine polemischen Stükke (2,18 ff; 3,7 ff; 4,1 ff; 5,5 ff). Aber Angriff und Zuspruch sind hier auf ein Haar dasselbe.

In dieser geschichtlichen Situation, in der er den 1. Johannesbrief geschrieben sieht, findet Luther seine eignen Probleme wieder. Daher wurde seine Vorlesung zu einer Prüfung seiner theologischen Position und zugleich zum Trost für seine Anfechtung. Weil für Luther die Aufgabe der Auslegung eines biblischen Textes erst dann erfüllt ist, wenn die innere Konsequenz der Sache des Textes, seine Lehre, für die Gegenwart evident ist, entfernt er sich oft weit vom Wortlaut und geschichtlichen Ort des Textes. Es fällt jedem auf, daß die wissenschaftliche Auseinandersetzung mit andern Auslegern bei ihm unmittelbar übergeht in den heißen Streit mit den aktuellen Irrlehren. Luther fühlte sich durch sie direkt betroffen, weil er diesen Geistern erst die Bahn eröffnet hat. Man kann geradezu sagen, daß Luther den 1. Johannesbrief in neuer Situation in seiner Sprache neu geschrieben hat. Das ist auch Luthers Meinung, daß die Heilige Schrift immer neu geschrieben werden muß (S. 214), weil die Sache der Schrift, ihre *Lehre*, es erzwingt. Denn »die Lehre ist in se actuosa« (S. 169 f); sie muß nicht erst durch uns aktualisiert werden, sondern aktualisiert sich selbst in uns, sobald man sich ihr überläßt.

Man könnte meinen, Luther hätte seine radikale Kritik der offiziellen Kirche und Theologie abschwächen müssen, um sich gegen Karlstadt, Zwingli und Erasmus abzugrenzen. Der Text des ersten Johannesbriefs gibt Luther Gelegenheit, zu zeigen, daß das Gegenteil der Fall ist. Er erkennt zwar an, daß unter dem Papsttum nicht geleugnet wird, daß Christus im Fleisch gekommen ist, aber die Frucht des Advents Christi im Fleisch, daß er unser Advent ist, das wird geleugnet. Aber nun tritt Luther sofort dem subjektivistischen Mißverständnis seiner These entgegen, als ob das historische Ereignis des Kommens Christi oder der Buchstabe der Schrift oder die Wassertaufe oder das mündliche Wort darum nichts seien, weil das alles bloß äußerliche Dinge sind. Vielmehr setzt die Erfahrung, daß Christus unser Advent ist, das historische Ereignis des Auftretens Jesu und die Vermittlung dieses Heilsereignisses durch die Schrift und das mündliche Wort voraus, so daß Luther von allen unmittelbaren Gotteserfahrungen nichts wissen will, sondern sagen kann: »Ich glaub dem Text.« Er hängt sich an die Zusage, die er im Wort allein findet.

Zugleich wehrt er dem Mißverständnis der Lehre von der Rechtfertigung des Gottlosen allein aus Glauben ohne Werke, wenn er mit Johannes darauf besteht, daß man einen Christen an seinem Verhalten erkennt wie einen Baum an seinen Früchten. Aber ein Christ tut gute Werke nicht, um als fromm und heilig zu erscheinen, sondern er verhält sich, wie er's im Herzen glaubt und fühlt. Diese radikale Ehrlichkeit hatte Luther den Vorwurf eingetragen, maßlos und lieblos zu sein, während seine Gegner als die Maßvollen und die wahren Christen erschienen. Darum waren für Luther Ausführungen wie 2,3–6; 4,4–6; 5,2.3 so ungemein tröstlich.

Der Lutherbiograph Richard Friedenthal hat Luthers Stimmung in den Jahren nach dem Bauernkrieg als »Resignation, aber nicht als Aufgeben des Kampfes« beschrieben. In der Tat, Luther hat gewußt: das bleibt mir, daß »mich Satan anficht, wo immer ich bin«, wie er am Anfang dieser Vorlesung sagt. Eben darum war es nun erst recht sein vornehmstes Anliegen, die apostolische und christliche Lehre im Geist und Sinn Jesu zu erfassen; das ist der Wunsch, mit dem er die Vorlesung beschließt. R. W.

Verzeichnis abweichender Lesarten

soweit sie für die Verdolmetschung ins Gewicht fallen

DAS MAGNIFIKAT

Wir lesen WA 7,553,11 *der best* statt ›das best‹; 554,27 *ist* statt ›seind‹; 557,6 *dieszen* statt ›dieszem‹; 561,30 *Got* statt ›gut‹; 561,31 *wiszten* statt ›wissen‹; 563,30 *nach* statt ›noch‹; 567,3 *yhn* statt ›yhnen‹; 568,12 *geacht* statt ›veracht‹; 570,4 *yhr* statt ›yhe‹; 574,18 *yhm* statt ›yhmen‹; 584,18 *wutten* statt ›wundern‹; 585,9 *strenge* statt ›sterck‹; 586,23 *denn* statt ›wen‹; 588,35 *den* statt ›die‹; 596,17 *Nur* statt ›Nu‹.

VORLESUNG ÜBER DEN 1. JOHANNESBRIEF

Hier stellen wir zusammen, wo entweder die Rörersche Nachschrift anders zu lesen war als in der Umschrift der Weimarer Ausgabe (WA) oder Rörer selber korrigiert werden mußte. Nicht angegeben wird, wo wir die Varianten des Apparats der WA verwendeten oder offensichtliche Irrtümer, zum Beispiel den Fundort biblischer Zitate, stillschweigend richtigstellten. Die erste Zahl gibt die Seitenzahl in WA Band 20, die zweite die Zeile(n) an.

603,10 lesen wir *davon* statt ›de non‹; 603,15 *contigit* statt ›contingit‹; 603,15 *includere* statt ›incurrere‹ (nach WA 48, S. 316); 605, 19 streichen wir ›non‹ vor ›dividamus‹; 610,9 lesen wir *vos* statt ›illi‹; 610,17 *sumus nos* statt ›sunt nobis‹; 611,12 *venit verbum et tamen fecit* statt ›venit cum verbo . . .‹; 613,3 *et nunc* statt ›et caro‹; 617,16 *viderent* statt ›viderem‹; 618,10 *idem?* statt ›Id est,‹; 621,12 *liberos* statt ›liberant‹, 621,15 *erroris* statt ›desperationis‹; 622,1 *cognoscant* statt ›cognatum‹; 622,19 *maneo* statt ›manet‹; 641,3 ergänzen wir *sed non ut*; 642,20 lesen wir *hoc est* statt ›non est‹; 643,8 *mentiuntur, tamen sciunt* statt ›mentitur...‹; 643,18 *quia* statt ›qua‹; 645,12 *Christiano* statt ›Christo‹; 645,16 *vitem* statt ›vitam‹ und ziehen es zu dem Zitat Johannes 15 (nicht Johannes 6!); 647,10 *suscipiatis* statt ›suscipietis‹; 648,3 ergänzen war *non* vor ›nova‹; 649,12 lesen wir *odio* statt ›adeo‹; 649,15 *cum dicimus* statt ›tum dicimus‹; 650,12 *hoc dicit* statt ›hoc facitis‹; 650,19 ziehen wir das *et* vor ›rottae‹ nach vorn vor ›modesti‹; 652,3 lesen wir *adorare* statt ›admirari‹; 668,10 *hominum* statt ›homines‹; 670,3 *eorum* statt ›eos‹; 672,1 *ex conscientia mea* statt ›et conscientiam meam‹; 673,12 *rustici* statt ›heritici‹; 674,3–4 lesen wir *Sic etiam Judaei scandalizati, quod gentes per fidem*; 674,13 *fore* statt ›fere‹; 691,16 *cogit tentatione* statt ›cogitat tentationem‹; 693,7 *ut Christum* statt ›Christus, ut‹; 693,13 *Deum* statt ›donum‹; 694,10 *cum admirationis vocabulo* statt ›cum admitatione vocabuli‹; 695,12 *divinae charitatis* statt ›divinis et charitati‹; 695,18 *comprehenderent* statt ›comprehenderet‹; 697,2 streichen wir ›aliud‹; 697,9 lesen wir *diligamus* statt ›diligam‹, 697,17 *quia* statt ›qui‹; 702,16 *naturalis substantiae* statt ›natura substantia‹; 704,3/4 lesen wir *oportet fructus spiritus sancti sequi fidem;* 706,12 *id est implet* statt ›et implet‹; 722,16 *alium* statt ›aliter‹; 723,7 *Illis placet* statt ›Illi placent‹; 723,8 streichen wir ›dei‹; 723,12 lesen wir *vere* statt ›vera‹; 723,15 *testimonium* statt ›spiritum‹; 725,5 *Sic ut* statt ›Sic et‹; 726,1 *certo non est ex Deo* statt ›certo est ex Deo‹; 726,17 *quia dicitur* statt ›quia dicit‹; 727,2 *cum lassen* statt ›cum lachen‹; 727,7 lesen wir *et non quaero;* 728,8 *omni astu* statt ›omnis astus‹; 730,12 *cogebamur* statt ›cogimur‹; 732,7 *Quam qui in mundo* statt ›Iam in mundo‹. Denn hier beginnt Luther mit Vers 4!; 732,12 *efficiet* statt ›efficitis‹; 733,19 *aliud* statt ›verum‹; 734,16 *horribile* statt ›horribilis‹; 736,7 *eos* statt ›eum‹; 736,7 *ex spiritu veritatis* statt ›ex veritate spiritus‹; 736,11 *vult sustinere* statt ›vult tentationes‹; 764,5 *plentitudinem* statt ›decimas‹; wir nehmen ›decimas‹ als Apposition zu ›primitias‹; 764, 12 *ut teneamur* statt ›tenemur‹; 765,12 *reges* statt ›Christiani‹; 765, 14 *Theodoti* statt ›Theodori‹; 766,15 *idem* statt ›ideo‹; 766,16 *sed eos diligimus* statt ›Eum diligamus‹; 767,29 *sedet* statt ›sedem‹; 770,11 *Ubi non sunt charitas et fides* statt ›Ibi charitas et fides‹; 772,17 f *haberet magnam sitim* statt ›haberem magnum sanguinem‹; 774,2 *talia* statt ›talis‹; 774,8 *tentationibus* statt ›tentatione‹; 775,5 *et Satan dicit ad nos* statt ›et dicimus ut Christus ad Satanae‹; 775,14 ergänzen wir *ad fidem;* 775,20 lesen wir *Sed* statt ›Ut‹; 776,11 *eadem variis verbis* statt ›iisdem verbis‹; 776,15 streichen wir das ›non‹ vor ›qui abstinet‹; 776,18 lesen wir *parta* statt ›petita‹; 777,18 *effusio* statt ›offusio‹; 778,23 *baptizamur* statt ›baptizatur‹; 780,2 *datur* statt ›dat‹; 780,13 *quae* statt ›qui‹; 782,11 *simul* statt ›semel‹; 785,5 *verum* statt ›verbum‹; wir streichen das zweite ›dicere‹; 785,17 lesen wir *ut lucifer* statt ›et luciferi‹; 788,11 *augusta* statt ›angusta‹; 788,22 *sola* statt ›alito‹; 789,14/15 *quoque* statt ›quozque‹; 790,12 ergänzen wir *qui non in opera.*

Verzeichnis der Auslassungen

(1) Die größeren Auslassungen:

WA 20,623, 1 bis 640,14 = Kapitel 1, 7 – 2,2
653, 5 bis 667, 7 = Kapitel 2,12–17
674,14 bis 691,14 = Kapitel 2,19–28
706,17 bis 722, 9 = Kapitel 3, 9–24a
736,12 bis 763,18 = Kapitel 4, 7–21
790,13 bis 801, 7 = Kapitel 5,14–21

(2) Auslassungen innerhalb der von uns ausgewählten Stücke, die wir im Text durch Auslassungspunkte (...) gekennzeichnet haben:

599,2 Quod fuit ab initio. Wir bringen den Text erst WA 601,8; 606,12–14 Audivimus – pro nobis.; 609,17–19 quod sis virgo – Vestales tam sanctae etc.; 619,16 – 621,2 ›Si dixerimus – sper quod posset; 621,3 vel peccare vel habere peccata; 642,19 qui pii nos etc.; 643,7/8 Si istius sanguine alius venit etc.; 643,19 – 644,6 Donatistae – partes; 646,10–15 Rottenses – benefeceris etc.; 699,3 – 701,18 ›Et omnis – quando fit (die »dunkle Stelle« Kapitel 3,4); 706, 15 f Iam se – peccare etc.; 728,9/10 Manichaei – Marcionistae; 728, 22/23 Si potest – absit).; 730,1–7 Vide, quid – desiperent.; 731,2 – 732,6 ›Hic spiritus‹ – venisse etc.; 735,5 f Cherintus – Joseph.; 769, 1 f In Francia – abnegare; 770,12 – 771,3 Johannes – consuetudines.; 771,6 f Audivimus – gratiae; 775,18–20 Et Lactantius – posset visitare,; 779,10 f In aqua – hircorum etc.; 780,21 – 781,3 (das sogenannte Komma Johanneum) ›Quoniam tres – ›In terra. (Luther: »locus inepte insertus«); 782,12 – 783,1 Ideo usus – quam verbum; 786,21 – 787,6 Hic locus – qui dat; 787,16–20 Martinus – abiit.